U0818438

中国矿业大学“十四五”规划教材

政府绩效管理

第二版

中国矿业大学行政管理系　组织编写
主编　曹惠民　张长立

中国矿业大学出版社
· 徐州 ·

图书在版编目(CIP)数据

政府绩效管理 / 曹惠民，张长立主编. — 2 版.
徐州 ：中国矿业大学出版社，2024. 10. — ISBN 978-7-5646-6493-0

Ⅰ. D035

中国国家版本馆 CIP 数据核字第 2024LE7189 号

书　　名　政府绩效管理
主　　编　曹惠民　张长立
责任编辑　姜　翠
出版发行　中国矿业大学出版社有限责任公司
　　　　　　(江苏省徐州市解放南路　邮编 221008)
营销热线　(0516)83885370　83884103
出版服务　(0516)83995789　83884920
网　　址　http://www.cumtp.com　**E-mail**:cumtpvip@cumtp.com
印　　刷　苏州市古得堡数码印刷有限公司
开　　本　710 mm×1000 mm　1/16　**印张** 18.25　**字数** 328 千字
版次印次　2024 年 10 月第 2 版　2024 年 10 月第 1 次印刷
定　　价　52.00 元
(图书出现印装质量问题，本社负责调换)

前　言

PREFACE

政府绩效管理作为一种新型的行政管理方式，体现了时代发展对政府管理创新的诉求。建立健全科学的政府绩效管理制度，是新的历史条件下党中央、国务院为树立正确政绩观、推行行政问责制度、全面提高政府公信力而提出的重要任务，是深化行政管理体制改革、加快推进政府职能转变的重要部署，对全面履行社会管理和公共服务职能、建设绩效政府、深化行政管理体制改革、创新社会管理等都具有重要现实意义。

近年来，党和国家一直致力于创新行政管理方式，提高政府公信力和执行力，推进政府绩效管理，推进国家治理体系和治理能力现代化等全面深化改革目标的实现。国家治理现代化的关键，是政府治理的现代化；政府治理现代化的关键，是构建一套评价政府治理现代化的指标体系。因此，政府绩效管理的重要性日益凸显。

就实践方面来看，自 20 世纪 80 年代以来，我国政府对绩效管理日益关注，并以多种多样的方式来推行这一实践，走出了一条具有中国特色的政府绩效管理之路。从理论研究方面来看，我国政府绩效管理的研究始于 20 世纪 90 年代中期，经历了初步探索阶段、研究拓展阶段和研究细化创新阶段。在此背景下，编者借鉴了西方发达国家政府绩效管理的经验，认真梳理了国内学者已有的相关研究成果，结合编者讲授“政府绩效管理”课程的体会，编写了《政府绩效管理》这本教材。

本教材2版为中国矿业大学“十四五”规划教材，1版为中国矿业大学校级教改项目“政府绩效管理核心课程建设研究”(项目编号:2017YB32)的成果。

作为公共管理专业本科学位课程的一门专业课，本教材主要适用于行政管理、教育经济与管理、公共事业管理、社会保障、土地资源管理等本科生的专业学习，同时也可供公共管理专业学术型硕士学位研究生、MPA专业学位研究生学习“政府绩效管理”课程时使用。

感谢中国矿业大学出版社对本书的出版工作付出的辛勤劳动。书中参考了诸多学者的成果，在此一并致谢。受编写团队水平之限，书中疏漏之处在所难免，敬请读者批评指正！

编　者

2024年6月于中国矿业大学

目　录

CONTENTS

第一章

CHAPTER 1

政府绩效管理概述

教学重点

掌握绩效和绩效管理的实质内涵，理解政府管理过程中引入绩效管理方法的必要性，了解绩效管理方法在政府管理实践中的优点和缺点。

教学难点

理解效率、效益与绩效的内在关系，掌握企业绩效管理与政府绩效管理的区别。

学习建议

在学习本章时要结合对公共管理理论的学习，深刻把握绩效管理与新公共管理运动的内在联系。通过本章的学习，能够理解绩效是什么、绩效管理的核心是什么、绩效管理的发展历史是怎样的。同时，结合我国政府职能改革的实际，进一步思考绩效管理对我国政府职能改革的价值。

第一节　绩效的内涵

一、关于绩效的定义和理解

政府绩效管理是现代公共行政领域研究的重要问题之一。政府绩效管理以提高组织和个人绩效为目标，是一个通过绩效评估和绩效追踪来激励组织中的个人努力发挥创造性和提高服务质量的管理过程。企业绩效管理为现阶段的政府绩效管理提供了一系列可供操作的方法。从根本上来说，政府和企业存在巨大差异，政府绩效管理的方法有别于以利润为导向的企业绩效管理，具有自身的特殊性。研究政府绩效管理的价值在于分析企业管理手段与政府管理手段的差异性，以此来提高政府的绩效水平；同时，结合政府服务行政的要求，大力提高政府的服务质量和服务水平。

（一）绩效的含义

绩效最早来源于管理学界，主要以可计算的利润来表述。随着社会经济发展和企业管理发展的需求，绩效的含义逐渐拓展为：组织对资源的有效及安全的运用，与运营、功能的有效性相关。广义上的绩效还包括企业的可持续发展能力。目前无论在学术界还是在企业管理界，都还没有对绩效形成一致的定义。绩效可以指效率，也可以指结果或者产出。从字面意义看，绩效表现为一种产出结果的状态，例如是否有效、是否令人满意等。一般意义上的效率、结果、产出侧重于表现工作成果的数字，绩效则突破了量化利润的范畴，着重考虑员工个人的工作效率、工作状态、服务质量以及企业的可持续发展能力。

综上，绩效是指组织立足于长远发展，以提高个人绩效和组织绩效为基本目标，能为个人积极性和创造性发挥提供空间，并以组织服务对象的满意为衡量指标的一种新的衡量体系。

（二）对绩效的理解

绩效与传统的效益具有本质差异。效益关注企业在财务报表上可以计算的利润，表现为成本收益计算，是衡量企业经济收益的手段，也是目前国内企业或一些公共组织衡量组织运行良好与否的重要方法。绩效的含义则更为广泛，主要指的是一种有效性。如果一个企业在浪费资源、员工积极性不高、生产安全条件差的情况下取得一定收益，那么不能认为该企业的生产具有有效性，只能认为其是一个低绩效的组织。我们可以从以下四个方面来理解绩效。

第一，绩效与资源有限性相关。现代社会是个自然资源普遍匮乏的社会。保证资源使用的高效率不仅是企业的责任，也是企业提高收益的前提。如何在资源有限的条件下提高收益，保证资源有效使用，是企业和公共组织产生收益的出发点所在。

第二，绩效与人力资源管理相关。绩效归根到底要由人员来创造，提高人员的积极性，使企业处于高激励的状态，有助于企业提高生产效率。21世纪是人才竞争的时代，自然资源、物力、生产规模等方面的竞争已趋向饱和，人才作为无穷无尽的资源成为世界各国企业间竞争的重要筹码。调动人员积极性，激励其发挥创造性，是企业长远提高绩效的手段。

第三，绩效与顾客导向相关。绩效本质上是一种“结果”，是企业通过使用自然资源、激励员工工作所生产出来的效益。如果企业生产出来的产品不能为顾客所接受，那么其收益就不可能实现。为了更好地实现收益，企业管理趋向以顾客满意为目标的绩效管理。企业活动以顾客满意为导向，并注重衡量顾客满意程度，这是企业实现绩效所必需设定的目标。

第四，绩效与企业责任相关。企业责任是现代企业面临激烈的竞争环境所需要考虑的重要环节。企业行为在生产安全、产品质量、资源利用、环境保护等方面对公民负责的程度关系到企业的绩效和收益。承担必要的企业责任与企业绩效的实现有正相关关系，也是赢得顾客的途径之一。

绩效撇开了传统狭隘的收益或者效率的概念，在企业长期发展问题上，提供了一种管理的新观念和新方法。绩效不仅与资源有效使用、人力资源管理相关，也与顾客导向和企业责任相关。绩效的提出充分体现了绩效观念对企业可持续发展的重要性以及对自然生态、公众服务和人员激励的重要意义。

二、绩效观念的发展历史

绩效观念代表了现代企业组织生产和发展的重要理念，但它不是时代的偶然产物，而是随着社会发展逐渐形成的一个观念。实际上，现在当讨论绩效管理的时候，人们自然而然地会想到企业中每一名职工的工作效率，想到针对职工个人的绩效考核。换言之，绩效观念是直接与工作效率、生产效率等效率问题联系在一起的概念。

（一）效率

效率问题始终是经济和社会发展备受关注的问题，也是学术研究中较为复杂的一个问题。迄今为止，关于效率的定义及计算始终是颇受争议的一个难题。从社会发展角度看,社会中的所有资源都具有稀缺性的特点。追求高效率是人类追求的目标,也是人类社会赖以持续发展的基础。对于企业管理来说,追求高效率与企业经济效益直接相关。

(二) 效益

在相当长的一段时间内,成本-收益分析一直作为企业能否生存发展的重要衡量标准。泰勒的"科学管理法"研究的主要目的是通过设置科学管理原则,最大限度地提高工人效率。比如,对工人操作的每个动作进行研究,总结如何减少附加动作,以实现效率最大化。吉尔布雷斯的"砌砖实验"总结了砌砖的 18 个动作,后通过研究证明可以使之压缩到 5 个或 2 个动作。所有这些 20 世纪早期的研究都反映了企业管理者对效益的追求。

20 世纪中期以后,随着"社会人"思想的提出和激励理论的完善,企业管理开始逐渐注重开发人和利用人。"社会人"理论和激励理论的发展,打破了过去过于注重生产效率的观念,开始重视人在提高生产效益方面的作用,并主张通过激励提高员工的工作积极性和工作满意度,从而提高生产效益。

(三) 绩效

进入 20 世纪中后期,企业竞争的市场环境发生了巨大变化,全球市场的形成、竞争的激烈以及对创新的需求,使企业意识到单纯地追求生产效率已不能在激烈的市场竞争中立足。这样,绩效观念因适应复杂的市场竞争需求应运而生。从效率、效益到绩效反映了企业管理理念的发展变化过程。

第二节　绩效管理方法的引入

从绩效观念到绩效管理的具体实施,体现了企业组织对绩效的重视。以利润为导向的企业在日益激烈的竞争中,逐渐明白了绩效管理相对于别的管理模式来说,更具有根本性和长远性。管理效率来自"5R"管理系统中的五个基本要素,分别为管治、绩效、规则、资源、运行等。不同的企业有不同的影响要素,但基本要素是不变的。从五个影响要素中可以看出,绩效对组织整体效益具有关键性作用。现代企业无一不看到了绩效对企业成长发展的重要意义，引入绩效管理方法成为现代企业管理的方式之一。

一、绩效管理的内涵

（一）绩效管理的含义

所谓绩效管理，是指管理者和员工之间在目标与如何实现目标上所达成共识的过程，同时也指增强员工成功地达到目标的管理方法和促进员工取得优异绩效的管理过程。绩效管理的目的是持续提升员工个人的能力与素质、改进与提高组织的绩效水平。

绩效管理，简言之就是对绩效的管理。绩效对企业组织效益的增长极其重要。绩效管理的具体技术方法和实施手段包括对个人绩效和组织绩效的管理，也包括一整套的实践手段、技术、工具和管理体系。在某种程度上，绩效管理本身就代表了一种观念和系统。20 世纪八九十年代后期，绩效管理已成为相当流行的观点，也成为许多企业组织管理的主要方法之一。

不同行业、不同企业之间存在较大差异，实行的绩效管理方法也具有很大差异，对绩效管理有不同的理解。一般认为，绩效管理是一种注重结果的管理，将个人绩效和组织绩效整合在一起，使整个组织处于高激励、高服务质量的状态。

首先，绩效管理注重结果，是结果导向型的管理模式。企业组织以利润收益为组织目标，因而结果导向型的管理方式有助于企业在创收利润的目标指引下积极主动探求最佳管理方法。注重结果的管理是市场经济迅速发展和现代企业激烈竞争的结果，也是一种外在压力导致的结果。结果导向型的管理模式与目标管理有一定的相似之处，所不同的是目标管理围绕设定目标进行组织管理活动，而绩效管理围绕设定目标进行绩效评估和审核。企业通过进行比较评估，找出差距，促成自身更好地达到目标，所以绩效管理具有全方位控制的功能。

其次，绩效管理将个人绩效和组织绩效并重。绩效管理以衡量个人绩效为基础，围绕组织绩效的提高开展绩效评估和相关管理活动。绩效管理把个人活动和组织目标完整地结合起来，在完成组织目标过程中挖掘人员潜力、提高人员工作积极性、提升服务质量。这对个人绩效的提高无疑有着激励作用,对员工个人的发展以及整个企业服务质量的提高具有一定的积极作用。传统的员工绩效评估单纯以员工工作来衡量,例如计件法、计量法、工作时间考勤等,没有考虑个人绩效与组织绩效的关系。绩效管理将两者相结合,并设计了一系列制度来保证绩效管理实施的有效性。

再次,绩效管理注重员工激励。绩效评估作为绩效管理的核心,始终与员工的奖励、培训、晋升机制相结合,通过全方位的控制和评估,能够在个人绩效与组织绩效进行整合的同时起到一定的激励作用。当然,由于企业组织本身存在利润激励,利用经济手段可以同绩效管理紧密结合,从而形成企业组织特有的绩效管理技术方法。企业组织通过实施有效的绩效管理既可实现企业目标(利润最大化),又可以兼顾企业责任和员工发展。这表明绩效管理的观念在企业组织中有相当的必要性。

最后,绩效管理对提升服务质量的启示。绩效管理的整个技术方法和观念都体现为一种内在的激励手段。企业出于提高组织绩效的考虑,把提升服务质量和产品质量作为重要的管理技术方法。国内外知名品牌企业,为了提高产品形象和获得企业收益无一不提供优质良好的服务,并树立极好的服务形象。绩效管理把评估体系纳入优质服务,内在驱动了企业提供优质服务。企业为了提高整个组织绩效,不得不关注社会需求和顾客要求;与组织绩效相关的个人在利益驱动的评估机制下也会主动提供优质服务。可以说,绩效管理在提升服务质量方面有着极为重要的意义,为政府走向服务行政提供了很多启示。

(二)绩效管理的基本活动

以提高绩效为目标的绩效管理,在企业组织内具体表现为一系列对绩效的计划、组织、控制、协调、反馈、纠正等机制,即通过对绩效全方位的监测评估以实现对绩效进行科学管理和提高绩效的目的。法国行政学者夏夫里茨和卢塞尔认为,绩效管理是组织系统整合组织资源达成其目标的行为。绩效管理区别于其他方面的纯粹管理之处在于它强调系统的整合,包括了全方位控制、监测、评估组织所有方面的绩效。把组织绩效作为一个可以跟踪、测试和控制的对象进行全程评估需要注意两点:一是组织需要十分明确绩效导向的战略目标,围绕提高绩效开展活动,排斥其他可能干扰绩效的因素;二是集中整合各类资源,充分利用资源在提高绩效过程中的作用。对于企业组织来说,明确绩效管理的战略目标和充分利用资源

(包括人力、物力、自然资源、社会资源等)是保证绩效管理活动顺利开展的关键因素。一般而言,绩效管理包括绩效评估、绩效衡量、绩效追踪三项最基本的功能活动。

1. 绩效评估

绩效评估是绩效管理的核心活动。在一般企业组织中,甚至把绩效评估等同于绩效管理,足见绩效评估的重要性。

绩效评估是测量达到既定目标情况的一个过程。这里的既定目标包括将资源转化为公共物品及服务(产出)的效率、产出的质量(向顾客提供服务的质量和顾客的满意度)、结果(行为的实际效果与其预期目标相比较)、在达成计划目标的过程中组织运作的效率等。简言之,绩效评估是一个组织试图达成某种目标、如何达成目标以及是否达成目标的系统化过程。相比较而言,对于企业组织来说,主要的评估对象是个人绩效,并以此作为工资、奖惩、晋升的依据,企业绩效也是重要环节之一。对于政府来说,主要评估的是组织绩效,个人绩效也是重要环节之一。

2. 绩效衡量

绩效衡量是指为了进行绩效评估,管理者必须设计一套足以衡量组织目标实现的指标系统作为衡量组织绩效的标尺以供比较,即我们经常所讲的绩效指标体系。绩效指标体系的设定也是目前绩效管理实践中面临的难题之一,它的现实性较强。因各个企业、公共组织情况的不同,往往有不同的绩效指标体系,尽管现在也提出了一些绩效指标体系设计的原则,如"4E"原则——经济、效率、效果、公平,但绩效指标体系的操作性仍不是很强,尤其在公共组织中这个问题更为突出。在接下来的章节中会具体谈到绩效指标体系设计的问题。

3. 绩效追踪

绩效追踪是指对组织的绩效进行持续性的监测、记录与考核,以作为改进组织绩效的基本依据。

绩效管理是面向组织效益的全方位管理,是一个收集绩效信息,进行绩效衡量,设计与执行有效管理,推动绩效不断持续改进的整体活动和过程。绩效管理与传统的行政考核和测评有着本质的区别。通过科学有效的绩效追踪,找出与个人或组织绩效目标不符合的行为,进行修正改善,进而推进组织绩效的提升。必要的反馈在任何组织中都显得颇为重要，绩效追踪与一般的反馈又存在显著差别。一般的反馈往往在行为将近结束时进行，反馈的内容也只是工作内容本身，导向性不够明确；绩效追踪注重与绩效相关的行为，建立在绩效衡量基础上，有一定的科学依据性，更容易被员工和组织所接受。同时，既定的绩效指标体系为绩效追踪提供了科学的依据，使其能够在不断追踪的基础上改进个人绩效和组织绩效。

（三）绩效管理的作用

对绩效进行科学管理是企业组织提高经济效益的途径之一，通过对绩效管理基本功能活动的了解，总结出绩效管理在企业组织（也可延伸到政府组织）运作中的功能作用。

1. 强化绩效观念

绩效管理理论和实践的发展源于市场竞争，其一系列观念都与效率、效果相挂钩，直接体现了企业部门追求经济利益最大化的原始需求。市场经济发展的特征是要求成本最小化和收益最大化，以立足于激烈的市场竞争。由此，效率在市场经济环境中成为衡量企业能否继续生存的一个重要标准。企业引入绩效管理战略的方法，一则体现了市场经济环境所追求的效率问题，二则从企业长远发展角度解决企业长期生存所面临的问题。一个效率低下的企业组织既不可能在市场竞争中长期生存，也不可能满足经济发展的要求。以绩效观念为先导的绩效管理在企业组织中注入了灵活、新鲜的血液。在市场和利益的驱动下，紧密结合个人绩效和组织绩效，双重强化了组织的绩效观念。绩效管理虽说是一种管理技术手段，但更多地体现为一种绩效观念，即利用一系列的技术手段管理绩效。一般情况下把绩效视为一种结果，而绩效管理则把绩效视为一种可以进行计划、控制、激励、跟踪的管理过程。这样，个人绩效就能和组织绩效、组织目标结合起来，从而使整个企业在市场竞争中始终贯穿一种积极的绩效观念，有助于企业长期的运营和发展。

2. 提高服务质量

无论是管理者个人的绩效管理还是管理组织的绩效管理，都应具备评估、考核、奖惩、晋升、培训等一系列配套机制。这些配套机制的设置有其自身的特殊性，是绩效管理实施的必要手段。一般的员工考核奖惩机制是组织制度的重要组成部分，主要作为衡量员工工资、晋升等的标准，其激励作用并不是特别明显，与此相关的激励理论在管理学研究领域也有较大的发展。绩效管理注重外在经济环境的重要性，把企业组织置于需求环境随时变化的危机环境，并以满足顾客需求的程度来衡量个人绩效和组织绩效。换言之，个人只有在满足顾客需求的前提下才有可能赢得个人绩效，进而提高组织绩效。组织绩效管理目标的导向是社会和顾客的需求，衡量个人绩效的标准也从单纯的工作量转变到顾客的满意感。绩效管理利用个人绩效的衡量和全方位的监测较好地实践了“顾客就是上帝”的服务观念，在管理方法和体制上保障了服务质量的有效提高。同时，绩效管理设定了个人的绩效目标，全方位地监测和评估不是为了与他人进行比较，而是根据既定个人目标和现实绩效进行比较，从而进行修正、反馈、提高。这套激励机制不仅防止了不正当竞争行为的产生，而且有效地激励了个人围绕个人目标和组织目标主动提供优质服务，以便更好地提高绩效。

3. 提升责任意识

美国管理学家卡罗尔在《企业与社会：伦理与利益相关者管理》一书中指出，现在的社会是一个多元社会。一个多元社会由于能够提供一系列固有的监测标准和平衡手段，群体之间不需要一个组织（企业、政府）来加以支配和过度介入就能够相互影响。卡罗尔相当关注企业的社会责任，认为这是现代企业生存发展的必然因素。卡罗尔认为，一方面由于企业具有强大的影响力和渗透性，必须对公众承担必要的社会责任；另一方面企业的社会责任也可以根据自身机制的调节来实现。企业应关注使用资源的有效程度、人力资源的开发程度、生产安全性以及公众的满意程度。绩效管理作为现代企业的管理技术方法首先在企业内部提供了一套机制来帮助企业履行一定的社会责任。绩效管理的具体方法实践，提供了一套责任机制，在明确个人职责的前提下，关注社会和顾客的需求，使企业在一定程度上走出了利润盲目最大化的误区。绩效管理强调整体性，从个人绩效到组织绩效，都有全面的监测评估机制，在提高绩效的同时提高了服务质量，又在提高服务质量的同时提升了责任意识。作为现代市场经济中发展的企业，忽视顾客需求或者忽视社会责任都有可能被社会和市场所淘汰，绩效管理正是在这个领域弥补了不足，有助于企业在更深层次意义上提高组织绩效、提升组织形象。

（四）影响绩效管理的因素

影响绩效管理的因素主要分为两类：一类是影响绩效管理引入的因素，即哪些因素导致企业实施绩效管理；另一类是影响绩效管理在组织中运作的因素，即哪些因素可以帮助企业成功实施绩效管理。当然，这两类因素的划分只是人为的划分。在大多数的情况之下，这两类不同性质的因素是重合在一起的。例如，政府政策因素不仅影响到企业积极实施绩效管理，也可能因为某项具体的政策而影响到其绩效管理的实施。

英国管理学家威廉姆斯在《组织绩效管理》一书中详细地列出了影响绩效管理的六大因素：市场条件、管理理论和管理活动、技术进步、组织结构再造与变革、政府的政策、绩效评估的缺陷等。此因素划分方法缺乏一定的系统性。根据两类不同性质的影响因素，本书总结出以下影响绩效管理的因素。

1. 环境因素

(1) 自然环境

企业生产首先面临的是自然资源的稀缺性。由于自然资源的匮乏，企业必然要想办法减少资源损耗以降低成本。21 世纪自然资源缺乏已成为世界各国公认的事实，如果不能解决资源浪费的问题，企业很有可能面临严重的经济危机，也包括来自社会谴责方面的危机。在这种情况下，企业引入绩效管理和实施绩效管理以提高资源的有效使用率便成为其必要的选择。

(2) 市场环境

威廉姆斯指出，20 世纪八九十年代，一直持续着激烈的市场竞争，直到今天，竞争仍是市场上的主导因素。竞争成为市场环境中“最重要的特点”导致许多企业要取得成功，就必须在所生产产品的服务质量、生产成本、生产者不断创新并向市场提供新产品的速度等三个领域达到更高的水平。市场状况的变化使企业引入绩效管理成为必然，绩效管理本身所具有的理念以及管理方法适应了企业在市场竞争中的地位。英国学者布雷德拉普指出，只有不断改善组织绩效，才能满足更高的期望，使顾客满意。现代社会的竞争性使企业组织面临更多的压力，推进组织绩效成为企业立足竞争的必要手段之一。

（3）政治环境

政治环境对政府组织引入绩效管理的重要性显得更为突出。当然，企业部门仍在政府政策的引导下，所以政治环境对企业部门所施加的影响往往是间接的、持续的。例如，受就业政策和高等教育政策的影响，企业可能大幅度减员，也可能在人力资源管理领域加大激励管理的力度。实践过程中政治环境对政府组织引入绩效管理的影响具有长久性和显著性。

2. 组织因素

（1）组织变革

现代组织无不面临着“机构简化”“减员”“团队工作”“服务质量协议”等方面的变革，这些变革有可能来源于组织自身的需要，也有可能来源于组织外部环境变化的需要。不过，这些变革情况归根到底要集中到组织变革中。同样，私人部门和政府也大都如此。组织变革带来的是组织人员的调整和组织机构的变化，也为改善绩效提供了一个机会。组织变革的起因在于适应市场竞争环境的需要，进而提供一个效率更高、激励作用更明显、服务质量更好的机构。组织变革为绩效管理的引入创造了前提条件。在绩效管理实施过程中，一定的组织变革对有效实施绩效管理同样具有不可小视的重要性。当绩效评估达到一定阶段，必然涉及人员奖惩、晋升等环节，组织也正是在不断进行绩效评估、绩效跟踪的过程中推进了变革，提高了绩效。

（2）管理观念

知名企业在追求企业产品和服务质量方面越来越多地加以重视，这反映了人们对组织管理方面有了新的认识，也为绩效管理实践方法的引入创造了观念条件。例如，在组织管理方面，已总结出“卓越”企业所具有的特征，包括尽可能地接近顾客、发现顾客需求、识别顾客不断变化的需求等。这一系列管理观念的变化表明企业组织引入绩效管理具备了一定的可能性，也为绩效管理的正常实施创造了条件。

3. 制度因素

制度因素主要指企业内部的评估机制。以往的评估机制存在许多问题，导致绩效管理存在潜在的隐患，而且这些制度方面的问题将直接影响到组织实施绩效管理的有效性。

（1）工作职务分析制度

没有明确标明各项职务的特征也就无法客观地考察绩效。对各项职务的职责进行从大到小的细分是绩效考核的前提，也是人力资源管理工作的前提。人力资源管理在职务分析上的研究贡献可以使企业对各项工作进行细分和职责界定。工作职务分析的另外一项价值在于能够适当分解企业的总体目标，从而形成一定的个人绩效目标。因而，工作职务、职责对绩效考核的关键作用是不言而喻的。

（2）绩效评估制度

建立系统完整的绩效评估制度对绩效管理的实践至关重要。如果企业没有专门的评估人员或者对评估人员的工作缺乏标准化的设计，就不可能在实践中真正贯彻执行有效的绩效管理。建立绩效评估制度应着眼于对评估体制的设计，比如如何定期进行评估、谁来评估、评估标准、评估人员的责任等。绩效评估制度的建立环节还没有涉及具体评估指标的建立，只是就整个评估体制进行分析。

（3）绩效评估体系

绩效评估体系是整个绩效管理运行中的重点和难点。恰当的绩效衡量指标体系能够最大限度激励员工，提高绩效。然而，现在大部分的绩效衡量指标体系都存在模棱两可、模式不规范等情况，直接影响到绩效管理的实施效果。同时，对于企业组织来说，一两次失败的绩效管理实践就有可能中止绩效管理的实施。

（4）绩效评估结果体系

大部分绩效评估的结果在上述因素的干扰下可能表现为无法鉴定优良的绩效，这样对员工的奖惩也就不存在公平性和合理性，绩效管理的正面激励作用也就可能失效。合理的绩效评估结果体系对于公平考核、开发员工潜力、识别企业组织的发展潜力等都具有一定的意义。

二、绩效管理实施的原则和程序

绩效管理作为一种管理工具，更多地表现为一系列的实施方法和技术。以下将从原则和程序两个方面对绩效管理在企业组织中的实施进行初步说明。

（一）绩效管理实施的原则

通过对绩效管理引入和实施的若干因素进行分析，我们可以看到在不同的企业中实施绩效管理都存在不同的困境，足见要成功实施绩效管理并达到绩效管理的目标是一项十分艰巨的任务。虽然不同的企业有不同的实际情况和问题，但是一般存在以下七项绩效管理的实施原则。

1. 以人为本原则

以人为本的原则是管理学思想的重要组成部分，也是绩效管理的思想精髓，贯穿绩效管理的始终。绩效管理之所以能优于其他形态的管理方式，正是由于它将以人为本的原则运用于具体操作中，通过技术手段实现了激励人、开发人的目标。

在现实企业组织管理中，“注重人”已不是一个崭新的观点。管理者在管理实践中充分认识到激励员工工作积极性对提高组织绩效的重要性。绩效管理与传统以人为本原则的区别在于它赋予了以人为本原则新的内涵。一方面，绩效管理所设计的管理技术方法十分注重员工个人，个人绩效是其衡量的重要层面；另一方面，绩效管理重视自我考评，不强调进行相互比较考核结果，只是把考核结果作为提高个人绩效的参照物。在具体管理操作中有多种技术方法，都在一定程度上贯彻了以人为本的原则，从而有助于激励员工积极提高个人绩效，主动为提高组织绩效贡献力量。

实施绩效管理的最终目的是通过发挥员工专长和潜力来提高企业的服务质量和组织绩效。这样，建立以人为本的组织文化，让每个管理者都将员工的智慧和创造力看作更为宝贵的财富显得尤为重要。整个企业贯彻以人为本的原则，能让绩效管理的实施更富有意义。倘若每个员工都树立起这样的理念：“我很棒，这里不能没有我”，那么就不仅为绩效管理持续实施创造了条件，也在观念领域推进了组织绩效的提升。

2. 员工参与原则

员工参与原则是以人为本理念实践的重要原则。以人为本理念的本质在于管理者重视员工个人的价值，愿意结合员工发展意愿采取激励和培训措施。美国管理学家德鲁克认为，经营者的信任不在于改变人，而在于有效活用个人的长处以增强组织的工作效果。要了解员工的意愿、长处以及实践以人为本理念，就需要让员工充分参与企业管理，积极为企业出谋划策，充分体现其作为企业重要组成者的地位和意识。近年来，企业组织在员工参与方面较为重视，例如召开座谈会、开设网络咨询系统等，使员工在实施自己的方案、计划时获得一种满足感和成就感，进而起到激励作用。

当然，实施绩效管理所要求的员工参与制度也拓宽了召开座谈会、表达意见的范围，给员工提供了参与的机会。企业制定员工参与制度，应有方便地、开放地提出建议的渠道；管埋者进行适度的授权，建立快捷的信息沟通反馈机制，保证让员工以真实有效的方式参与组织活动，这样才可能将个人的发展计划和组织工作目标结合，个人的创造性和潜力才有可能得到最大限度发挥。绩效管理将个人目标和组织目标完整结合起来，员工参与是实施绩效管理的基本途径。

3. 目标一致原则

绩效管理是通过分解组织目标，把组织目标融入个人目标，并激励个人实现个人绩效，进而提升组织绩效的一种管理方法。由此，目标一致原则对组织尤为重要。如果要求个人目标能够和组织目标达到相对一致的程度，那么组织就要能够挖掘个人目标和个人意愿。组织目标是可以设计的，个人目标却往往带有情感因素。通过员工参与和以人为本原则的实践，企业组织能够为个人设计出符合组织目标的个人绩效目标。如果个人绩效目标偏离组织目标太大，其绩效考核就缺乏有效性，也就无法对其进行合理考核了。一般情况下，企业以利润为导向，员工的个人绩效目标也比较容易围绕组织目标。尽管由于雇佣关系，个人目标和组织目标不一致的矛盾会长期存在，但双方协调的可能性也很大。与此不同的是，政府存在过多的权威性，“管理和市场结合”的可能性低，个人全力以赴实现的多为组织目标，为个人绩效目标而工作的积极性就大大减弱了。

以人为本原则和员工参与原则为贯彻目标一致原则提供了基本环境。贯彻目标一致原则一般有四种途径：① 通过各种形式向全体员工宣传组织的战略宗旨和企业文化且得到认同；② 在团队工作计划的制订中赢得员工真诚的参与；③ 为员工提供可供发展的美好前景；④ 帮助员工实施工作计划和职业生涯计划。

4. 有效沟通原则

绩效管理是个系统工程，强调根据市场环境和顾客需求及时调整个人和组织绩效目标，并根据顾客需求满足的程度来衡量个人绩效。绩效评估是绩效管理的核心工作。绩效评估面临的首要难题是沟通问题。绩效评估的对象在于员工个人,没有有效的沟通可能导致绩效评估的无效,甚至招致反对和抵抗。尤其是评估管理人员和员工之间,没有沟通是不可想象的。因此,组织除了与外部进行广泛的信息沟通外,还须进行必要的组织内部沟通。

以人为本原则和员工参与原则是组织内部实现有效沟通的前提,而有效的内部沟通也是员工提高参与程度的重要渠道。一方面,员工个人积极寻求有效的业绩反馈和重要的外部奖励,一旦员工个人寻找到某类能够获得奖励的信息,就有可能努力发挥专长,积极工作;另一方面,组织也主动寻找如何刺激员工提高绩效的信息,以此作为奖励的基础。有效沟通原则在绩效管理中起到了管理者和被管理者之间的中介作用。绩效管理是以人为本管理的一种范式,不仅在于提高组织绩效,还要能够充分发挥人力资源的作用。双方的有效沟通既为员工创造了自我发展的机会,也在较高层面上提高了个人绩效和组织绩效。

在企业实践中,绩效管理之所以能优于其他形态的管理,也正在于管理者与员工的相互沟通消除了管理中的阻力和由于信息不对称所造成的误解和抵制,从而达到了资源共享和优势互补的效果。

5. 科学考核原则

前述四条原则是在宏观意义上讲述绩效管理如何成功实施的。绩效管理成功实施最终还在于具体的实施方法和技术。正如绩效评估在绩效管理中的核心地位,科学的绩效考核在绩效管理中至关重要。考核是管理者对日常活动监控和协调的工具,可以使员工保持工作热情和紧迫感,也可以使员工认识到工作中的不足,及时改进,不断学习。考核结果是晋级、提升、加薪、培训的依据。建立科学的考核机制是绩效管理技术方法的重点。

科学的绩效考核在绩效管理实践中占有十分重要的地位。整个绩效管理的过程就是全方位的考核、监测、评估的过程,没有科学的考核机制就无法衡量员工绩效,也就无法在考核基础上对绩效进行修正、推进。建立科学的考核机制或评估机制,能够极大地推动组织的绩效管理;反之,则会导致组织人事混乱、员工缺乏奋斗精神。科学考核是绩效管理实践的关键一环,考核要科学合理,考核行为要经常化、制度化,考核结果要及时反馈。

6. 适度激励原则

绩效管理的特色在于重视适度激励原则，能够内在地激励人员发挥积极性和创造性，通过个人目标和组织目标的有机整合，主动提供顾客所需要的服务，并在工作中积极发挥潜能，从而提高绩效。绩效管理通过绩效考核、评估和跟踪最大限度起到了激励作用，可见适度激励在绩效管理有效实施中的重要意义。

激励是管理者的主要领导功能，贯穿于管理活动的始终。心理学和管理学研究领域都充分肯定了激励的作用。例如：工作前的目标设定，精神及物质上的承诺；工作中的授权安抚，及时肯定、表扬、鼓励；工作后的评定，承诺兑现等都是激励的形式。适度激励和激励制度化是绩效管理成功实施的重要保证。在绩效考核过程中，若要保证激励的公平、及时、全面，就意味着不仅要保证评估人员的素质，而且要建立科学的激励机制，确保激励机制制度化。

7. 持续培训原则

以人为本理念主导下的绩效管理是以发展为导向的，在完成组织目标的同时，实现个人的发展。尤其是企业面临激烈的市场竞争，逐渐意识到满足顾客需求和人才优势的重要性后，会趋向组织不断学习、不断发展、不断追求。"学习型组织"的兴起表明企业在生存发展的同时已在密切关注为员工和组织提供发展的机会。

培训本质上是一种激励形式。绩效管理注重个人绩效的充分发挥和个人潜能的开发，强调激励的持久性和制度化，关注员工持续培训和提高人才素质。持续的培训对企业组织保持竞争优势和增强实力的意义不言自明。知名企业大多重视培训。为员工提供培训机会，可以在激励层面促进个人目标和组织目标的有效整合，以利于进一步提高组织绩效。

绩效管理关注员工个人绩效与组织整体绩效的关系，离开对员工个人发展的关注，就脱离了组织的整体绩效，绩效管理也就无法落实。正是在这个意义上，持续的培训被视为绩效管理赢得广泛赞同和支持的重要原因。

（二）绩效管理实施的程序

作为一种科学管理方法，绩效管理直接表现为一系列可操作、可实施的管理技术方法。绩效管理是在组织总体框架下对员工个人绩效进行管理的一种方式。个人目标始终围绕组织目标，绩效管理正是在组织目标的引导下关注员工个人业绩的提高。从这点来看，绩效管理理念有助于以人为本理念的实践和员工个人潜能的发挥。实践中，绩效管理的实施程序也因企业而异，不同模式下绩效管理的实施程序也有相当大的差异。

1. "三步骤"模式

对员工绩效进行管理的绩效管理被视为一个循环过程，其中包含了三大步骤，即计划、管理和评估，也有研究者把三大步骤归纳为绩效计划、绩效评估和绩效反馈（见图 1-1）。"三步骤"模式的共同点在于：第一，管理者与被管理者应该在对员工的期望问题上达成一致意见，即目标一致；第二，提倡员工对组织的直接投入与参与，即员工参与；第三，认为绩效考核和激励是管理的重要职责。

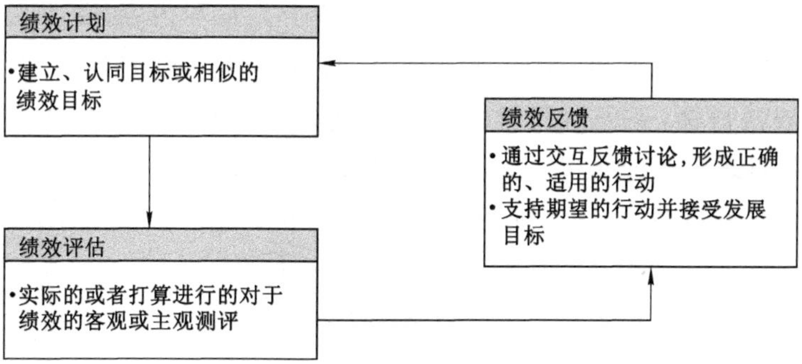

图 1-1　绩效管理实施的"三步骤"模式

"三步骤"模式简要地归纳了绩效管理实施的重要程序，把计划、评估、反馈结合在一起，形成了绩效管理最重要的理念，即目标一致、充分计划、员工参与、定期评估。

2. 要素模式

要素模式是总结绩效管理实施过程所需要素的一种分析范式，海斯勒的"四要素"模式（指导、加强、控制和奖励）和施奈尔的"五要素"模式（计划、管理、考察、奖励和发展）都属于要素模式。要素模式不强调绩效管理实施过程的循环性，而是指出了实施中的重要因素。"五要素"模式见表 1-1。

表 1-1 "五要素"模式

计划	管理	考察	奖励	发展
·建立绩效目标 ·明确工作行动 ·明确绩效衡量的基础 ·了解员工行动 ·为员工行动提供指导和初始动力	·行动和目标监督 ·强化机制 ·修正不适当的行动 ·提供控制	·座谈会 ·书面记录 ·关注员工的现状和发展 ·调整计划 ·建立新目标	·评价 ·加强	·绩效提高 ·培训 ·员工职业生涯规划

要素模式与"三步骤"模式都强调以雇员为核心的绩效管理理念,不同的是要素模式着重指出了绩效管理实施的重要环节,这对如何成功实施绩效管理有一定的指导作用。

根据以上的研究模式分析可以了解,绩效管理与企业组织的人力资源管理具有本质区别。人力资源管理包括人力资源规划、工作分析、招聘、开发与培训、使用、考评、激励、安全与健康、劳企关系等内容,着眼点在整个组织中人力资源的取得、配置、使用收益、再投资等。绩效管理始终围绕组织整体战略目标,是一个组织绩效管理与员工个人绩效管理相结合的体系。绩效管理着眼于员工个人绩效的提高,把发挥员工潜能与实现组织绩效充分结合起来,形成一个能够适应市场竞争变化、处于高激励状态的企业组织。绩效管理的实施程序包括以下五个步骤。

第一,制订员工个人工作计划。员工个人工作计划既是组织总体目标分解的结果,也是员工个人意愿充分表达的结果。作为对员工个人绩效进行管理的绩效管理,确定员工个人合适的绩效目标是整个绩效管理实施的前提和基础。如果员工个人绩效目标违背了组织整体目标或者说个人没有积极的意愿去实现组织整体目标,那么整个绩效管理就等同于虚设。

制订员工个人工作计划要在组织和团队战略的指导下,结合个人意愿,员工参与进来与管理者共同制订和完善个人职业生涯计划、进行工作设计、拟定一定时期内的具体工作计划,以保证个人绩效目标与组织整体目标一致。

第二,管理与支持。管理者制定员工个人绩效目标的目的在于激励员工主动发挥工作积极性,使每位员工都能朝着实现绩效目标的方向行动。

但假如管理者没有给员工一定的支持，制定再高的绩效目标也有可能无法起到激励作用。为此，适当的管理支持在绩效管理中占有重要地位。

管理者要对员工适当授权，让员工的创造性发挥出来，在员工实现个人绩效目标的工作过程中给予指导、激励、协调、支持，解决困难，创造条件，使员工有释放潜能的空间，也使员工能以高昂的姿态投入工作。

第三，绩效考评。绩效管理的核心是绩效考评。根据预先设置的个人绩效目标和已完成的实际工作情况进行公平、公正、合理的考核是绩效管理的核心程序。

应通过制定科学合理的考核标准，对员工的日常表现进行记录和经常性的考评，考评中应将员工自评与管理者考评相结合；考评结果及时反馈给员工，取得认同，促进员工不断完善工作方式；对考评标准进行修订，以适应具体情况的变化。

第四，进行激励。应将激励与绩效考评结合在一起，最终以考评结果的形式出现，注意充分体现绩效管理的实际效用。需要指出的是，绩效管理中的激励主要针对考评结果，同时员工对激励的各种形式也有明确的心理预期，只有这样激励才能在绩效管理实施中发挥应有的作用。

当然，激励既包括工作过程中的精神、物质激励，也包括针对绩效考评结果，对员工进行晋级、加薪、增加福利等正向激励以及降级、降职、解聘等反向激励。激励应尽量制度化，且应具有柔性，体现激励的公平与效率。

第五，培训与发展。以人为本理念贯穿绩效管理全过程，使用好员工并开发员工潜能是绩效管理中提高组织绩效、个人绩效的另一个重要目标。

根据员工的工作表现、考评结果、组织和团队发展规划以及员工职业生涯计划，对员工进行各种形式的培训来提高员工的素质，进而为组织发展提供动力，积累后劲。

应该说，五个步骤的绩效管理程序包含了整个绩效管理的过程。绩效管理是个系统循环的长期管理过程，有必要对各个程序间的相互关系进行说明和表述，以便绩效管理能在更深层次上持续成功实施。绩效管理循环及其实施，分别见图 1-2 和图 1-3。

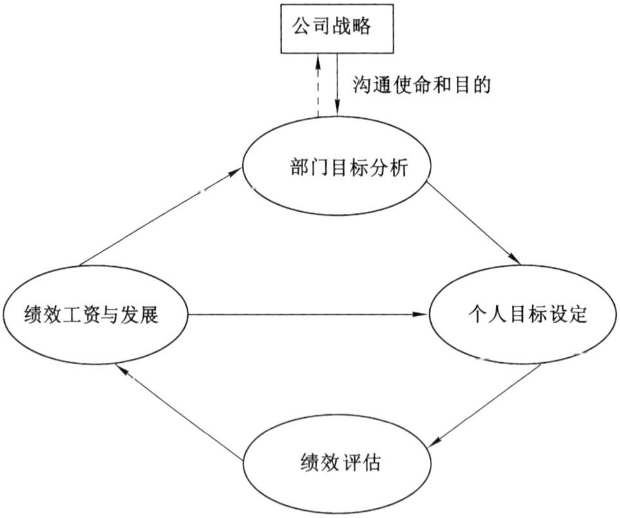

图 1-2　绩效管理循环

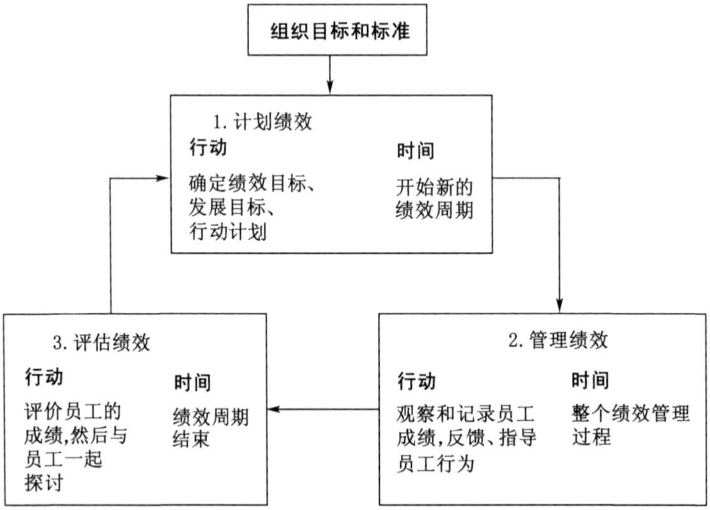

图 1-3　绩效管理循环实施

三、绩效管理存在的问题

绩效管理的提出并非全新的创造，而是在现有人力资源管理的框架下注入新理念，强化以人为本的理念和可操作性；既吸收了职业管理、目标设定、工作设计、绩效考核、激励、培训的过程，又吸收了标杆管理、质量管理等具体管理方式的操作和经验方法。因此，绩效管理作为顺应企业生存发展而兴起的管理方式在理论上和实践中都会存在一些问题。企业为适应市场竞争的要求会主动改进绩效管理使之行之有效。绩效管理存在的以下问题是我们所不可回避的。

（一）员工个人绩效目标难以确定

员工个人绩效目标既是组织总体战略目标的分解，也是员工个人意愿的充分体现。在确定员工个人绩效目标过程中往往存在如下数个障碍。① 组织内部没有明确的工作职务分析制度，员工的各项职务特征和职责不明确。② 员工所处的位置使其不可能充分表达自己的意愿，所表达出来的绩效目标不一定是其真实的想法。③ 组织内小团体的存在可能导致相互攀比和竞争。个人制定的绩效目标有可能超越了自身能力，也有可能出于小团体的考虑低于他所能达到的水平。④ 管理人员对员工过多参与目标制定有排斥感，除非组织提供员工参与沟通的渠道和制度。然而，这些参与沟通的渠道往往被忽视或不经常使用。⑤ 员工素质影响个人绩效目标的制定。大部分操作人员很难确定自己的绩效目标，管理者在个人绩效目标制定中仍处于优势地位。⑥ 管理者能否做到开放、公平，直接影响到员工是否愿意表达自己的绩效目标。⑦ 企业组织对员工个人职业生涯规划的宣传力度不够。

（二）绩效指标体系建立困难

恰当的绩效衡量准则能够最大限度激励员工、提高绩效。目前大部分绩效衡量指标体系存在模棱两可、模式不规范等情况，直接影响到绩效管理实施的效果。① 绩效指标划分过于模糊，导致绩效衡量失效。② 绩效指标体系缺乏科学性，往往由管理人员随意设置，并经常更改，使员工的期望值大大降低，不利于绩效考核。③ 绩效指标体系缺乏分门别类性，大一统的绩效指标体系反而会导致不公平。根据不同的工作层次，应该划分不同等级的绩效指标体系。④ 员工参与绩效指标体系设计的可能性不高。⑤ 一些绩效指标不符合工作实际、形同虚设，员工工作积极性不高。

（三）绩效评估体制存在问题

如果企业没有对如何定期进行评估、谁来评估、评估标准、评估人员的责任等作出规范，那么就无法贯彻执行绩效管理。绩效评估体制存在的问题是绩效管理实施的一个难题。绩效评估体制方面存在以下几个问题。① 绩效评估工作带有随意性，没有形成经常性评估。② 员工对绩效评估存在抵制情绪，把评估绩效等同于工资评定，过多的评估导致员工的怀疑和抵触。③ 绩效评估主要是管理者对员工的单方面评估，管理者的素质对评估有着直接影响。④ 员工间缺乏互评，员工对自己的评估也存在公正性问题。⑤ 评估结果与激励之间的联系大多表现在工资水平上，培训和发展的机会较少。⑥ 员工对绩效评估和组织目标之间关系的了解程度不够。⑦ 评估还只是一种形式，没有形成相应的制度，更没有将该机制融入企业组织管理，管理者和员工对评估重要性的认识还有待提高。

第三节　政府绩效管理

一、政府绩效管理的背景

在现代社会的运转过程中，尤其是随着市场经济的发展，从经济管理、社会服务到国家安全等，现代国家政府都会以某种方式介入。政府承担着广泛的公共管理职能。所以，政府能力已成为衡量政府管理效率的一个核心指标。如何提高政府制定和执行公共政策的能力、如何提高政府管理效率以推动社会服务的高效率、高质量，这些问题在当今已成为世界各国政府改革的重心，是现代政治学和经济学领域普遍关注的问题，也是现代公共行政学走向以政府管理效率和政府能力为研究核心的现实依据。

（一）政府管理环境发生变化

现代信息技术（IT）的发展、民主化以及国际竞争环境的变化，使政府管理问题成了西方国家发展与稳定的中心问题之一。社会公平和民主作为政府管理的核心价值，要求政府应具有回应性、责任心和效率。政府管理环境的变化使公共项目及其所产生的结果成了政府管理活动关注的焦点。一方面，公众期望在市场经济条件下政府能够以最经济的手段、最迅速的方式提供最优质的服务；另一方面，政府为公众提供各种公共服务必须由公众支付所需成本，因此政府功能扩张必将增大政府的施政成本。

（二）新公共管理运动的兴起

自20世纪七八十年代起，各国政府面对财政困境和社会对政府提供服务需求的扩大，竞相兴起了以新公共管理运动为取向的政府改革运动。从撒切尔夫人开始的英国行政改革到美国“创造一个少花钱多办事的政府”的行政改革，再到新西兰的行政改革和澳大利亚“竞争、绩效、透明”的行政改革，这场涉及西方大多数主要发达国家的行政改革无一例外地引入了市场竞争机制、强调顾客导向、突出提高服务质量的绩效管理机制。

绩效管理是席卷西方社会的新公共管理运动经验的重要组成部分。在英国行政改革过程中，撒切尔夫人提出了“经济行政”的指导思想和“成本效益”的指导原则，认为行政管理应该从经济的角度规定目标值，努力实现完成值，并客观根据完成值与目标值之比算出达成值。注重绩效考评和管理即在政府中引进企业评估机制，其本质是对以绩效标准、绩效评估为内核的管理主义的回归，使政府的改革具有操作层面的意义，在资金使用、服务质量和公务员素质提高方面都能有实质性进展。

在传统的公共行政理念中，效率也是衡量行政的一个重要方面。例如，公共行政学者罗森布鲁姆认为，公共行政是采用管理的、政治的和法律的理论和过程以完成立法的、执行的和司法的政府指令，为整个社会或其某个部分的需要行使管制和服务的职能。到了20世纪末期，许多公共行政学者转变了公共行政的理念，不仅将行政和管理相区别，而且提倡政府的管理应通过市场化走向公平、可靠，关心顾客和效率。因此，在新公共管理运动中，公务员所完成的工作应是管理的而非行政的。这个理念标志着以官僚制为基础的传统公共行政的终结，以满足顾客需求为基础的市场化导向开始引入政府管理。

二、政府绩效管理的内涵

(一)政府绩效管理的含义

政府绩效管理是指依据对管理的效率、能力、服务质量、公共责任、公众满意程度等方面的判断,对政府管理过程中投入、产出、成果所反映的效果进行评定和划分等级的管理活动。西方国家新公共管理运动的成功实践推动了对政府绩效管理的研究。绩效管理来源于企业组织的实践,其绩效理念对提高个人绩效和组织绩效具有显著意义。政府承担着为公众提供公共服务的职能,在资源使用和人力资源开发上也相应地承担着责任。政府引入绩效管理是对传统政府职能的极大冲击,意味着政府作为一个组织必须面临成本-收益、顾客需求、人力开发等方面的问题。

当然,政府和企业组织本身具有严重差异,前者的服务对象是公众,产出大多是无形的公共服务,并且不以营利为目的;后者的服务对象是企业产品和顾客,以营利为直接目的。两类不同性质的组织决定了政府绩效管理与企业组织绩效管理有着本质的差异,见表1-2。

表1-2 政府绩效管理与企业组织绩效管理的差异因素

差异因素	政府绩效管理	企业组织绩效管理
· 环境因素	· 公众态度 · 期望社会稳定	· 激烈的市场竞争 · 顾客需求
· 实施目的	· 非营利 · 社会认同	· 营利
· 理念	· 官僚思想	· 人本思想 · 服务
· 功能	· 加强管理	· 绩效意识 · 服务质量 · 社会责任

(二)政府绩效管理与企业组织绩效管理的本质差异

1. 环境差异

随着现代社会竞争加剧,企业需要在更节省成本、更有效产出、更大限度开发人力和创新等方面来提高企业核心竞争力。因此,企业组织绩效管理是在市场环境中产生的。满足市场需求的程度是衡量绩效管理实施有效性的标准之一。因此,企业组织绩效管理与组织系统外界的竞争环境息息相关,直接反映了市场的需求,其绩效也正是在市场压力下不断持续提高的。

政府实施绩效管理的外部环境因素中,市场因素的作用相对较弱。政府在现代社会发展中也面临着节约资源、有效利用资源的问题。政府所承担的责任决定了其要在资源使用问题上对公众负责。政府不以营利为目的,公共性决定着它必须在如何有效使用资源、公众满意程度等问题上作出相应的回答。可以说,公众的态度(支持或不支持)是政府实施绩效管理的重要环境因素。没有公众的支持,政府也将失去存在的合理性。长期的存在和发展表明,作为一个组织管理机构,政府存在许多管理问题,例如机构臃肿、人浮于事、效率低下等。市场经济对效率的要求和公众对政府期望的提升都影响到政府作为非营利机构的效能改革。

2. 目的差异

企业组织实施绩效管理主要出于激烈的市场竞争环境中生存的需要,其主要目的在于通过绩效监测和跟踪,激励个人围绕组织目标发挥自身积极性和创造性,主动挖掘顾客需求,以顾客需求满足的程度来衡量个人绩效目标实现的程度。以营利为主要目的的企业组织绩效管理直接导向顾客需求,把顾客需求纳入企业组织战略目标,并激励员工努力满足顾客需求,由此提高企业的绩效水平和服务质量。

政府实施绩效管理的市场因素相对较少,其主要目的在于提供公共产品和公共服务,不以营利为目的,缺乏市场竞争性。政府自身的权威性使其在资源占有和使用上拥有先天优势,即使不通过市场竞争,政府也能凭借先天优势持续生存和发展下去。政府在提供公共产品方面所具有的企业组织所无可比拟的优越性,又使现代社会对政府的管理功能增加了期望。政府实施绩效管理的动力直接来自社会压力,其目的在于通过有效地提供公共产品,提高政府的合法性。

3. 理念差异

企业组织绩效管理将以人为本理念作为实践基础,把组织绩效的提高建立在个人潜力开发的基础上,注重个人绩效的提高和顾客需求的满足。支撑企业组织绩效管理的理念主要体现为市场竞争对企业全面发展的要求急剧提高，从经济效益的竞争转变到人力资源的竞争、企业信誉的竞争和顾客的竞争。企业组织竞争环境的变化直接导致企业管理者转变理念，分解组织战略目标，在追求个人绩效目标的同时激励员工积极发挥创造性、满足顾客需求。这已成为企业组织以人为本理念转化为实践的重要措施之一。

政府绩效管理的实施理念与企业组织有着根本区别。对政府“恶”的假设以及“经济人”假设的存在，长期以来使限制政府的权力成为研究的重点。因此，政府缺乏对自身绩效目标的认识，也没有开发人、利用人、创造人的积极性。同时，官僚化、等级观念等直接影响着政府绩效管理的实施。

4. 功能差异

企业组织实施绩效管理的功能包括提高企业组织和员工个人的绩效意识、提高服务质量以及企业组织的社会责任感。这些功能既是绩效管理本身所赋予企业组织的作用，也是企业组织市场竞争生存的需要。企业组织实践绩效管理，一要全面提升员工的个人绩效；二要提高企业组织满足顾客需求的水平；三要开发员工潜力以维持企业组织的创新能力。

绩效管理在政府中直接体现为一种为政府管理服务的职能，是政府加强管理的手段。随着现代社会竞争因素的增加和公民意识的增强，政府面临的合法性危机急剧增加。绩效管理作为技术管理的手段，直接为政府管理服务。政府通过有效、合理的管理，提高自身的服务水平，以此来加强政府管理并得到社会的认同。

三、政府绩效管理的价值

美国政治学家彼得斯认为，不管是相对富裕的西欧各国或相对贫穷的非洲国家是否考虑进行行政变革，人们普遍假设提高政府组织效率的最佳甚至唯一的方法是用某种建立在市场基础上的机制代替传统的官僚制。可见，政府引入绩效管理体现了市场机制中的一些因素，例如竞争、效率、顾客导向等。以下将从政府绩效管理衡量指标的角度来阐述现代政府绩效管理的必要性、可行性及其价值。

（一）政府绩效管理的衡量

政府绩效管理是以实现政府管理的“4E”——经济（economic）、效率

(efficiency)、效果(effectiveness)和公平(equity)为目标的全新的政府管理模式。“4E”模式一方面体现了政府管理的目标,另一方面也是政府实施绩效管理的评估标准。

1. 经济

经济指标是指组织投入管理项目的资源标准。按照经济原则,我们总力求政府能以尽可能低的投入或成本来提供一定数量或质量的公共产品或服务。在全球化时代,资源的稀缺已是不争的事实,各国政府都面临着公共产品需求的扩大与施政成本有限的矛盾。经济指标固然不关注服务的品质问题,但却提出了政府的成本观念,使政府不得不主动去寻找缩小政府管理人员规模、降低行政管理成本的途径,进而促进政府生产力的提高。

2. 效率

效率指标通常是指投入与产出的比例关系,一般通过货币方式来表述。效率本身具有生产效率和配置效率两种类型,政府在使用效率指标时可以综合考虑提供服务平均成本、满足利益相关者需求的程度。这样,就能在降低成本的同时产生一种顾客导向,以满足公众的需求为成本降低的出发点和提高政府绩效的立足点。

3. 效果

鉴于公共服务产品量化上的难度,效果这个指标的提出解决了公共服务产品质量在衡量上的缺陷问题。它以“结果的改善”为基础,主要针对现状的改善及改变的幅度进行比较,因此在政府提供公共服务的过程中,效果指标是卓有成效的。例如,政府通过实行贫困救济措施,可以使部分人脱离贫困状况。这样,效果指标就能够明确地反映出该公共服务的有效性。

4. 公平

新公共管理区别于传统公共行政的最大差异在于提倡公平性,并使之成为政府绩效管理的重要衡量指标。公共行政学者弗雷德里克森认为,社会公平可以分为单纯的个人公平、部门的公平、集团性的公平、机会的公平、世代间的公平等五种。尽管现代很多人都对公平这个指标持有异议,但就政府而言,公平指标的重要性是不言而喻的,它对整个社会公平竞争氛围的建立及市场秩序的维护具有重要意义。

（二）政府绩效管理的必要性

绩效评估是绩效管理的重要内容。对政府绩效衡量指标的了解有助于对政府绩效管理的必要性作出解释。弗莱恩认为，政府绩效管理的必要性主要有以下四个方面。

1. 责任落实

政府对公民至少在以下三个方面负主要责任：一是政府的支出必须获得公民的同意并按正当程序支出；二是资源必须有效率地利用；三是资源必须用于达成预期的结果。与此同时，公民期望政府能为政府决定负责。上述这些责任都要求存在某种绩效评价的方式。如果我们不能测评政府的绩效，那么，我们就很难知道政府是否落实了相应的责任。因此，从实现和落实责任的角度来看，绩效管理是重要的。

2. 利益相关者的期望

公共服务具有各种各样的顾客，他们并非对同一结果感兴趣。公共管理者经常面临着困境，特别是满足了一部分人的要求，可能使另一部分人感到不满。利害关系人都希望政府的公共政策能满足他们的利益。绩效是衡量是否能满足不同利害关系人要求的一个方法。

3. 对结果导向的强调

在现阶段，新公共管理更讲究结果导向而非程序导向、规则导向。传统的公共行政侧重于过程、投入，不重视结果，往往导致浪费、形式主义、官僚主义。新公共管理认为，程序和规则固然重要，但最后是否产生好的结果、是否满足公民需求，则显得更为重要。

4. 个人绩效和组织绩效的双重要求

过去，几乎所有的政府都进行公务员个人绩效评估；如今，在个人与组织互动日益密切的情况下，仅仅进行个人绩效评估是不够的。个人绩效的提高并不能完全导致组织绩效的提高，只有将个人绩效和组织绩效有机结合起来，才能促进组织整体绩效的提高。

总体来说，在现代公共管理中，绩效管理代表了一个高效率、负责任的政府形象。首先，政府对于资源的使用以及能否达到预期目标必须有衡量标准并进行绩效评价，以便公众知晓政府是否负起了责任。其次，全方位的绩效管理能够推动“结果导向”工作模式的实行，从而防止官僚主义和形式主义泛滥。最后，绩效管理本身带有一种诱因机制，将绩效和奖惩紧密挂钩，能够激发公务员的工作热情。绩效管理作为一种新的管理实践和管理技术，以政府机构或政府职员为关注对象，以经济、效率、效益、服务质量的提高和公民满意为目标。绩效管理把工作重点放在对组织效益的考察和改进上，更注重组织未来的发展，是建立在信息管理和绩效测评两者功能基础之上的统一。从某种角度说，绩效管理不仅是政府进行有效资源配置的一个重要手段，同时也在知识经济时代出于成本-效益的考虑将提高政府效率、满足公众需求提到了政府工作的日程上来，从而有助于政府走出传统行政，向服务型政府的方向推进改革。

（三）政府绩效管理的可行性

鉴于政府和企业组织自身的差异性以及各自实践绩效管理的差异性，有必要对政府绩效管理的可行性进行说明。

1. 观念可行性

政府在现代经济环境中同样面临着资源危机和公众信任危机。对资源使用的浪费和对公众态度的模糊，已使政府逐渐意识到创造高绩效、高负责形象的重要性。机构臃肿、服务水平低下的形象使公众或政府在观念上增强了对绩效组织、服务组织、责任组织的需求。政府对工作人员的服务水平和素质提出了相应的要求。观念上，政府工作人员脱离了官僚身份，以社会管理者和服务者的身份参与提供公共服务的过程。政府对自身以及社会对政府的认同，都为政府实施绩效管理创造了有利条件。

2. 技术可行性

源于企业管理的绩效管理在企业组织实践中获得了丰富的经验和成果，一整套科学的绩效管理技术方法已被证明切实有效，这为政府进一步利用绩效管理创造了技术条件。企业组织绩效管理提供了一系列可供操作的管理技术方法，在一定程度上克服了绩效管理中存在的难题，并提出了成功实践绩效管理的许多原则和方法，其绩效管理的理论和实践趋向成熟。例如，个人绩效考核、绩效追踪方法、绩效指标建立、激励方法等。政府借鉴企业组织绩效管理首先是技术方法的引用，至于绩效观念和系统的引入还需要相当长的一段时间。

3. 理论可行性

关于政府改革趋向的理论在国内外相当流行，那么改革的趋向是什么呢？目前，较为一致的一种观念认为政府应该具备更多的市场因素，采取市场管理中的一些经验做法，全面提高政府管理绩效和服务质量。这些理论有政府私营化理论、政府加强与私营部门合作理论、政府全面质量管理理论、摒弃官僚制政府再造理论等。理论的发展为政府及时引入绩效管理、实施绩效管理的科学管理方法奠定了基础，也为政府绩效管理改革创造了合理性。

（四）政府绩效管理的价值

政府绩效管理在理论和实践上都具有必要性和可行性。对政府这样一个特殊的组织而言，绩效管理的价值主要体现为观念价值和制度价值两大方面。

1. 观念价值

第一，绩效观念。绩效管理源于市场化运作，其一系列观念都与效率、效果相挂钩。政府的绩效管理在很大程度上因为传统的公共行政过于官僚化而导致效率低下，不能适应市场经济发展的要求。因此，新的绩效管理一方面引入市场机制，使政府通过市场化运作能够摆脱烦琐的行政事务，提高政府机构的实际工作效率；另一方面，政府的绩效管理强化了公平、竞争等市场意识，有助于推动公务员考核的公平性，从而推动人事制度改革。

第二，服务理念。"顾客导向"机制的引入使政府注重公众的满意度与政府绩效之间的紧密联系。传统的公共行政为维护社会秩序注重公众的需求，并以满足这些需求作为政府工作的重点。在绩效管理中，现代公共行政有别于传统的服务理念，将公众作为顾客，使政府工作的重心围绕顾客的需求，并以顾客需求的满足作为衡量绩效的标准。可以说，绩效管理在引入市场机制的同时也引入了"顾客就是上帝"的服务观念，有力地推进了政府服务品质的提高，使其走向真正的服务型政府。

第三，责任观念。对公众负责是政府存在的重要理念。绩效管理需要对政府使用资源的情况、如何使用、使用的结果等向公众进行说明，以公众满意作为衡量政府绩效的一个标准。政府实施绩效管理能在操作层面上兑现政府的责任意识。"责任"作为一个道德层面的概念，在行政组织中往往体现为行政人员的处事准则和道德标准，缺乏衡量的可能性。绩效管理的引入为实践政府的责任观念提供了可操作的具体方法，从而充分体现了绩效管理的社会服务价值。

2. 制度价值

制度价值体现为政府制度改革、政府机构改革、政府人员调整三个方面的价值。

第一，政府制度改革。政府绩效管理的引入不仅是企业组织绩效管理制度、观念、方法的直接引用，而且技术方法的借用最终也必须体现为政府的制度改革。从制度经济学角度看，这种制度改革方式可以看作制度移植。当然，制度移植存在许多障碍。由于政府实施绩效管理具备一定的可行性，其制度改革的过程也相应地得到了支持。尽管政府绩效管理的有效性和制度改革的措施还有待进一步论证，但是目前政府实施绩效管理后相应的改革措施也较为明显。新公共管理运动所进行的大刀阔斧的改革，例如私有化、分权、放松管制、结果控制、绩效评估、顾客至上等，使公众对政府绩效管理改革产生了信心。政府绩效管理虽带来了观念上的重大转变，但更多地表现为适应市场经济发展和社会需求的政府制度改革。以绩效为导向的制度改革能在绩效、服务、责任层面上推进政府制度向法治、高效的方向发展。

第二，政府机构改革。制度化表现为绩效评估机构的建立与完善。为推进政府绩效评估和绩效管理，西方许多国家确定了独立机构，一方面对各部门的绩效评估结果进行整合汇总，以便公众比较评价；另一方面有选择地独立对一些部门的绩效进行评估，避免部门自我评估可能产生的"报喜不报忧"和评价失准现象。例如，英国国家审计署负责中央政府机构的绩效评估，审计实务委员会负责地方政府的绩效评估。在美国，《政府绩效与结果法案》要求美国所有的联邦机构部门都要将制定的战略规划、年度绩效计划与报告提交给国会中相应的专门委员会、行政管理和预算局。行政管理和预算局则根据各机构的规划制定情况以及工作绩效的评估情况分配财政预算。专门绩效评估机构的建立有助于政府机构改革走向非官僚化，也有助于绩效考核的公正、公平，从而为政府绩效管理的合理有效实施提供制度保障。

第三，政府人员调整。严格来说，政府人员的转变并不属于制度的一部分。长期以来，公务员的社会形象中有缺乏创新精神、过于严厉等现象。公务员是政府特定制度体系的产物。绩效管理对公务员素质、形象、心理、行为等方面的改变也直接归结为绩效管理的价值。

政府绩效管理的最终目的在于综合提高政府制定和执行公共政策的能力，并以激励的方式推动政府管理效率的提高。在绩效管理实践中，政府开始重视公务员个人绩效和服务质量的提高，并以对公众服务需求满足的程度来作为衡量公务员绩效的标准之一。在绩效管理模式下，公务员承担的社会责任加重了，对自身职业的认同感提升了，大大改变了传统形象。

延伸阅读

以数字政府建设赋能国家治理现代化

加强数字政府建设是创新政府治理理念和方式的重要举措，对加快转变政府职能，建设法治政府、廉洁政府、服务型政府意义重大。习近平总书记指出："要全面贯彻网络强国战略，把数字技术广泛应用于政府管理服务，推动政府数字化、智能化运行，为推进国家治理体系和治理能力现代化提供有力支撑。"数字政府建设不仅是贯彻落实习近平总书记关于网络强国的重要思想的重要举措，也是推动国家治理体系和治理能力现代化的必由之路。因此，要立足推进城市数字化转型、乡村数字化建设的时代背景，深刻把握数字政府的科学内涵，依托"高效办成一件事"、公共数据开发利用等重要抓手，持续探索符合我国超大人口规模特征、超大城市治理规律、乡村振兴现实需求的数字政府建设新模式，加快实现以数字化为基础的高效能治理，全方位提升数字政府建设水平，从而推进国家治理体系和治理能力现代化，更好满足人民日益增长的美好生活需要。

一、数字政府建设对推进国家治理体系和治理能力现代化具有重要意义

当前，新一轮科技革命和产业变革深入发展，数字化浪潮席卷全球。党的十八大以来，发展数字经济上升为国家战略，数字中国建设取得显著成效。加快建设数字中国，充分发挥我国海量数据和丰富应用场景优势，释放数据要素价值，有利于全面赋能经济社会发展，塑造高质量发展新动

能新优势。2024年的《政府工作报告》提出，要“加快数字政府建设”“提高政务服务水平”。建设数字政府，肩负着引领驱动数字中国全方位发展的重大职责，为推进国家治理体系和治理能力现代化、全面建设社会主义现代化国家提供有力支撑。

长期以来，有的地方政府在一定程度上存在“门难进、脸难看、事难办”的问题。党的十八大以来，随着建设服务型政府的深入推进，各级行政机关服务群众的意识不断增强，“门难进、脸难看、事难办”的现象明显减少，基于新技术手段提高政务服务水平的能力显著提升，但有的地方政府出现了“门好进、脸好看、事依然难办”的新问题，与人民群众的期待相比还有一定差距。数字政府建设精准捕捉到了“事难办”的关键阻滞点，即传统科层结构与管理流程在信息传递、决策效率与化解问题上的局限，针对性地构建起一套以数据为驱动、服务为导向、协同为机制的数字化现代政府治理体系，通过数字化转型达成对传统科层治理局限的克服乃至超越，将大数据、人工智能、云计算、数字孪生等前沿信息技术全方位嵌入公共服务与社会管理活动，从而破解信息孤岛、提升决策科学性、增强公共服务能力。在此过程中，政府治理理念能够不断得到更新。建设数字政府，不仅要以数字技术为支撑，实现业务与技术的深度融合，更要在根本上实现治理理念的更新，这就要求坚持党的全面领导，以人民为中心，形成开放、主动、多维、人机协同、创新担当的治理视野。具体而言，数字政府建设需要在治理实践中嵌入信息化、网络化、平台化的治理理念以及注重数据驱动、鼓励公众参与、积极开放共享的治理价值，达成治理理念层面的根本性跃迁。因此，数字政府建设不仅是将“事难办”转化为“事易办”，在公共事务领域内全面实现“高效办成一件事”，更是达成国家治理体系与治理能力的全方位增强，促进国家治理效能的整体提升。

数字政府对数字经济发展有着显著的引领功能。发展数字经济是把握新一轮科技革命和产业变革机遇的战略选择，对推动构建新发展格局、建设现代化经济体系、构筑国家竞争新优势，具有重要意义。数字政府具有高度的信息化与智能化特征，并构建起一个开放、共享、透明、协同的治理平台。这一平台不仅能提升政府自身的政务服务和社会管理能力，更能激发市场主体的创新活力和参与热情，为数字经济的蓬勃发展构筑坚实基础与澎湃驱动。通过治理标准的制定、公共数据的开放和政务服务的优化,数字政府为数字经济产业内各企业普遍提供一个高质量、可预期的营商环境,不仅系统性地降低了市场交易成本,而且通过数据要素的方式供给来激发社会创新活力,从而全方位促进技术创新和产业升级,加速数字经济的结构优化和水平提升。

数字政府对数字社会发展具有坚实的支撑功能。一方面,数字政府通过应用大数据分析技术和智能决策支持系统,提高政府响应社会需求的速度与精准度,同时立足数字治理平台,实现与公众、产业组织、社会组织之间的高效信息互通和有效多方互动,推动公共资源的更优配置和社会服务的普惠递送。在此基础上,通过推动公共数据开放和阳光政府建设,拓展人民参与国家治理和社会建设的渠道和空间,为构建开放包容的数字社会奠定坚实基础。另一方面,数字政府作为前沿信息技术与智能技术应用的先行者和示范者,通过构建国家治理体系下的数字治理标杆,深化引领社会整体向数字化、网络化、智能化转型,广泛加速物理世界与数字世界、实体经济与数字经济、物质生活与数字生活深度融合,推动经济结构的优化升级和新增长点的不断涌现。

二、全方位提升数字政府建设水平

习近平总书记强调,增强数字政府效能。当前,我国正以高质量发展全面推进中国式现代化,数字政府建设是其中的一个重要课题。要把坚持和加强党的全面领导贯穿数字政府建设各领域各环节,把满足人民对美好生活的向往作为数字政府建设的出发点和落脚点,在“高效办成一件事”的基础上,探索出一套系统、科学、完善的数字政府建设实践路径,全面提升我国数字政府建设水平。

以兼具综合性、专业化的机构为牵头单位,形成推进数字治理的平台型组织。组织是国家治理活动开展的抓手与工具。目前,各地的数据局/大数据中心、城市运行管理中心以及相匹配的“12345”市民热线,是我国推进数字化治理的主要组织载体,但在引领数字政府建设方面,还需要提升相关平台型组织的能级,强化其综合性和权威性,推进跨部门协同治理。此外,这些平台型组织还应具有城市治理和数字治理的专业性,可以快捷灵敏地回应市民、企业、社会组织的需求。

聚焦城市运行难点堵点和政务服务高频事项,推动数字治理更加实战管用、高效便捷。数字政府建设需要在治理层面多头并进、多管齐下。要健全“高效办成一件事”重点事项清单管理机制和常态化推进机制，实现高频、面广、问题多的“一件事”高效办理。加强对“12345”市民热线数据的分析，重点围绕有争议的工单和退单，不断完善热线知识库，建立常态化的职责不清事项决策机制和工作事项下沉基层一线审核把关机制。对城市运行难点堵点进行系统梳理，推动部门职能优化和跨部门高效协同。通过对政务服务高频事项的系统研究，对跨部门、跨层级、跨区域的“事权”进行科学配置。

对政府职能进行系统集成与整体优化。应树立“整体政府”的理念，以“事”为切入点，全面提升城市治理科学化、精细化、智能化水平。坚持“系统集成”，推动治理模式由部门单打独斗向整体协同联动转变。“一网通办”全面实施集成服务改革，以“最大集成度”为原则集成相关联事项。“一网统管”深入把握城市生命体、有机体特征，建立超大城市运行数字体征系统，整合感知终端，形成动态神经元数据集群，结合空间计算等技术，打造“人、机、物”三元融合感知系统，充分支撑数字治理需求。

以满足人民需求、化解社会问题为核心参照，让政务服务既有“速度”、又有“温度”。打造智能高效指挥处置体系，构建“平战一体、双向协同”指挥体系，让指挥处置既有“广度”、更显“效度”。通过开发特色应用场景，围绕需要处置的事项，将部门的数据信息纳入系统平台，把部门的管理要求转化为智能算法，通过技术平台智能发现问题、推送问题，根据部门职责处置问题，推动政府治理的整体性运转，实现“围绕部门职能来划段处置”向“围绕具体事项来联动处置”的转变，推动治理过程由“政府单一部门行使职能”向“政府整体提供服务”转变。

加快构建高效协同、开放共享的城市级数字底座，打造“区块链＋隐私计算”的新型数据管理平台。推进数字政府建设，离不开坚实的数字底座与数字平台。因此，要健全城市数据综合治理体系，注重数据共享与数据安全的有机统一。推进公共数据集中统一管理和全生命周期管理，建立公共数据目录体系，做大做强大数据资源平台，推动公共数据“应编尽编”“应归尽归”“上云上链”。在国家治理体系内部打造便捷高效的公共数据共享体系，实行“清单＋目录”数据供需对接模式，建立基于应用场景授权的数据共享机制。加强数据局对数据综合治理的总体规划，形成“部门向数据主管机构提供数据、数据主管机构向部门回流数据”的双向流动、双向赋能机制，实现数据“管用、爱用、受用”。按照“中央厨房”思路（一次采集、多种生成）进行数据治理与数据共享，减轻基层数据填报负担。

推动公共数据资源的有序流通，充分释放公共数据价值，支撑产业发展、大众创新与社会治理。数据作为新型生产要素，已经全面融入生产、分配、流通、消费以及社会治理等环节，深刻改变着生产方式、生活方式和治理方式。加强多元数据融合和开发利用，充分释放包括公共数据在内的数据要素价值，是数字政府建设的题中应有之义。因此，政府要充分回应社会的数据要素需求，夯实人口、法人、空间地理等基础库，在经济、民生等领域打造一批主题库、专题库，鼓励专业社会力量参与公共数据的开发利用。数据治理中，非敏感公共数据应开放尽开放，形成无偿、充分、普惠的开放局面，注重以高价值数据的开放为工作重点；敏感公共数据以授权运营路径达成数据要素供给，坚持“原始数据不出域、数据可用不可见”，在保障国家与社会安全的基础上深度挖掘公共数据价值。

坚持系统观念，强化数字政府枢纽功能，引领驱动数字经济、数字社会、数字生态、数字文化等全方位协同发展。在数字中国发展的大系统中，数字政府应构建多层次、跨领域的数字化协同机制，实现对数字经济、数字社会、数字生态、数字文化等多领域的引领与驱动。数字政府不仅是公共服务提供者和公共事务决策者，更是经济社会高质量发展的协调者、催化剂和平台构建者。通过数字治理工具的有效介入，政府应致力于营造数字经济创新发展的制度环境，激发市场与社会各类主体活力，加速传统产业数字化转型与支撑新型数字企业生长壮大双管齐下；推动形成数字网络协同体系，积极提升全民数字素养，注重弥合数字鸿沟，确保数字红利广泛共享，营造健康的数字文化氛围，促进数字社会的包容性增长与可持续发展。

（资料来源 熊易寒，胡业飞：《以数字政府建设赋能国家治理现代化》，载《光明日报》06 版，2024 年 7 月 9 日。收入本书时有改动）

思考题：

结合阅读材料，谈谈如何通过数字政府建设有效促进地方治理能力提升和治理体系现代化？

第二章

CHAPTER 2

政府绩效管理的基础

教学重点

理解政府作为绩效管理主体的合理性；掌握政府绩效管理工作分析方法；把握政府绩效管理目标体系。

教学难点

掌握政府绩效管理工作分析方法，正确制定政府绩效管理目标。

学习建议

掌握在政府绩效管理中，都有哪些参与主体，这些参与主体各自扮演着什么角色。清楚政府绩效管理的目标是什么，各目标之间有何关系。掌握政府绩效管理的工作分析方法。

第一节　政府绩效管理的主体

谁来承担政府绩效管理主体的角色？传统公共行政部门的官僚机构在承担绩效管理的职责方面缺乏革新精神和专业管理素质。在新公共管理运动中，不同国家对这个问题有完全不同的做法，也代表了不同的理念。例如，在英国，官僚机构内部分离出政治机构与执行机构，通过执行机构来承担绩效管理职能，在执行机构内部实施绩效管理；在美国，主要通过在全国范围内建立一个绩效评估机构来统筹各个部门的绩效管理实施。采用何种机构来承担绩效管理角色,反映了不同政府绩效管理实施的程度、幅度和有效性。同时,政府绩效管理的客体也具有较大特殊性。本节主要针对政府绩效管理的不同主体进行分析。

一、政府

由政府来承担绩效管理的角色,目前被认为是绩效管理改革最容易成功的一种方式。在政府内部实施绩效管理,绩效考核、评估、奖惩都将从政府内部入手,能够充分考虑到各个政府机构的具体情况制定绩效指标,也有助于排除外部压力。因此,政府承担绩效管理角色有其合理性和必要性。

(一) 政府承担绩效管理主体角色的合理性

政府承担绩效管理主体角色是由其在现代社会中的支撑作用所决定的。

1. 政府对现代社会发展的支撑作用

政府在传统政治生活和社会生活中均充当着重要角色,从社会形成之日起就决定了社会需要一个具有说服力的机构或团体来管理属于公共的事务或纠纷。社会需要这股力量合理组配资源、解决纠纷、推动发展。古时的公民大会、元老院或者是现在的政府、服务性机构,本质上都属于这股强劲的力量。如今,政府已经作为市场经济的重要补充力量在社会发展中起着重要的支撑作用。

首先,市场经济是生产社会化的大规模经济,人们的生活秩序、安全性以及社会保障等需求均需要政府通过行使职责来加以满足。市场经济追求个性发展和独立意识,然而正是在这样大规模的生产条件下,更需要有一个强有力的部门来保障生产的持续进行和社会的安定有序。政府是一个典型的“安全网”形象的标杆。政府的存在有力地保障了社会化大生产,共同推动了市场经济和谐发展,为市场经济的平稳运行创造了良好的外部条件。

其次,市场经济发展呈现周期性,其发展路线并不稳定。市场在合理配置资源、安排生产等问题上存在缺陷,这些缺陷单纯依靠市场是无法解决的。政府的加入则可以有效地解决一些弊端，并能够努力避免由于经济停滞或膨胀而引起的各种混乱。政府在资源配置和社会保障方面显示出强大的优势，故而能够成为市场体制的得力支撑。

再次，市场经济是竞争经济。竞争则一定会出现优胜劣汰，不可避免地会出现两极分化，甚至产生严重的社会矛盾。竞争是社会增强活力与进步的源泉，但也有可能造成矛盾或混乱。竞争作为不可控因素在市场环境中不仅不能避免，反而会强化。所以，政府的参与能够起到缓和矛盾、增加社会凝聚力、满足社会生存需要、保障社会稳定的积极作用。

最后，市场经济是综合运用科技和信息等先进文明成果而发展起来的经济模式。科技和信息作为经济发展的软资源在市场经济的发展中起着至关重要的作用。但是，由于科技和信息的特殊性，市场个体单独很难承受开发它们的成本，这样势必会妨碍经济的正常发展。因此，政府的大力投入能够促进新技术开发、降低生产成本，从而改变生产方式并提高劳动者素质。

2. 政府发展对绩效管理的迫切需求

鉴于政府在市场经济发展中的重要地位，20 世纪以后，政府功能出现了大幅扩张。随着政府功能的扩张和财政支出的压力，政府逐渐意识到提高政府绩效和服务水平以及建立政府使用资源责任机制的重要性。绩效管理也正是在这个层面上被提上了政府管理的议程。

第一，传统政府忽视个人绩效的提高，导致公务员没有明确的工作目标和积极的工作精神。政府人力资源发展问题是传统行政官僚体制长期作用和形成的结果，对人力资源的合理开发、使用是现代组织得以持续生存发展的动力所在。面对激烈的国内、国际市场竞争，政府开始关注公务员个人绩效对政府绩效和公共服务水平的重要作用。绩效管理的引入提高了政府开发人力资源的可能性，符合政府对人才、服务和绩效的要求。

第二，政府在使用资源、提高绩效方面负有直接责任，这也是政府赢得公众支持的基础。政府“用最低的成本做最有效的事”是公众所关注的。在资源日益匮乏的现代社会，提高资源的有效使用率不仅是私人组织的责任，更是公共组织的责任。现代政府存在许多浪费资源和低效使用资源的问题。所以，对绩效的重视和政府赢得公众支持的必要性都促使政府引入绩效管理。

第三，传统政府把自身定义为不同于私人组织的服务机构，对组织效率不够重视。从现代意义看，政府与私人组织除了管理权威差异外，与一般的管理并不冲突。作为政府，同样面临组织生产力、效率、服务质量、顾客满意度等问题。这样，即使政府拥有公共权威，也要和私人组织一样公平地参与市场竞争。例如，国外一些地区出台的诸如公私部门公平竞标的政策，取得了提高政府绩效和服务水平的良好效果。将政府置于和私人组织一样的地位，便于从观念上确立政府的绩效性和竞争性，这样就有助于政府引入绩效管理，以结果为导向对组织和人员进行有效管理。

3. 政府自身的特点

政府绩效管理归根到底是对政府自身的管理，无论是管理手段、管理方法还是管理者素质、管理责任都归结于政府。因此，政府绩效管理必须针对自身特点进行具体管理。

政府绩效管理是对传统公共行政体制的突破性改革，触及传统公共行政体制的根本性问题。国家在条件不成熟的情况下一般不会直接进行大规模绩效管理改革，所以政府自身管理改革就成了唯一可供选择的改革方式。由政府自身承担绩效管理的主体角色，避免了外在压力对公共行政改革的冲击，也更容易为公务员所接受。绩效管理本身不是对绩效结果的攀比，而是以绩效衡量作为绩效改进的基础，进而持续改进绩效、提高服务水平。政府自身担任绩效管理的主体既能够根据各个部门的特点制定有衡量价值的绩效标准，也有助于排除外来压力，从而对本部门的考核起到客观作用。

同时，政府存在权威性，利用公共权威能够保障绩效管理由上至下成功推行。许多国家的实践表明，权威体制对推进绩效管理的作用是不可忽视的。英国、美国的政府再造运动发挥了高层机构和领导的积极作用，在全国范围内实施绩效管理。尤其在中央核心部门，权威体制和权威机构对绩效管理的成功实施有直接的影响和作用。根据政府自身的特点，政府承担绩效管理主体有现实可能性和必要性。尤其在改革之初，政府起的领导和推动作用则更为明显。

（二）政府承担绩效管理主体角色产生的问题

当然，政府承担绩效管理主体角色也有可能产生一些问题。“自己对自己的评估和管理”往往会带有主观倾向，即使通过部门间相互评估，也无法避免部门利益倾向而导致的不良互评。因此，政府承担绩效管理主体角色产生的一些问题不容忽视，否则会使绩效管理陷入官僚体制的“怪圈”而无法发挥应有的积极作用。

第一，虽然政府制定的绩效衡量指标体系具有针对性，但很容易排除那些较难衡量或者该部门认为不应该衡量的指标。建立完整的绩效衡量指标体系是整个绩效管理的核心，也是绩效管理发挥作用的前提。一般认为，政府拟定适合自身的绩效衡量指标体系具有可操作性和针对性，但同时政府也是特殊的利益群体，对那些较难衡量或者该部门认为不应该衡量的指标，政府往往会不予考虑。而恰恰是那些较难衡量或者认为不应该衡量的指标才能真正体现政府的绩效和服务质量。政府管理对象的复杂性和社会服务的特殊性都使政府绩效指标设计成为一个难题。例如，公众满意度的衡量。从技术角度看，政府绩效指标体系的设计在一定程度上可以通过现代信息技术手段来解决。因此，制定绩效衡量指标体系的关键仍在于政府及其管理者对绩效管理的态度。由于设置统一的绩效衡量指标体系的可能性不高，在给予不同政府制定指标自主权的同时，政府出于对考核程序、结果的考虑，不一定会把那些较难衡量或者认为不应该衡量的指标纳入指标体系。这样，绩效考核往往就流于形式，失去了应有的评估作用和激励作用。

第二，政府制定组织绩效目标或者制订绩效计划时也更容易偏向低于组织所能实现的目标。不可否认，政府和私人部门存在差异性，至少在营利激励上，政府不存在外在激励。外在激励的缺乏使政府更容易产生惰性，并使这些部门趋向于制订低于组织所能实现的目标计划以避免受到其他政府的排斥。西方政府再造运动对此的做法是在中央设立一个统筹机构，通过法律来规定各个核心部门制订合理战略计划的责任。但是，即使采取这种措施，也只是在程序上规定了政府制订绩效计划的责任，并无法规定政府制定组织绩效目标的具体内容。不同部门有不同的组织绩效目标，统筹部门不可能拥有那么多的资源和精力进行一一监管。这样，就为政府自主制订绩效计划创造了惰性空间。原则上，绩效管理不是要对结果进行评比，而是要对绩效结果进行管理。在实际操作中，即使是企业组织也不可避免地要运用绩效结果进行相互评比、考核、奖惩。从员工角度看，绩效管理是一种考核与评比。政府以及公务员都会在潜意识中注重绩效结果带来的评比效应，由此制定低于组织所能实现的绩效目标也就成为可能。

二、第三部门

第三部门在西方是个具有较长历史的概念，公民参与第三部门(社团组织)的比例也很大。当前对第三部门的界定仍相当复杂，比较普遍的观点有以下三种。

第一，非政府组织。非政府组织是一种非营利性实体。非政府组织的成员为一个或多个国家的公民或公民协会，其行为由成员的集体意志所决定，以满足一个或多个和该非政府组织合作的团体成员之需。这个定义具有跨国界倾向，非政府组织本质上是以促进经济、社会发展为己任的社会组织。

第二，非营利组织。非营利组织是一种不以营利为目标、追求社会正义的合作组织，相当于公益机构，例如学校、养老院、志愿者组织、慈善组织等。

第三，中介组织。中介组织兴盛于市场经济发展浪潮中，反映了市场经济发展需求，故又被称作市场中介组织。中介组织是按照一定法律法规或根据政府委托，在社会经济活动中发挥服务、沟通、公证和监督功能并承担具体服务行为的社会组织。改革开放后，这类组织在我国迅速发展。例如，各种行业协会和商会、信息咨询机构、公证机构等。

第三部门一般具有五个本质特征：① 组织性，具有正式组织和常设机构，能够与临时性、非正式的会议相区别；② 民间性，是社会力量的组合，独立于政府，通常致力于单一事业，费用依靠捐助；③ 非营利性，主要目的是维护社会发展，同营利企业有本质差异；④ 自治性，享有管理上的自主权；⑤ 自愿性，是社会成员在自愿基础上形成的共识，有赖于参与意识和共同责任观念的建立。

有效的市场体制和民主政治离不开发达的第三部门的支持。非营利组织(第三部门)的兴起主要源于对市场失灵和政府失灵的控制。市场体制本身存在某些缺陷，例如垄断、外部性、信息不对称等。任何国家都需要政府行使公共管理职能。然而现实中政府的利益趋向妨碍了政府作为公共管理部门的角色体现，导致政府工作的低效率和整个社会福利的损失。这样，第三部门作为政府和市场以外的第三种力量成为协调公共领域（政府）和私人领域（市场）关系的重要力量得以迅速发展。当然，一开始的第三部门仅仅是公民自治组织的一种形式，随着第三部门和公民社会的逐渐成长，第三部门日益完善发展为合法的中介组织和沟通渠道。同时，由于第三部门组织本身具有不同于政府的特点，在第三部门内部首先形成了追求绩效的管理新方法。重视第三部门对市场经济和民主政治发展的重要作用，已成为现代社会普遍接受的观点。

（一）第三部门承担政府绩效管理主体的可行性

承认第三部门在政府绩效管理过程中的作用是许多国家政府再造运动的普遍做法之一。传统官僚机构在绩效信息收集、处理方面不仅缺乏专业技术和管理技能，也缺乏公正性。借助非营利组织在专业方面的长处以及相对客观、公正的评估，第三部门承担政府绩效管理主体的可行性就大大提高了。

第一，非营利组织在绩效管理方面比政府更具专业性。许多国家为推进政府绩效评估，通行的方法是确定独立机构。这些独立机构的性质相当于非营利组织，一方面独立的专业机构能够利用信息技术对各部门的绩效评估结果进行整合汇总，以便政府进行有效评估、公众进行比较评价；另一方面通过专业机构的独立评估，避免了部门自我评估可能产生的"报喜不报忧"和评价失准现象，可以提高绩效评估的真实性和有效性。政府作为公共事务管理部门，涉及事务广，这影响了政府的办事效率。从专业角度看，政府在改革之初全面引入系统、专业的绩效管理方法是缺乏一定技术可行性的。同时，这也对政府管理者素质、技能提出了相当高的要求。一些国家的做法是分离政府组织，区分政治与管理职能，设置执行机构，以更好地实施绩效管理。这种做法在技术上还缺乏一定的基础，尤其是管理者素质在短期内并不能够跟上绩效管理的要求。设置独立机构，通过非营利组织在信息技术、人员等方面的专业技能为政府绩效管理提供技术和管理支撑，这也是短期内政府引入绩效管理并成功实施的有效方法。

第二，非营利组织作为政府绩效管理主体，其性质不同于一般第三部门。独立的专业评估机构首先是为政府服务的，也就不可避免地带有政府的一些性质。例如，美国的国家绩效评审委员会兼有政府和第三部门的特点，既具有统筹全国绩效评审的权力，又在绩效评估方面具有专业性和独立性。给予绩效评估机构以适当的权力并不意味着否定中介机构的独立评估功能，而是赋予中介机构以更大的权威来评审政府绩效。应该说，这两者并没有大的矛盾。美国学者亨利在《公共行政与公共事务》中认为，政府会计准则委员会是一个非政府组织，同时也是拥有制定州与地方政府的一般可接受权力的唯一实体。政府赋予非营利组织适当的权力，不仅有助于确立非营利组织在绩效评估和绩效考核方面的权威，也有助于促进非营利组织作为政府绩效管理主体的可行性。一般意义上的第三部门要么依赖政府权力，要么缺乏生存基础。作为政府绩效管理主体的非营利机构享有政府的某种权力，以其专业技能为政府服务，同时也是政府与公众绩效信息沟通的重要渠道之一。

第三，除了专业绩效评估机构以外，一般的非营利组织也以其特有的中介作用承担绩效信息传递、沟通的重要作用。绩效管理以顾客满意感作为衡量绩效的重要指标之一。关注市场信息和社会需求变化是绩效管理得以成功实施的外在基础。政府获取市场和社会信息的程度与政府提供的信息渠道有关，也与公众参与的自愿性有关。实施绩效管理的政府基于竞争需要，往往需要了解大量的市场信息和社会需求状况。传统公共行政部门的官僚机制在对信息反应程度、信息获取意愿、信息真实性等方面都不具有优势。这样，借助非营利组织的功能可以掌握大量的第一手信息。非营利组织，诸如我国的行业协会、公证机构等，对本行业内部的情况往往拥有具体、翔实的信息，涉及该行业的企业和公众也愿意借助这些机构表达意愿。由此，除了专业绩效评估机构以外，各个行业的非营利组织也能充分发挥中介功能为政府提供绩效信息，为政府绩效结果提供客观评价。在西方国家，发达的中介组织和政府可以平等对话，从而发挥绩效管理主体的积极作用。我国第三部门发展还很不健全，没有建立专业的绩效评估机构，各行业的非营利组织也大多依赖政府，形成了特殊的“制度工具”。就各行业非营利组织在具体行业的信息占有情况看，政府绩效管理可以发挥非营利组织的信息沟通作用。

（二）第三部门承担政府绩效管理主体存在的问题

由非营利组织来承担绩效管理主体存在一些问题。在理论上，非营利组织独立于政府机构以外，具有自身相对独立的组织机构、制度和人员，是公民个人的集合体，体现出现代公民社会的内涵。无论是国外还是国内，非营利组织的权力始终是不同于政府机构的。一方面，非营利组织缺乏强大的权力支撑，使之在很多公共事务方面缺乏话语权。非营利组织仅仅在一些特定的公共领域（例如慈善、教育、环境保护等）发挥着一定作用。在我国，非营利组织缺乏独立性。另一方面，非营利组织在组织制度、人员组合等方面存在着问题。例如，基金的增值保值、人员的素质等造成非营利组织生存必然要依赖政府。非营利组织独立性的丧失对绩效管理的主体角色有着最直接的影响。非营利组织作为绩效管理主体，要承担相对客观、中立的评估主体角色。例如，对政府工作进行评价、评估或者提出对策建议等。一些非营利组织同时也是专业技术机构，可以通过专业的绩效评估对政府工作进行科学、客观的评估，从而为政府绩效管理提供科学依据。如果非营利组织缺乏独立性，代表的不是公众而是政府，那么非营利组织承担绩效管理主体的角色就会受到质疑，由非营利组织评估出来的结果自然会大打折扣。

当然，“政府”这个概念包括了政府和非营利组织。非营利组织内部也存在绩效管理。换言之，非营利组织要能够有效地发挥中介的作用就需要逐步建立、完善组织制度，通过绩效管理的实施提高非营利组织的工作效率和服务质量。尤其在服务质量方面，建立在道德认同基础上的非营利组织承担着更为明显的责任。

三、公众

政府绩效管理以顾客满意感、服务质量为衡量绩效的重要指标，公众参与是绩效管理“参与思想”的体现，也是政府绩效管理得以成功实践的社会基础。从政府绩效管理的宗旨看，一是提高政府办事效率，节约社会资源；二是提升公共服务质量和服务水平，提高公众对政府的支持；三是开发政府人力资源，激发创造性，为政府注入活力。无论政府绩效管理中的哪一项任务，都离不开公众的有力支持。新公共管理运动实践了公众参与的治理思想，尤其在社区治理方面，认为公众参与是解决公共健康、安全、教育等问题的有效治理模式。因此，公众承担政府绩效管理主体角色被认为是合理的、正当的。

（一）有效治理模型

社区有效治理模型(见图 2-1)是美国公民联盟小组在研究公众参与和政府业绩测评关系的实践中总结出来的模型,主要描述公众在社区中推动结果导向型实践所起的作用。

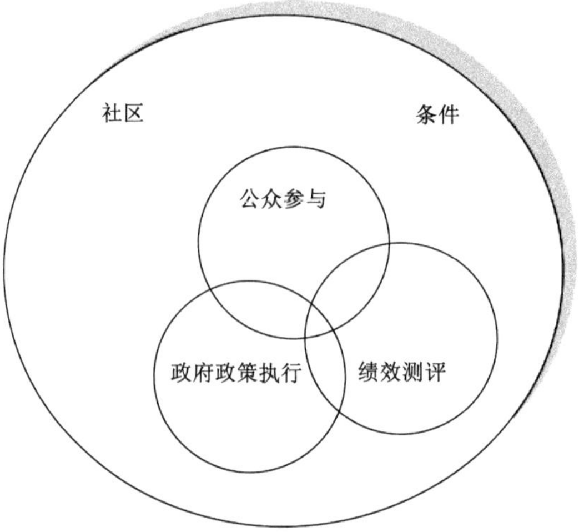

图 2-1　社区有效治理模型

图 2-1 显示了社区有效治理的三个重要因素:公众参与、政府政策执行、绩效测评,解释了三者相互作用与社区以结果为导向的治理之间的相互关系,并把公众参与置于政府政策执行与绩效测评的中间位置,表明公众参与与政府政策执行、绩效测评两者的有效运行直接相关,也直接影响到社区绩效。

公众参与是指公众介入,广义上的公众包括个人、集体、非营利组织,甚至商业团体一起作为一个合法的公众整体。绩效测评是指以指标的发展和收集的数据来描述、报告和分析绩效。政府政策执行是指政府采取行动执行其选择的应对措施、战略等公共政策。

社区有效治理模型是社区绩效管理实施的一个模型,以社区绩效为结果导向,注重公众参与,保证政府政策顺利执行。整个过程体现了绩效管理的治理理念,充分发挥公众参与在绩效测评和政策执行中的作用,以改善社区状况、解决社区问题。社区有效治理模型不仅是提供三者关系的一个模型，更为重要的是提出了公众参与在结果导向型政府构建过程中的作用。在现代社会激烈的市场竞争中，政府和公众所扮演的角色发生了相当大的变化。政府不仅仅是规制者、资助者和服务提供者，也是促进与社会其他部门（例如商业机构、非营利组织）以及公众合作的推动者。与此同时，公众不仅仅是投票人，他们作为独立的政府合作者、顾客、问题的提出者、政府服务的评估者、政府服务的合作生产者以及结果追踪者，其地位和作用被越来越多地肯定。社区有效治理模型不仅意识到公众参与对政府政策的积极作用，还从绩效管理的业绩测评角度认为公众参与对政府绩效直接负有责任，公众应该直接参与政府业绩测评，即公众可以作为政府绩效管理的主体。

公众参与政府业绩测评，以积极地参与成为政府的重要合作者，体现了公众的建设性作用，也表明公众可以参与以结果为导向的绩效管理。作为顾客、所有者或股东、问题的提出者、合作生产者、服务质量评估者以及结果跟踪者等，公众担任绩效管理主体的可行性大大提高了，也为绩效管理的成功实施奠定了合理的基础。

（二）公众担任政府绩效管理主体的利弊

1. 优势

有效治理模型对公众参与社区绩效管理的作用予以了肯定。在更广泛的意义上，从绩效管理本身对参与主体的要求看，公众参与政府绩效管理具有以下两方面的合理性和积极意义。

第一，公众对政府业绩测评更具有客观性。传统政府自己对自己的测评受到了广泛质疑，公众（包括非营利组织）的参与测评却被认为是较真实、客观的。尤其在社区治理层面，公众对关乎社区发展的问题具有较高的参与热情和较多的意见反馈。这也是公众参与社区治理获得更多经验的直接原因。目前，在政治学和管理学研究领域，社区治理已作为一个新的命题被提上研究议程。足见，社区治理在公众参与研究方面的重要性。相对于政府自己对自己的测评以及通过非营利组织来表达意愿和测评政府业绩，公众对政府业绩测评更具有客观性。即使是非营利组织，也不能排除行业利益差异，从而影响到绩效测评和意愿表达的真实性。公众直接参与政府业绩测评，作为政府绩效管理主体，为绩效信息的客观性创造了条件，也能充分反映公众真实的需求和意见。获取真实的绩效评价是衡量绩效的基础，也是政府绩效管理能否突破传统官僚体制障碍成功实施市场化绩效管理的外在条件。

第二，公众角色转换对现代民主政治发展具有重要意义。在政府绩效管理领域，公众所扮演的角色不再是投票者或者被管理者，而是积极的公共事务参与者。从民主政治发展的观念看，公众参与被认为是民主政治的重要表现形式。因此，从古至今，探索公众参与的渠道一直是政治研究的主要方向之一。投票选举是公众广泛参与的主要形式，也是现代民主国家的主要特点。但时至今日，投票选举的重要性和意义都受到了许多质疑。一般认为，公众参与公共事务的积极性可以用投票率来计量。随着民主政治的发展、投票选举的实践以及公众在社区治理方面表现出来的积极性都表明，投票率的下降并不意味着公众不想参与。以公众社区参与研究为基点，公众参与在政府绩效管理领域寻找到了较好的参与形式。作为顾客、合作生产者、服务质量评估者以及结果跟踪者等，公众的角色得到了极好的转换。把公众作为政府绩效管理主体不仅为公众参与公共事务提供了良好的参与渠道，而且改变了传统管理者与被管理者之间的关系，公众有了更多的主动权和自主权。在政府绩效评估方面，政府无法通过权威影响公众意志，政府绩效管理也必须通过公众意愿表达和对政府的有效绩效测评才能成功实施。

2. 弊端

公众参与政府业绩测评，承担政府绩效管理主体角色，无论对民主政治发展而言还是对政府绩效管理本身而言，都有其合理性和积极意义。但同时我们也应该看到，公众承担政府绩效管理主体角色存在以下两个方面的问题。

第一，公众参与绩效测评的机会和意愿会受到政府管理体制的影响。政府需要主动公开绩效测评，为公众参与绩效测评提供合法、畅通的渠道。政府对绩效测评结果信息的运用影响着公众参与的积极性。如果政府仅仅把公众参与作为一种手段，那么以公众参与为基础的绩效管理将沦于形式。对公众绩效测评结果信息的公开和运用会影响到公众参与绩效管理的热情。同时，公正、公开的政府形象对公众参与绩效测评的意愿也有很大影响。只有当大部分公众认为参与绩效测评不是一种形式，而是能够对政府政策的执行和政府效率的提高产生作用的情况下，公众参与的积极性才会大幅度提高。由于政府权威体制的存在，一方面，政府不愿意主动公开绩效信息，往往只是给出粗略的绩效测评表，仅进行满意或不满意评价等，所提供的绩效测评渠道相对狭窄；另一方面，公众处于被管理者地位，参与政府绩效测评过程中接收到权威体制所施加压力的影响，未必会作出真实的绩效评价。

第二，公众素质会在很大程度上影响公众参与绩效测评的过程和结果。不同社会阶层或者不同职业的公众对参与政府绩效测评可能有不同的参与观念。公众成为政府绩效管理的主体，既意味着要从被管理者变为责任者，也意味着对公众素质要求的提高。我国政府引入绩效管理还没有进入全面改革阶段，公众对如何参与绩效测评、跟踪绩效测评结果都没有形成正确的认识。单纯的绩效测评对公众而言，如同一道程序。如果执行与不执行只是任务问题，无关公众责任和顾客满意，也就无法起到提高政府绩效水平和服务水平的作用。应该说，公众参与绩效测评还取决于公众政治素质的提升，这需要一个长期的过程。

四、政府人力资源管理部门

当前，绩效管理存在将绩效管理等同于人力资源管理的误区，从而导致一些地方政府绩效管理主要由人力资源管理部门来实施。这种做法，偏离了对绩效进行管理的初衷，不利于政府从整体上提高组织绩效和服务水平。当然，在避免绩效管理误区的同时，我们也不可忽视政府人力资源管理与绩效管理之间的相互促进作用。

（一）人力资源管理的含义及其程序

人力资源管理是管理学研究的重要领域之一。自 1960 年美国芝加哥大学的舒尔茨首次提出系统的人力资本理论轰动整个西方经济学以来，人力资本与效率提高、经济发展之间就形成了日益紧密的关系。人们普遍认为，人本身成为一种资源，可以持续不断地开发和有效利用，并能够给组织带来巨大的投资回报和经济效益，人力资源管理正是对这种特殊的经济性和社会性资源进行的管理。

1. 人力资源管理的含义

人力资源管理是指为实现组织的战略目标，组织利用现代科学技术和管理理论，通过不断地获得人力资源，并对其进行整合、调控及开发的过程。人力资源管理是实现组织目标的一种手段，主要用于处理四个方面的关系：一是人与事的匹配，做到事得其才，人尽其用；二是人的需求与工作报酬的匹配，做到酬适其需，人尽其力；三是人与人的协调合作，做到互补凝聚，强调团队精神；四是工作与工作的协调合作，做到权责有序，发挥整体优势。因此，人力资源管理是围绕组织目标对人力资源进行科学管理的过程，包括人、事、物之间的相互匹配和协调。

2. 人力资源管理的程序

人力资源管理一般包括职务分析、人才引进、人员整合、考核、奖酬、调控、开发等七个程序。

(1) 职务分析

职务分析是指运用资料分析法、问卷调查法、面谈法、关键事件法等科学方法，对组织中各项工作职务的特征、规范、要求、流程以及完成此任务工作人员应该具备的素质、知识、技能要求进行描述，是人力资源管理的基础。

(2) 人才引进

人才引进包括人力资源规划、招聘与录用。围绕实现组织的战略目标，人力资源管理部门根据组织结构确定职务说明书与员工素质要求，制订与组织目标相适应的人力资源需求与供给计划，并开展招聘、考核、选拔、录用与配置等工作。

(3) 人员整合

人员整合是指协调员工与组织之间的关系，主要内容包括组织同化，即个人价值观趋同于组织理念、个人行为服从于组织规范，使员工与组织认同并产生归属感；群体中人际关系的和谐问题，组织中人与组织的沟通；矛盾冲突的调解与化解等。

(4) 考核

考核是指对员工的工作绩效进行科学、合理的绩效考评与素质评估，是设置奖酬的基础，也是对员工实施合理、公平的动态管理的过程。考核被认为是人力资源管理部门的中心工作之一。

(5) 奖酬

奖酬是指根据员工对组织作出的贡献给予报酬，是人力资源管理的激励与凝聚职能。根据对员工工作绩效进行考评的结果，公平地向员工提供合理的、与其贡献相称的工资、奖励和福利等。

(6) 调控

调控是指以考核成绩与评估结果为依据,对员工进行动态管理,例如晋升、调动、奖惩、离退、解雇等。

(7) 开发

开发是人力资源管理的重要职能之一。通过提高员工的工作积极性和创新精神,为组织发展提供源源不竭的动力。例如,组织与员工发展计划的制订、组织与员工对培训和继续教育的投入、培训与继续教育的实施、员工职业生涯开发及员工的有效使用等。

(二) 绩效管理与人力资源管理的本质区别

将人力资源管理置于组织的整体框架中,并直接以绩效管理的系列目标作为人力资源管理的目标,充分体现了人力资源管理与组织战略之间的紧密联系,有助于理解现代人力资源管理的战略规划以及绩效管理与人力资源管理的关系。

虽然绩效管理与人力资源管理有着紧密的联系,但是两者还是有着本质区别的。人力资源管理部门本身具有特定的管理对象、程序和功能,是以使用、开发人力资源为目的的管理机构。绩效管理是组织对绩效的管理,包括个人绩效和组织绩效。绩效是由个人创造出来的,注重对绩效的管理,也是对员工进行有效管理。绩效管理强调对人才的开发利用,这点和人力资源管理宗旨不谋而合。同时,绩效管理的实施建立在工作分析的基础上。对员工绩效进行有效管理必须获得相对准确的绩效信息,工作分析是绩效信息获得的基础。这样,人力资源管理便为组织绩效管理创造了有利的条件。企业人力资源管理部门在职务分析、招聘、奖惩等制度方面的完善也为企业绩效管理的成功实施奠定了基础。政府绩效管理基础缺乏的原因在于政府人力资源管理部门的制度僵化且量化不够。因此,绩效管理与人力资源管理存在着差异,具体表现为以下三点。

1. 管理对象不同

绩效管理以绩效(物)为管理对象,围绕与绩效有关的工作事项进行管理,对人的管理是因为人的因素影响绩效;人力资源管理以人力(人)为管理对象,强调人才的有效使用和开发创新。不同的管理对象,决定了不同的管理程序和管理理念。绩效管理着眼于绩效，不管是组织绩效还是个人绩效，都以绩效提高为目标，人力资源有效管理是绩效管理的一部分，但不是绩效管理的全部。绩效管理涉及人力资源管理与人力资源有效使用的一部分，绩效管理与人力资源管理并非管理范围的区别，而是两者并不在同一比较层面。绩效管理因利用了人力资源管理中与提高个人和组织绩效有关的管理项目，从而对绩效进行更有效的管理。绩效管理与人力资源管理的关系见图 2-2。

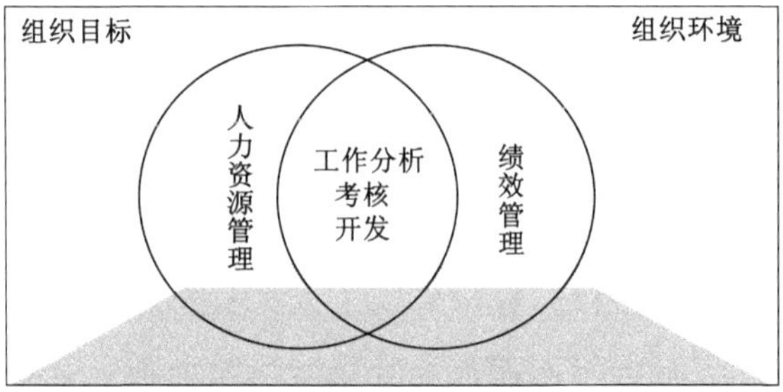

图 2-2 绩效管理与人力资源管理的关系

注：绩效管理与人力资源管理是组织管理的不同层面及不同手段，两者有相重合的地方，表明两者在绩效提高方面相互关联。例如，工作分析、考核、开发等都是绩效管理着重关注的对象。

2. 管理环境不同

绩效管理在更广泛的意义上强调将外部市场需求和顾客满意作为衡量绩效的标准，是一种市场化管理，即以外部市场环境变化作为管理的外部环境，同时结合外部变化制定组织目标和个人目标。人力资源管理是组织内部管理，根据组织目标制订人力资源引进、考核、开发等工作计划，在外部市场环境变化与组织目标、个人目标之间关系调整方面没有像绩效管理那么强烈。绩效管理在应对市场需求变化方面负有直接责任，不仅关系到组织的绩效和服务，也关系到组织的生存。从这个意义上看，绩效管理是一种特殊的组织战略管理，直接面向市场需求变化、顾客满意度以及员工绩效和服务水平。

3. 战略地位不同

绩效管理从战略高度对人、事、物的全流程进行有效管理，是组织战略管理的一方面。通常认为绩效管理作为组织战略管理的重要组成部分，对组织从全局角度考虑自身发展具有极为重要的意义。无论是外部市场环境、顾客满意度、人力资源开发,还是组织内部参与、管理者素质等,绩效管理几乎涵盖了与组织绩效、个人绩效提高的所有方面,也与组织未来发展息息相关。人力资源管理是根据组织目标对人力资源有效使用进行综合管理。从范围上讲,人力资源管理并没有绩效管理那么广泛,但也是组织得以持续发展的基础,尤其为组织绩效管理实施提供了一些前置性准备。

人力资源管理与绩效管理存在着严重差异,但这并不妨碍人力资源管理与绩效管理之间建立互动促进关系。重视政府人力资源管理部门在政府绩效管理中的作用是绩效管理成功实施的重要保障。

政府人力资源管理部门在政府绩效管理实际操作中被认为是关键所在。政府绩效管理改革源于政府财政压力和市场竞争,传统的公共行政体制对绩效管理改革不无影响。从我国各地方政府实施绩效管理的实践来看,绩效管理主要停留在人力资源管理部门,政府内部绩效评估机构或者独立的绩效评估机构以及有效的公众参与在短期内都不足以成立。这样,政府人力资源管理部门主要担任了绩效管理的主体角色。从理论上讲,绩效管理不可等同于人力资源管理,人力资源管理部门也不可能独立承担起专业绩效管理的责任。对我国而言,绩效管理改革的基础还不够健全,建立单独绩效评估机构的可能性至少在短期内不大。借助人力资源管理部门与绩效管理的关系以及人力资源管理对绩效管理的基础性作用,对我国政府初期进行绩效管理具有较为重要的意义。一方面,人力资源管理部门可以根据绩效管理的要求做专业的职务分析,对政府各个部门各项工作的职务要求、人员素质、技能、责任进行细分,改变过去笼统划分职位的做法,采用量化的方法规定公务员的职责权利;另一方面,人力资源管理部门可以循序渐进地建立组织目标体系和个人目标体系,根据职务分析规定的职责权利逐步建立科学的绩效指标体系,采用量化考核方法对个人绩效进行科学评估考核,并以此为依据确定奖惩、晋升、培训等。政府人力资源管理部门对绩效管理的实施负有责任。因此,在西方政府再造运动中,人力资源管理部门改革是政府内部绩效管理改革的首要环节。

(三)人力资源管理部门承担政府绩效管理存在的问题

尽管我们肯定了人力资源管理部门在政府绩效管理中的作用和地位,但同时也需要注意其存在的以下几点问题。

第一，人力资源管理不等同于绩效管理。人力资源管理部门担任绩效管理主体，起到了改革过程中的过渡性作用或者说基础性作用，但人力资源管理部门在量化管理、绩效评估方面的改革不是绩效管理的全部。

绩效管理带来了人力资源管理部门的改革和变化。以人力资源管理部门来主持绩效管理则缩小了绩效管理的范围，不利于绩效管理从战略高度加以实施，进而带来政府整体绩效和服务形象的改变。

第二，人力资源管理部门的绩效考核着重于个人绩效，即使实施人力资源管理战略，与组织绩效、外部市场环境、顾客满意等方面的关系也不会很大。由于政府人力资源管理主要是内部管理，缺乏一种整体性考虑，所以在参与、民主、顾客满意等方面，人力资源管理部门还不能够替代综合的绩效管理。

第三，人力资源管理部门在专业素质方面还有待提升。政府人力资源管理部门与企业人力资源管理部门存在显著差异。政府人力资源管理部门长期带有官僚制色彩，在人员录用、开发等方面存在制度僵化等问题。绩效管理为人力资源管理部门改革注入了新的活力，而人力资源管理部门改革本身是一个逐步推进的过程。以人力资源管理部门作为绩效管理主体也就存在相应的问题，例如绩效管理对专业管理素质的要求、科学量化方法的引入、绩效指标体系的建立等。这些问题影响人力资源管理部门作为绩效管理主体的公正性。

综上所述，政府绩效管理实施的主体具有多样性。当然，并非采用哪个主体就意味着否决别的主体。不同国家、不同区域、不同机构，对绩效管理实施都有不同的要求。我国在市场经济迅速发展的转型阶段，对绩效管理的要求反映了政府应对市场竞争提高政府效率和服务质量的要求。对政府绩效管理不同主体的区分和利弊分析有助于加强对绩效管理和实施绩效管理基础的理解，也为绩效管理成功引入我国政府和具体实践提供了基本思路。

第二节　政府绩效管理的目标

组织目标是为实现组织使命而必须达到的要求，组织目标一旦确定便不能随意变动，除非组织的生存环境、领导层、技术条件等发生了重大变化。因此，一般认为组织目标是确定性的、唯一的，否则就容易产生目标不集中、战略混乱、管理涣散等情况，政府也是如此。

一、政府目标的分类

（一）按照政府目标的内容分类

1. 常规目标

常规目标一般以作为工作职责一部分的形式出现。例如，某机构办公室秘书的职责是负责协助办公室进行日常行政事务管理，负责会议筹备和记录，接待来访，翻译机关单位所需要的资料，协调本部门与其他部门之间的关系，起草、传递、处理办公室的有关文件以及进行物品和文档管理等。因此，依据与工作职责相关的原则，该机构就可以确定常规目标。常规目标通常与工作职责相关，并建立在工作分析的基础上，通过工作分析来确定具体岗位的目标以及相关部门的整体目标。

2. 解决问题的目标

以解决具体问题为导向，针对政府内外面临的具体问题确定机构的工作目标。例如，各个政府都面临不同类型的社会危机，在预防、处理社会危机方面，各个部门有不同的职责和目标。以防治森林火灾为例，国家森林草原防灭火指挥部成员单位必须以预防森林火灾、及时处理森林火灾事件作为其重要目标之一。同时，在机构内部，也可以针对具体问题确定相应的目标。例如，怎样节省运行成本，如何提高人员工作积极性等。

3. 创新目标

创新目标是指机构出现了新服务、新技术或者新情况，及时适应这些情况的改变而设置创新目标。例如，英国行政改革是在政府财政压力紧张、公众对公共服务的需求扩张以及信息技术发展的新情况下产生的，并以提高政府绩效、建立顾客导向型政府为创新目标。

4. 个人开发目标

个人开发目标与员工的个人发展和专业发展相关。例如，在一个机构中50%的员工从来没有参加过培训，只有不到20%的员工才能参加培训。另外，45%左右的员工认为培训中学到的知识对实际工作的帮助并不是很大。这样，培训就失去了对员工能力开发和个人发展的指导性作用。在这种情况下，员工的工作动力仅仅依赖于组织工作目标和个人工作目标，员工的自身发展目标和责任感成了员工工作的直接动力和源泉。政府与企业组织的情况有相似之处，确立公务员的个人开发目标和计划，有助于公务员对自身工作职责的理解和加强责任意识，也有助于组织整体目标通过分解为个人目标而更好实现。

5. 组织开发目标

组织开发目标是整个组织或具体部门开发的目标。作为政府，对机构的工作职责必须要有明确的理解。确立机构整体目标是组织不断提高效率的基础。

（二）按照目标的项目范围分类

1. 营业目标

政府的营业目标与企业的市场营业目标不尽相同。政府的营业目标是对该机构的地位、服务质量以及费用控制等方面的规定，其中对费用控制的规定是政府节省资金、提高效率所关注的内容之一，与绩效管理息息相关。

2. 财务及控制目标

财务及控制目标是对政府资金周转率、负债及费用控制等方面的规定，以内部管理为主。尤其在政府采购部门，财务控制目标的确定极其重要。

3. 人事目标

人事目标涉及组织发展、文化建设及人员激励等内容。例如，确定某机构某年的人事招聘计划、培训计划等。

4. 其他目标

其他目标根据各个政府的具体情况而定。例如，某些部门可能要拓展新部门、新技术，就可能要确定相关的发展目标。

（三）按政府目标的层次性分类

按政府目标的层次性来划分，政府目标可分为宏观、中观和微观三个层面。宏观层面，是对整个政府为满足社会和公众的需求所履行职能的绩效管理，具体体现为经济的健康与发展、政治的民主与稳定、社会的公正与平等等方面；中观层面，是对政府各分支部门即特定的政府机构，如何履行其被授权的职能及服务质量等方面的管理；微观层面，是对政府工作人员工作业绩、贡献的测评与管理。不同层面的绩效管理有不同的目标和评价标准，三个层面的绩效管理目标共同构成了政府绩效管理目标体系。

二、政府目标体系的构成方法

宏观、中观、微观三个层面的目标集中反映了政府管理与服务的内容和对象，也是政府不同于企业组织目标体系的根本所在。从政治民主与社会稳定到职能机构的责任、政府人员业绩测评，总体上构成了政府绩效管理的框架，是公共绩效管理的目标体系和绩效测评的基本依据。

目标从另外一层含义讲，是对工作的要求，是工作将要达到的最终结果。如果达到这种结果，就可以受到相应的奖励；反之，则可能受到惩罚。根据既定目标对工作人员进行管理不仅可以检查人员执行任务的情况，以便及时纠正偏差，也可以对照目标衡量工作人员的工作行为。因此，目标所构成的目标体系也是责任体系的一种体现，目标体系也被称为目标责任体系。认识到目标对管理实践的重要作用，美国管理学家德鲁克于1954年提出了目标管理理论。自此，目标管理成为西方国家企事业单位所广泛使用的管理方式。目标管理的具体内容在后面的章节具体说明，现主要围绕目标设定的重要意义和目标体系的构成展开说明。确定每个具体岗位的目标、构建政府目标体系，不仅是绩效管理的要求，也是目标管理的重要组成部分和基础。

在第一章里，谈到了政府绩效管理的衡量问题，即政府绩效管理是以实现政府管理的“4E”衡量标准的。“4E”体现出政府绩效管理的基本取向，政府绩效指标的设计都将围绕“4E”展开。“4E”原则既是政府绩效管理的衡量标准，也是政府目标体系构建的基本原则。所以，政府每个岗位及整体的目标责任体系都可以根据其岗位工作的经济、效果、效率、公平、成长等五项因素来确定。经济是指一个岗位获得工作效果需要消耗资源的情况；效果是指反映本岗位所应取得的能被认知的工作成绩；效率是指反映本岗位取得效果的有效程度；公平是指岗位取得的工作效果对社会产生的影响；成长是指那些目前还不甚明显，但对未来发展将发挥积极作用的工作效果。在企业管理中，目标责任体系仅仅包含着效果、效率、成长三项因素。政府根据自身的部门特点，吸收了企业管理的目标责任体系，又综合政府对经济、公平因素的追求，从而形成了具有政府自身特点的目标责任体系。政府某人力资源主管的目标责任体系见表2-1。

表2-1 政府某人力资源主管的目标责任体系

经济	效果	效率	成长	公平
※培训的成本 ※招聘选拔的成本 ※邀请专家的成本 ……	※增强人员满意度 ※提高人员积极性 ※巩固关键人才 ※提高人员素质 ※科学规划人员发展 ※有效招聘选拔人员 ……	※人员满意指数 ※人员流失率 ※人员工作积极性程度 ※人事匹配度 ※人员培训率 ※服务态度 ……	※人员结构的优化 ※工作积极性的增长 ※人力资源信息系统的完善 ※科学人事决策 ※人力资源素质的提高 ……	※受到公正的培训 ※招聘选拔程序公正 ※社会满意 ……

注：该表只是列举了政府某人力资源主管的目标责任体系。鉴于政府绩效管理的“4E”指标本身受到质疑。例如，关于公平的问题一直以来没有得到解决，关于公平的目标也就很难加以表述。因此，本表对政府的目标责任体系阐述并不全面，仅仅是提供一个目标责任体系的基本框架和印象。

构建政府目标责任体系，从方法的角度，可以分为目标分解、协商和工作说明书和工作规范书三种。

（一）目标分解

确定总目标，从政府的最高层开始，先由组织最高管理层根据政府的愿景使命与战略制定出具体的战略目标与总任务。政府的服务对象具有不确定性，以全体社会成员为服务对象提供社会性服务。在每个政府的具体管理实践中，制定具体的战略目标与总任务具有现实性。美国制定的《政府绩效与结果法案》是确定目标分解的一个法案，规定了最高层制定战略目标的责任。为了将这个战略目标与总任务落到实处，政府必须进行目标分解。在讨论和协商中把总目标分解为不同部门和层次的具体目标与计划。这个程序从最高领导的直接下属开始，自上而下，逐级传递，但不是简单地重复传达，而是自己的目标与上级的目标合二为一的产物，带有各层级的特点。这样，将政府的战略任务从高到低，逐步分解，一级一级向下“压”，最终确定所有岗位的目标责任体系。当然，在“压”的过程中，并不排除上下级间要做充分的沟通与协商，以调动下级积极主动承担任务的热情。现代政府处于一个激烈竞争的氛围，因此必须采用这种目标确定模式，将市场的竞争压力一级一级传递下去，形成以顾客导向为驱动的目标确定模式。

（二）协商

协商是绩效管理参与原则的体现，该方法是为了保证目标责任执行的有效性。在确定岗位的目标责任体系时，由该岗位的履行者与其部门领导共同来确定。由于该岗位的履行者积极参与了岗位目标的设定，执行起来也就比较积极主动。

（三）工作说明书和工作规范书

对于一些工作任务比较规范的岗位，直接通过工作说明书、工作规范书等来确定。工作说明书和工作规范书可直接确定具体岗位的目标责任。通过规范化、程序化、标准化的描述，能够让人员相对准确地了解自己岗位工作应该达成的目标和必须履行的责任。

三、政府目标制定的基本流程

制定目标是目标管理的首要任务，也是绩效管理的基本依据之一。按照政府绩效管理的要求，政府需要通过绩效目标的制定，将每个具体工作岗位的目标责任体系变成可以衡量的具体绩效目标。因此，绩效目标不仅是绩效管理的依据，也是绩效衡量的基本指标。绩效目标的制定在整个绩效管理过程中极其重要。政府绩效目标不是根据领导意图随意制定出来的，而是需要按照一定的要求和流程逐步制定。

制定政府绩效管理目标需要遵循下列要求。① 每一个岗位至少设置6个特定目标，但不要超过9个，太多或太少都不利于绩效目标的达成。② 所有目标需要包括个人为达到目标而采取的措施说明。③ 每项目标应是经过努力能达到的目标。④ 目标陈述必须明确并且可以衡量，力求精确并易于理解。⑤ 目标应包括量的目标和质的目标。⑥ 虽然大部分目标是在本年度内可以完成的目标，但对长期目标也不可忽略。长期目标的完成虽不在本年度，但在本年度目标中应列出其在本年度内完成的部分。绩效目标制定的具体流程包括以下三点。

（一）拟定目标

拟定目标是指按照从上到下逐步分解的原则，将各个层次的目标责任分解成每一个人的具体指标。分解中，上下级要进行面谈与充分协商，上级既要尊重下属的个人意见，同时也要唤起下属来主动力争更大的绩效目标。直接主管要让下属明白自己所担负的目标对实现总目标的重要意义，增强下属实现目标的责任感。同时，直接主管除与下属商讨共同拟定目标外，还要确认各项目标的重要性系数。

（二）复审目标

虽然绩效目标是按照从上到下的原则拟定的，但是有效的复审也是必要的。有问题的绩效目标应该返回重新拟定。上级还可以复审绩效目标的结构，并授予下级一定的权力去完成自己的目标。上级要查明目标的分解过程是否严密和协调、需要赋予哪些用人、用钱、对外交涉的权力，使下级有相应的手段去实现工作目标。同时，明确目标责任需要确立授权等级。授权等级可划分为下面四种情况：① 根据自己提出的行动方案，独立完成；② 向主管提出行动方案建议，在得到批准后独立完成；③ 向主管提出行动方案建议，在得到批准后协助一起完成；④ 向主管提出行动方案建议，由主管来决定完成。授权等级决定着目标责任的大小。授权越大，其目标的重要性及权重越大。

（三）确认目标

目标经审核确认后成为正式的绩效考评目标表，也可以以工作计划书或其他形式的绩效文件表现。确认后的绩效考评目标表一式三份，主管、下属各一份，另一份由人力资源部或行政部归档，作为期末绩效考评的主要参照。如果环境发生变化，需要对绩效目标加以修正时，必须报请部门领导批准。目标变动不宜太多，除非在业务上确需增加某一项目或某一目标确已无存在必要而应予以删除时，才可以发生变动。当然，在绩效管理实践过程中，我们的工作仅仅停留在确认目标这一阶段，目标只是绩效考评的基本参照，但还不是绩效考评的指标依据。绩效考评以具体的绩效指标为考核依据，单纯的目标还无法构成绩效考评的基本内容。同时，绩效目标的制定对绩效管理而言无疑有着举足轻重的作用。

第三节　政府绩效管理的工作分析

一、工作分析的含义

工作分析是人力资源管理的基础，是对组织中某个特定工作职务的目的、任务或职责、权力、隶属关系、工作条件、任职资格等相关信息进行收集与分析，以便对该职务的工作作出明确规定，并确定完成该工作所需要的行为、条件、人员的过程。工作分析的结果是形成工作描述与任职说明。工作分析是人力资源开发与管理中必不可少的环节，与人力资源的招聘、考核、奖惩、培训等工作都有密切的关系。

早期的工作分析主要被企业用于工艺流程设计和人员招聘，随着工作分析技术手段的提高和组织面临外部环境压力的增加，越来越多的企业认识到工作分析对企业管理的作用和意义，并将其广泛运用于绩效考评、培训、薪酬管理等方面。尤其在新组织成立、新工作产生、新技术运用的情况下，工作分析的重要性显得尤为突出。一般认为，工作分析的重要意义主要表现在以下五个方面。① 为各项人事决策提供了坚实的基础。有了工作分析，企业的各级管理人员不论是选人、用人，还是育人、留人便都有了科学依据。② 通过对人员能力、个性等条件分析，人尽其才。工作分析的结果可以帮助企业组织在合适的时候把合适的人放在合适的岗位上，避免出现“大材小用，小材大用”的现象。③ 通过对工作职责、工作流程的分析，使才能尽其职，避免人力资源的浪费，提高工作效率。④ 通过对工作环境、工作设备的分析，使人与机器相互配合、协调，使才能尽其用、职能尽其用，以完成组织的目标。⑤ 能科学地评价员工的业绩，有效地激励员工。通过工作分析，了解员工与岗位各方面的信息，有助于科学选拔员工、考核员工、奖励员工，达到激励的目的。

组织绩效管理是组织管理的一种新技术方法，越有效的绩效管理对工作分析精度的要求也就越高。组织绩效管理的基础建立在工作分析的基础上，故很多人都把绩效管理等同于人力资源管理。但不可否认的是，绩效管理的有效实施（包括绩效指标体系的建立、绩效评估等）需要对工作进行科学分析。因此，绩效管理实施的基础必须有科学的工作分析作为保障。作为政府,与企业组织存在诸多差异,但就成功实施绩效管理的目标而言,同样需要进行详细的工作分析。

工作分析是政府绩效管理的基础。这里的工作分析与政府人力资源管理部门所做的工作分析是一致的。由于传统的政府人力资源管理部门并没有或者说缺乏科学工作分析的理念和实际做法,对政府来说,实施绩效管理的基础显得极为薄弱。企业组织可以借助人力资源管理部门原先所做的工作分析,而政府却面临着某种困境。因此,政府引入绩效管理就要在人力资源管理部门获得突破,采用科学计量、民主参与的方法对政府各个岗位进行工作分析。与一般意义的工作分析相似,政府工作分析也要求围绕提高政府绩效和服务水平的目标,对政府各个部门、各个岗位工作职务的目的、任务、职责、权力、隶属关系、工作条件、任职资格等相关信息进行收集与分析,并形成工作描述与职务说明书。

政府人力资源管理部门长期以来对公务员工作岗位只有等级、资历的划分和区别,缺乏从科学管理的角度对工作职责权利、任职资格及承担责任的明确规定。因此,对政府实施绩效管理而言,科学的工作分析显得尤为必要,主要体现在以下两个方面。

第一,政府人力资源管理部门缺乏科学工作分析直接影响到政府绩效管理实施的成功与否。绩效管理的核心是绩效考核和绩效评估,所依据的绩效指标体系不是管理者凭空确定的,而是按照绩效管理民主参与、市场管理的理念所确定的,绩效指标体系建立在员工对组织目标的认同、参与、市场需求以及员工本身工作职责的基础上。所确定的绩效指标体系既是员工参与组织管理的过程,也是组织对员工工作任务、职责的要求。工作分析利用科学计量的方法(面谈、观察、民主测评等)收集员工意见和让员工参与组织活动,体现了民主参与和科学管理的原则。所形成的职务说明书既是组织对员工的期望,也是员工对职责和个人绩效目标的认同。实施绩效管理的前提是收集绩效信息,在缺乏专业绩效管理机构的情况下,利用人力资源管理部门的工作分析内容和结果,也是短期内实施绩效管理的有效措施和方法。对政府人力资源管理部门来说,一般面临缺乏科学工作分析的困境,长期以来政府人力资源管理部门的工作重心都围绕人员招聘和人员考核,对公务工作始终没有运用科学的方法来分析。绩效指标体系也往往忽略各个工作岗位的实际。这样,政府人力资源管理部门缺乏科学工作分析直接影响到政府绩效管理实施的成功与否。为保证政府绩效管理逐步、持续地推进，政府人力资源管理部门吸收企业管理的工作分析方法对公务岗位进行科学工作分析就成了首要的任务。

第二，工作分析是绩效指标建立和绩效考评的基础。正如前面所说，在政府绩效管理改革中，建立专门的绩效评估和管理机构在时机和费用上都存在一定的问题。以我国为例，绩效管理改革实践大都以内部改革为主，因为成立独立的对政府绩效进行评估的绩效管理机构在人力、物力、技术及社会压力方面都面临难题。这样，人力资源管理部门在政府绩效管理改革初期承担了极为重要的职责。工作分析是绩效管理的基础，政府工作分析是绩效指标建立和绩效考评的依据，也就是政府绩效管理的基础。认识到工作分析的重要性是绩效管理在政府内广泛开展和得到社会支持的前提，通过工作分析可以明确公务工作各个岗位的工作目的、任务、职责、权力、隶属关系、工作条件、任职资格以及承担的责任。相对于传统人力资源管理部门简单的职务说明，工作分析对公务员的职责权利做了明确规定，有助于公务员全面了解公共组织的目标、个人所要达到的绩效目标以及应该承担的责任和可能获得的奖励。可以说，工作分析在政府中不仅是绩效考评机制和奖惩激励机制的依据，也为政府形成责任政府、服务政府的形象提供了科学的依据。

二、工作分析的原则与内容

（一）工作分析的原则

工作分析要遵循一定的原则，以保证做到科学、公正、合理，从而成为绩效管理可靠的基础和依据。具体来说，政府工作分析应遵循以下六项原则。

1. 系统原则

在对某一工作进行分析时，要注意该工作与其他工作的关系以及该工作在整个组织中所处的地位，从总体上把握该工作的特征及对人员的要求。工作分析是组织管理的组成部分，不能从组织系统中割离出来。把握系统原则要求人力资源管理部门以全局观念考虑工作分析的内容与组织未来的发展。系统原则最考验人力资源管理部门管理者的管理素质和技能，同时该原则也与政府自身的定位有关。

2. 动态原则

动态原则有两层含义。一方面，工作分析前，要根据市场环境和社会需求变化设置不同的岗位和要求，使公务员的工作内容和职责符合社会对政府的期望，以适应竞争复杂的市场环境变化，提高政府的形象和社会支持率。另一方面，工作分析后，动态原则意味着工作分析的结果并不是一成不变的，根据战略意图、环境变化、业务调整，要经常性地对工作分析结果进行调整。

3. 目的原则

工作分析中，要根据工作分析的目的，确定工作分析的侧重点。工作分析的内容由其目标决定，公共组织的目标一是提高政府效率和服务水平，二是减少资源浪费，获得公众支持。当然，不同公共组织的目标也因不同组织的功能、地域、发展情况而异。在实际操作中，政府的目标受到部门利益的影响，不一定直接以既定目标为宗旨。从政府发展角度看，政府的部门利益可以和服务政府的目标有机结合起来，政府工作分析的内容也正是从这个角度展开的。

4. 经济原则

经济原则有两层含义：一是指工作分析本身需要本着经济性原则，根据工作分析的目的，采用合理、精简的方法，减少不必要的人力物力浪费；二是指工作分析要按照经济原则，保证该岗位的工作不至于浪费大量资源。政府财政赤字是实施绩效管理的主要原因，作为绩效管理的基础，工作分析设置岗位的职责权利和承担的责任都需要指向经济原则。

5. 职位原则

工作分析的出发点应从职位（岗位）出发，分析职位的内容、性质、关系、环境以及人员胜任特征，即完成这个职位工作的从业人员需要具备的资格、条件以及应该承担的责任等，而不是分析在岗人员的情况。这是工作分析中较容易陷入的误区之一，应特别注意。

6. 应用原则

工作分析为人员招聘、选拔培训、考核、激励等都提供了现实依据。因此，应用原则要求工作分析的结果（即工作描述与任职说明）能够用于政府具体管理。同时，工作分析一旦形成工作说明书后，管理者必须严格按工作说明书的要求进行管理。

（二）工作分析的内容

不同的组织目标决定工作分析的不同内容。有的工作分析是为了对现有的工作内容与要求更加明确或合理化，以便制定切合实际的奖励制度，调动员工的积极性；有的工作分析是对新工作的工作规范作出规定；还有的工作分析是为了改善工作环境，提高安全性。政府工作分析的内容与一般组织工作分析的内容具有相似性。政府以提供社会公共服务为基本目标，不以营利为目标，具有公益性。这决定了政府工作分析的目标是提高政府服务质量和服务水平，树立负责任的政府形象，并赢得公众的支持。

政府工作分析的内容一般包括以下几个方面。① 工作活动，是工作描述的主体部分，必须详细描述，列出所需要的内容。工作活动包括活动过程、活动记录、所采用的程序、所要完成的工作任务与承担的责任、接受监督以及进行监督的性质和内容等。② 定位于员工的活动，包括人的行动，针对方法分析的基本动作、对身体的工作要求，例如体力耗费。③ 所采用的机器、工具、设备和辅助工具，具体指机器类型、损耗、生产工具的复杂性。④ 与工作相关的有形和无形内容，指所涉及或应用的知识（例如会计知识）、加工的原材料、制造的产品和提供的服务等。⑤ 工作业绩，包括错误分析、工作标准、工作计量，例如完成任务的时间等。⑥ 工作环境，包括工作日程表、财务和非财务奖励、工作条件、组织和社会的环境。⑦ 工作对个人的要求，指个人因素，例如个性和个人兴趣爱好、所需要的学历和培训程度及工作经验等。

概括地讲，工作分析包括两个方面的内容：一是确定工作的具体特征；二是找出工作对任职人员的各种要求。前者称为工作描述，后者称为任职说明。工作分析所要形成的结果亦即工作描述和职位说明书。

1. 工作描述

工作描述用以具体说明工作的物质特点和环境特点，主要用来解决工作内容与特征、工作责任与权力、工作目的与结果、工作标准与要求、工作时间与地点、工作岗位与条件、工作流程与规范等问题。

（1）工作名称，指组织对从事一项工作活动所规定的工作名称或工作代号，以便于对各种工作进行识别、登记、分类并确定组织内外的各种工作关系。工作名称应当简明扼要，力求做到能标识工作责任，例如财务部科员、人事部科长等。根据需要，工作名称还可有别名或工作代号。政府的工作名称受到统一管理的限制，不可能像企业组织一样采取多样化的别名，但工作代号的做法值得借鉴。

（2）工作活动和工作程序，用以标明公务员要完成的工作任务与承担的责任；执行任务时所需要的条件，例如使用的材料和机器设备；工作流程与规范；与其他人的工作关系；接受监督以及进行监督的性质和内容等。

（3）物理环境，包括工作地点的温度、光线、湿度、噪声、安全条件等，不包括工作的地理位置，可能发生意外事件的危险性等。工作描述要完整地描写个人工作的物理环境。政府的特殊工作性质决定了大部分工作的地点都在室内，但也不排除一些特殊的政府部门，例如城管、交通运输部门等。工作的物理环境也应被考虑在内。

（4）社会环境，包括工作群体中的人数及相互关系，工作群体中每个人的个人资料，例如年龄、性别、品格等；完成工作所要求的人际交往的数量和程度；与各部门之间的关系；工作点内外的公益服务、文化设施、社会习俗等。

（5）聘用条件，主要用以描述工作人员在正式组织中的有关工作安置等情况，包括工作时数、工资结构、支付工资的方法、福利待遇、该工作在组织中的正式位置、晋升的机会、工作的季节性、进修机会等。

2. 职位说明书

职位说明书建立在工作描述的基础上，说明担任某项职务的人员必须具备的生理和心理要求。工作说明书的对象是工作，职位说明书的对象是人。职位说明书的内容主要包括：一般要求（年龄、性别、学历、工作经验等）、生理要求（健康状况、体力、运动的灵活性、感觉器官的灵敏度等）、心理要求（观察能力、集中能力、记忆能力、理解能力、学习能力、解决问题能力、创造性、数学计算能力、语言表达能力、决策能力、交际能力、性格、气质、兴趣、爱好、态度、事业心、合作性、领导能力等）。在政府中，不同层级、不同部门、不同地域的岗位对担任职务的要求不尽相同。表 2-2 给出了一个企业绩效考核专员的职位说明书。

表 2-2　绩效考核专员职位说明书

职位名称：	职位编号：
部　　门：	直属上级：
下属岗位：	核实日期：

岗位要求	① 人力资源管理或者心理学专业，大学本科学历 ② 掌握员工考核的知识与技能 ③ 熟悉考核的制度与流程 ④ 了解员工的操作标准 ⑤ 熟悉职务晋升体系 ⑥ 熟悉人力资源系统操作 ⑦ 具备一定的人员考核经验 ⑧ 了解工作相关法律法规 ⑨ 有 1 年以上的绩效考核相关的工作经验 ⑩ 了解政府的人事制度
主要职责	① 建立并维持公正有效的绩效考核体系，并负责考核的实施、管理 ② 根据政府需要，配合领导具体组织实施各类员工绩效考核工作 ③ 根据绩效考核情况和相关规定，实施对相关员工的奖惩 ④ 建立公共组织职位管理系统，协助和指导各部门绩效考核工作 ⑤ 建立管理者考核评估体系及职务晋升体系 ⑥ 指导部门负责人开展考核工作，向员工解释各种相关制度问题 ⑦ 协助修订政策指南和《员工手册》，提供政策支持，协助政策解释 ⑧ 对当前的绩效考核制度进行评估，推荐改进措施 ⑨ 协助人力资源管理部门管理者完成其他相关人事工作

从绩效考核角度看，政府和企业组织并无差异。表 2-2 可以为人力资源管理部门如何建立职位说明书提供借鉴。绩效考核专员在人力资源管理部门并不是新兴职位，是对传统人力资源管理部门绩效考核工作的延伸，对人力资源管理部门推进绩效改革具有重要意义。当然，政府绝不仅仅只有绩效考核专员这个职位，其他的职位也可以参考表 2-2 制作职位说明书。具体的岗位要求需要根据具体的职位来定。需要注意的问题是，政府的岗位带有公共服务的特性，在社会职责和岗位责任方面，对人员的要求会比企业更高。我们可以借鉴企业管理职位说明书的写作经验，但不可以照抄。对于政府社会责任和公共服务的特性，需要在职位说明书中明确指出，以便为政府在绩效管理中提高政府效率和行政服务水平奠定基础。

三、工作分析的程序与方法

（一）工作分析的程序

工作分析的特点在于采用科学分析的方法对各项工作进行定性、定量分析，政府工作分析要遵循一定的分析程序，并采用各种适合本部门情况的方法来做工作分析（见图 2-3 和图 2-4）。

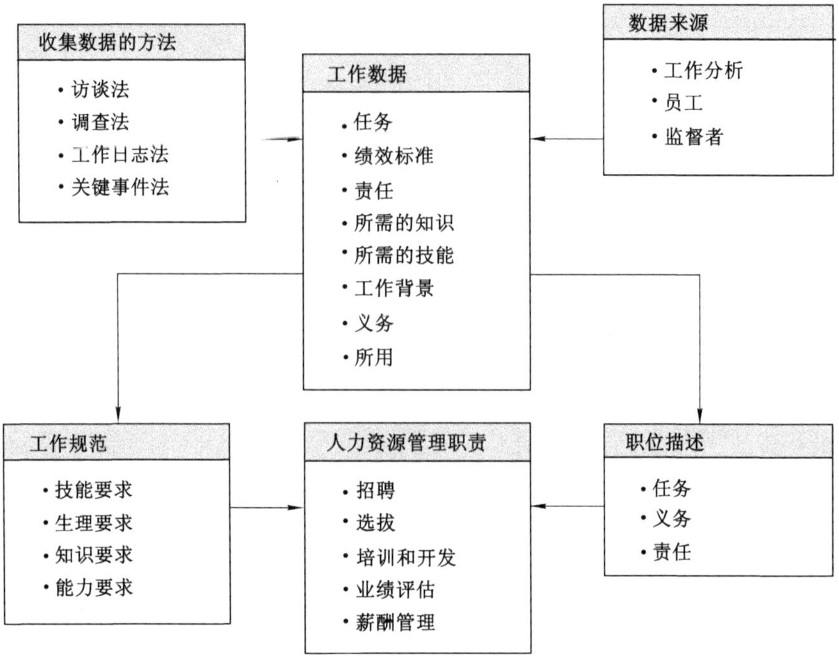

图 2-3　工作分析实施情况

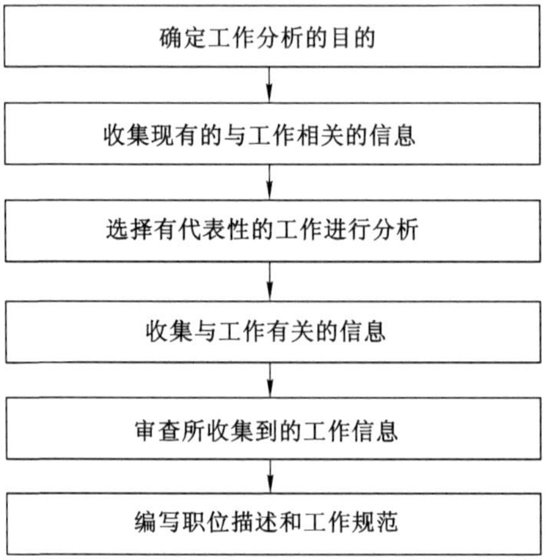

图 2-4　工作分析的步骤

图 2-3 标明了工作分析实施的手段与方法，例如收集数据的方法有访谈法、调查法、工作日志法、关键事件法等，并指出了各个部门工作分析实施的情况，是个全局性实施概况图。图 2-4 以简明扼要的方式标明了工作分析的步骤，是工作分析实施的基本思路。

通过对图 2-3 和图 2-4 的分析，我们可以大致了解工作分析实施的情况和具体步骤，下面主要介绍工作分析的主要方法，并结合政府的情况进行说明。

（二）工作分析的方法

1．观察法

观察法是指在工作现场观察员工的工作过程、行为、内容、工具等，把这些情况记录下来进行分析与归纳总结。通过观察法，工作分析者能够比较全面深入地了解工作要求。观察法的缺点在于员工这一角色处于一种被监视的状态，其结果导致要么很难提高员工的工作积极性，要么所得到的信息失真。

一般来说，观察法比较适合大量标准化的、周期较短的以体力活动为主的工作，政府并不适合用观察法来做工作分析。这是因为大量政府活动以管理为主，各个部门的服务对象和工作方法也都不尽相同；同时，政府的管理活动具有公共服务性质，没有标准的计量方法，工作周期甚至可以延续很多年。不过，需要肯定的是，观察法为政府工作分析提供了一种从办公室走向实践的思路。以往，管理者确定工作岗位和工作职责都凭借过去的岗位运行情况和部门的实际需求，缺乏从工作本身角度分析某项工作应该需要履行的职责、使用的工具、环境等情况。政府使用观察法并不强求一定以完全量化的方式计量工作过程、行为、内容等，而是对人力资源管理部门管理者提出了要求，要求管理者能够深入了解公务工作的具体情况。例如使用计算机的情况、办理一项行政审批工作所需要的时间、服务态度等，都可以运用观察法分析。对公务工作的具体了解是绩效指标建立、保证绩效管理民主参与的基础。

2．面谈法

面谈法又称访谈法，是一种应用最为广泛的工作分析方法。面谈法是指工作分析者就某一个职务或职位，面对面地询问任职者、主管、专家等人对工作的意见和看法。一般情况下，应用面谈法时以标准化访谈格式记录，以便于控制访谈内容和进行相互比较。

面谈法适合在企业和政府中运用，因为它不仅能够了解任职者的工作态度与工作动机等深层次内容，也能反映政府民主参与的水平。面谈法的运用面广，能在短期内简单而迅速地收集多方面的工作分析资料，由任职者亲口讲出工作内容，具体、准确又切合实际，使工作分析者了解到短期直接观察法不容易发现的情况，有助于管理者发现问题；同时也是员工沟通和缓解工作情绪的渠道。

当然，面谈法也有一定的缺陷。首先，面谈法需要专门的技巧，最好由受过专门训练的工作分析专业人员来进行；其次，面谈法会耗用比较多的时间和费用，成本相对较高；最后，管理者与被管理者的面谈会扭曲收集到的信息，被管理者可能会夸大或弱化自己的职责。政府使用面谈法进行工作分析是行之有效的办法，不过考虑到人力资源管理部门的权威性，面谈法收集到的信息很有可能比在企业中更容易受到扭曲。政府要克服面谈法的障碍，就需要专业人员参与面谈，尽量避免政府人员参与带来的消极影响，还要努力提高人力资源管理部门管理人员的素质，培养其面谈方面的专业技能。对政府而言，面谈法的意义不仅局限于工作分析，也是政府内部打破长期层级限制，建立上下沟通机制、营造民主氛围的重要手段，对政府绩效管理改革具有新的意义。

3. 调查问卷法

调查问卷法是通过设计的问卷获取关于某一岗位的工作内容、工作特征和人员要求等信息的方法。具体有管理职位描述问卷法、职位分析问卷法、任务详细目录法、体能分析问卷法、调查表法等。

调查问卷法在企业市场调查领域做得较为成功，其优点在于：第一，费用低，速度快，节省时间，可以在工作之余填写，不致影响正常工作；第二，调查范围广，可用于多种目的，多样用途的工作分析；第三，调查样本量很大，适用于需要对很多工作者进行调查的情况；第四，调查的资源可以数量化，由计算机进行数据处理，提高了精确度。调查问卷法的缺陷在于问卷设计的准备要花费较多时间，人力、物力等费用成本高，对设计人员的专业素质要求也很高。同时，填写调查表由被调查者单独进行，缺少交流和沟通，因此，被调查者可能不积极配合，从而影响调查质量。对政府来说，调查问卷法可以避免权力因素带来的消极影响，但对问卷设计也提出了高难度要求。人力资源管理部门如何设计出反映工作信息和人员信息的问卷，直接影响到问卷的质量和调查的结果。因此，人力资源管理部门不仅需要引进相关专业的人才或者请教相关领域的专家，而且需要注重人力资源管理部门管理人员专业素质和技能的培养。

延伸阅读

浙江省的“最多跑一次”改革

一、问题提出

现代社会对政府治理提出了更高的要求，传统的官僚体制在面对复杂多变的社会需求时显得力不从心。随着信息技术的进步和管理科学的发展，政府绩效管理逐渐成为提高政府治理能力、提升公共服务质量的重要工具。浙江省的“最多跑一次”改革，以其大胆创新的实践，成为中国地方政府绩效管理的一面旗帜。本文通过深入剖析浙江省“最多跑一次”改革的背景、实施过程和取得成效，探讨政府绩效管理在现代治理中的重要性。

二、“最多跑一次”改革的背景

（一）改革缘起

浙江省是中国经济较为活跃的省份之一，拥有发达的民营经济和较高的社会发展水平。然而，在改革前，浙江省的行政审批流程烦琐，办理行政事务的时间较长，手续复杂，给企业和群众带来了诸多不便。常见的问题包括：① 审批环节多，一个项目的审批往往需要经过多个部门，每个环节都要求提交不同的材料；② 信息不对称，群众和企业在办理事项时，往往不了解完整的流程和所需材料，造成了重复跑动和反复提交材料的现象；③ 办理时间长，审批过程耗时长，群众和企业需要频繁往返于各政府部门，浪费了大量时间和资源。这些问题严重影响了政府的服务效率和公众满意度。为了应对这些问题，浙江省政府决定通过“最多跑一次”改革，简化审批流程，提高服务效率。

（二）改革目标

浙江省“最多跑一次”改革旨在通过优化审批流程和利用信息化手段，

实现以下目标：① 提高行政效率，通过精简审批流程，减少审批环节和材料要求，让群众和企业在办理各类行政审批事项时，能够“一次办成”；② 增强透明度，建立统一的政务服务平台，提供办事指南和审批进度查询功能，增强审批过程的透明度；③ 提高满意度，改善政府服务体验，提升群众和企业对政府服务的满意度；④ 优化营商环境，通过提高行政审批效率，吸引更多投资，推动经济发展。

三、“最多跑一次”改革的实施过程

（一）目标设定

为了确保改革顺利进行，浙江省政府制定了分阶段的目标。① 短期目标（2017—2018 年），实现省级层面 80%以上的行政审批事项“最多跑一次”。具体目标包括精简审批流程，建立“一网通办”平台，并完成 80%的事项上线。② 中期目标（2019—2020 年），推广至市级和县级，实现 85%以上的行政审批事项“最多跑一次”。目标涵盖更多层级的政府部门和更多类型的事项，包括工商注册、医疗卫生、教育等。③ 长期目标（2021 年及以后），全面实现“最多跑一次”，推动“零跑动”事项的发展，即通过在线办理实现真正的“跑零次”。目标要求所有行政审批事项都能够在线办理或通过一次现场办理完成。这些目标明确了改革的方向，并将任务具体分配到各部门，形成了责任明晰的改革框架。

（二）绩效监控

为确保改革的目标得以实现，浙江省政府建立了完善的绩效监控体系。① 在线平台建设：开发并上线了“浙江政务服务网”和“一网通办”平台。这些平台整合了各类行政审批事项，提供统一的办事入口，使企业和群众能够在线查询、提交和办理审批事项。② “浙江政务服务网”：作为全省统一的政务服务入口，该平台提供了各类行政审批事项的办理指南、流程说明、所需材料清单以及在线申请、进度查询和结果查询功能。③ “一网通办”平台：重点解决跨部门、跨区域的审批事项，通过平台实现数据共享和信息互通，减少了审批环节中的重复提交和多头跑动。④ 流程再造：对现有的审批流程进行全面梳理，清理冗余环节，压缩审批时限，减少群众和企业的办事成本。⑤ 标准化管理：对审批事项进行分类管理，制定统一的标准化操作规程，减少审批中的主观随意性。⑥ 流程优化：取消不必要的前置审批，将多个环节整合为“一站式”服务，减少审批流程中的重复环节。⑦ 数据实时监控：利用信息技术对各部门的审批事项进行实时监控，掌握审批进展情况，并通过数据分析，发现和解决流程中的瓶颈问题。⑧ 动态监控：通过平台系统对各事项的办理时间、办结率、群众满意度等数据进行动态监控，及时发现并解决问题。⑨ 数据分析：利用数据分析工具，分析各类审批事项的效率和瓶颈并提出优化建议。

（三）绩效评估

为科学评估改革成效，浙江省政府引入了多层次的绩效评估机制。① 数据分析：通过“浙江政务服务网”和“一网通办”平台的数据采集，对各类审批事项进行统计分析，评估实际的办结时间、办事次数、群众满意度等指标。② 指标设定：设定明确的绩效指标，包括办事时长、办结率、满意度等，并对这些指标进行定期评估。③ 数据处理：利用大数据技术，对平台收集的数据进行清洗、分析，生成各部门和事项的绩效报告。④ 第三方评估：引入独立的第三方评估机构，对改革成效进行客观评估，提供不受政府部门内部影响的绩效报告。⑤ 评估机构：选择具备专业能力的评估机构进行绩效评估，确保评估结果的公正性和科学性。⑥ 评估内容：包括审批效率、群众满意度、改革成效等方面的全面评估，形成综合性的评估报告。⑦ 群众反馈：通过政务服务平台和热线电话等渠道，收集企业和群众的意见和建议，并将这些反馈作为绩效评估的重要依据。⑧ 投诉渠道：设立专门的投诉和建议渠道，及时收集和处理群众意见。⑨ 满意度调查：定期开展群众满意度调查，了解群众对“最多跑一次”改革的实际感受。

（四）反馈与改进

根据绩效评估结果，浙江省政府采取了多项改进措施，以不断提升改革效果。① 优化在线系统：根据用户反馈和数据分析，优化“浙江政务服务网”和“一网通办”平台的功能，提升用户体验和操作便捷性。② 界面优化：改进平台界面设计，使之更加用户友好，提升群众的在线办事体验。③ 功能扩展：增加更多的在线办理功能，例如在线咨询、视频指导等，方便群众办理复杂事项。④ 简化审批流程：对审批流程中存在问题的事项进行重点改进，简化审批环节，减少群众跑动次数。⑤ 取消前置审批：对无必要的前置审批进行清理，减少审批环节，缩短办事时间。⑥ 流程再造：针对办理流程复杂的事项，进行流程再造，减少重复提交和多头审批现象。

⑦ 政策调整:根据评估和反馈,调整相关政策,推动更多审批事项向“最多跑一次”甚至“零跑动”方向发展。⑧ 政策优化:对审批政策进行梳理和优化,减少不必要的政策壁垒,提高审批效率。⑨ 推广“零跑动”:推进更多事项实现在线办理,减少群众实际跑动次数,实现“零跑动”。

四、“最多跑一次”改革的成效

(一) 效率提升

“最多跑一次”改革实施后,浙江省的行政审批效率显著提高,各项绩效指标显示出明显的改善。① 审批时长缩短:改革实施后,审批事项的办理时长缩短了60%以上,许多事项从原来的几周缩短到几天甚至几小时内办结。② 办事次数减少:通过优化流程和提供在线服务,群众和企业在办理审批事项时的跑动次数大幅减少,实现了“最多跑一次”甚至“不跑动”的目标。根据统计,2019年浙江省各级政府和部门共处理了超过5 000万件审批事项,其中80%以上的事项实现了“最多跑一次”。相比改革前,企业和群众的办事效率得到了显著提升。

(二) 群众满意度提高

改革实施后,群众对政府服务的满意度显著提升,这表现在两个方面。① 满意度调查:第三方满意度调查显示,群众对政府服务的满意度从改革前的65.4%上升至91.2%,大多数群众表示对审批效率的提升和服务体验的改善感到满意。② 群众评价:群众在办理事项后,通过政务服务平台和热线电话对“最多跑一次”改革给予了积极评价,认为政府服务变得更加高效和便捷。调查数据显示,群众对“最多跑一次”改革的满意度指数在全国范围内处于领先地位,成为其他地方政府效仿的典范。

(三) 改善营商环境

“最多跑一次”改革对浙江省的营商环境产生了积极的影响,吸引了更多的投资和企业。① 企业评价:许多企业对浙江省的行政效率和审批流程给予了高度评价,认为浙江省的营商环境更加友好和高效,有助于企业快速开展业务。② 投资增长:改革实施后,浙江省吸引了大量国内外投资者,投资总额显著增加,许多企业选择在浙江省设立总部或分支机构。根据统计,2018—2020年,浙江省的国内外投资总额同比增长了25%,新的投资项目数量和质量均有显著提升。许多投资者表示,“最多跑一次”改革大大降低了审批成本,提高了投资的便利性。

（四）政府治理现代化

通过“最多跑一次”改革，浙江省在政府治理现代化方面也取得了显著进展。① 信息化建设：政务服务的数字化和信息化水平显著提升，通过“浙江政务服务网”和“一网通办”平台，实现了数据的高度共享和信息的透明化。② 治理能力提升：改革推动了政府部门之间的协调合作，打破了部门壁垒，提升了政府的整体治理能力和管理水平。“最多跑一次”改革不仅提升了政府的服务效率，也推动了浙江省政府的治理能力向现代化方向发展，为其他地方政府的治理改革提供了有益的借鉴。

五、案例分析与思考

浙江省“最多跑一次”改革的成功实施，展示了绩效管理在政府治理中的核心作用。① 目标设定的清晰性：明确的绩效目标为改革提供了清晰的方向，使各部门能够围绕具体目标展开工作，并进行有效的自我评估和调整。② 实时监控的有效性：通过信息化手段对审批事项进行实时监控，及时发现和解决问题，提高了政府的反应速度和处理效率。③ 评估机制的科学性：利用数据分析和第三方评估，确保了绩效评估的科学性和客观性，为政策调整提供了可靠依据。④ 反馈机制的及时性：通过群众反馈和数据分析，及时发现和改进问题，确保了改革目标的持续达成和调整优化。

六、结论

浙江省的“最多跑一次”改革是中国地方政府绩效管理的一个成功典范，通过科学的目标设定、有效的绩效监控、系统的评估机制和及时的反馈改进，实现了政府服务效率的显著提升和群众满意度的持续提高。这一改革不仅提升了浙江省的政府治理水平，也为其他地方政府的治理改革提供了宝贵的经验和参考。未来，在现代政府治理中，绩效管理将继续发挥重要作用，推动政府服务的高效化和透明化，提升公共服务质量，实现政府治理能力的现代化。

（资料来源 浙江省人民代表大会常务委员会：《浙江省保障“最多跑一次”改革规定》，载浙江省机关事务管理局网 2019 年 12 月 24 日，https://jgswj.zj.gov.cn/art/2019/12/24/art_1229561475_2328666.html。收入本书时有改动）

思考题：

1. 在实施“最多跑一次”改革的过程中，浙江省政府是如何解决各部门主体之间的协调和信息共享问题的？这种做法对其他地方政府有何借鉴意义？

2. 如何在“最多跑一次”改革中寻求复杂审批事项的“简化”与“规范”之间的平衡？

第三章

CHAPTER 3

政府绩效指标体系

教学重点

理解政府绩效指标的特点，正确运用政府绩效指标体系设计的原则。

教学难点

政府绩效指标体系设计的步骤，政府绩效指标体系的模式，我国政府绩效指标体系存在的问题及其改进方法。

学习建议

本章学习的重点是政府绩效指标的特点、政府绩效指标体系设计的原则，难点是政府绩效指标体系设计的步骤、政府绩效指标体系的模式等。政府绩效指标及其设计的原则、步骤与企业等私营组织的有相同或相似的地方，但也有自己的特殊性，学习时要与私营组织相对比。同时要掌握政府绩效指标体系不同的模式，并与私营组织的绩效指标体系模式相对比。

第一节　政府绩效指标概述

一、绩效指标的含义及构成要素

（一）绩效指标的含义

绩效指标是指与员工或者机构绩效产出有关的考核项目，与员工的工作内容相关，建立在工作分析的基础上。

（二）绩效指标的构成要素

考评要素、考评标志、考评标准构成了绩效指标。

绩效指标＝考评要素＋考评标志＋考评标准

考评要素是指考评对象的基本单位，根据被考评者在工作中的各项要求来设定。考评标志，是指揭示考评要素的关键特征，有不同的分类方式。考评标度，是指反映考评要素或考评标志的程度差异、状态的顺序和刻度的分值。绩效指标（工作态度）的构成要素见表3-1。

表3-1　绩效指标（工作态度）的构成要素

考评要素	考评标志	考评标度
工作态度	工作表现优秀，顾客满意度高	10分
	工作表现良好，顾客满意度较高	5分
	工作表现差，顾客极不满意	0分

二、政府绩效指标的特点

要发挥绩效指标在绩效考评中的作用，就必须抓住与绩效直接相关的指标。从方法论上讲，绩效指标要依据一定的科学方法来确定。第二章谈到的工作分析方法包括观察法、面谈法、调查问卷法等为绩效指标的科学确定创造了条件。良好而有效的绩效指标应具有以下六项特征。

（一）可衡量性

一个好的绩效指标应该是可以度量的、有形的。因此，大部分绩效指标都表现为数量化和精确化。例如，企业组织使用量化的销售额作为评价销售部门工作的重要标准。对于政府来说，绩效指标量化问题一直是其最突出的问题。政府不直接生产产品，公共服务也很难通过数字量化来表示。就一些特殊的政府或者工作岗位，建立量化的绩效指标存在可行性，例如缺勤率、人员培训率、人员流失率等。通过建立可衡量的指标，能够明确了解公务员的绩效水平，并帮助公务员对自己的绩效形成正确认识，以持续提高绩效水平，达到对绩效进行有效管理的目的。当然，政府大部分面对的还是无法衡量的指标。遇到这种情况，可以使用“优、良、差”或是“不及格”之类的多阶段标准来衡量绩效水平。

（二）全面性

绩效指标应确保可以综合反映被考核者的工作全貌，包括个人品质和工作态度等方面。绩效指标的全面性，一是为政府提供全方位管理绩效的手段，二是为公务员全面发展、积极提高绩效提供一种预期目标，以帮助政府整体绩效和服务形象的提升。所以，绩效指标要尽可能周到全面，不遗漏所需要考核的任一方面。但是，全面性也不是说考核的指标越多越好。绩效指标究竟需要多少，没有一定的标准。一般认为工作职责简单，所需要设立的绩效指标就少；反之，职责内容复杂，就需要设立多项绩效指标。政府中除了少数几项工作岗位职责较简单外，其余大部分都与公共服务有关，担负对内和对外的双向责任。因此，政府的绩效指标体系往往是最复杂的。

（三）独立性

独立性是从绩效指标如何保证科学性的角度体现出的特点。绩效指标在同一个层次上应该相互独立，没有交叉。如果绩效指标之间存在交叉，就有可能带来绩效综合考核结果的不公正性或者无效性。若 A 指标与 B 指标存在重合，如工作人员甲在 A 指标上获得分值高，那么相应地甲在 B 指标上也会获得较高的分值。工作人员乙可能在 C 指标上表现好，而在 A 指标上所获分值较低。从总体来看，工作人员甲和乙的绩效考评结果应该差不多，而由于绩效指标的重合，最后的绩效考评结果很有可能是甲的分值高于乙。这就造成了某种程度的不公正，既影响到绩效管理衡量的公正，也不利于实现提高绩效的战略目标。一般来说，绩效指标体系由多个层次构成，独立性原则要求 同一层级上的 A 指标与 B 指标不能存在重叠或因果关系。

（四）民主性

绩效管理以民主参与为主要特点。因此，绩效指标的制定也应充分体现民主性的特点：一是绩效指标制定过程要让公务员充分参与，以得到其支持、理解和合作；二是绩效指标本身应该体现民主因素，例如考虑不同部门的具体情况、不同工作岗位的具体要求等，但绝不是不同任职者的具体要求的体现。一般认为的民主性原则主要指第一点。让公务员参与绩效指标的制定有多种方法，主要是通过管理者与被管理者的相互沟通，将政府整体目标与具体岗位情况有机结合起来，双方达成一致协议，激励员工在双方一致同意的情况下为既定的绩效指标而努力。民主性的主要目的在于既充分考虑雇员的意见和要求，又通过沟通协商起到激励作用。另外，经过民主参与所制定出来的绩效指标也更有可能趋向合理，更符合组织目标和岗位实际工作的要求。

（五）一致性

绩效指标的对象是工作。绩效指标与绩效目标存在一定的差异：绩效目标是针对个人制定的，它的制定应依据个人的经验、技术、性格的不同而各异；绩效指标是按照工作本身来建立的，不管做这项工作的人是谁，绩效指标的标准都是一致的。不同能力的公务员在同一工作岗位上可能会有不同的绩效目标，但绩效指标的标准只有一套，否则绩效指标就失去了衡量和考核的意义。

（六）变动性

绩效指标的合理性建立在民主参与制定和不断变动的基础上，即绩效指标并不是一成不变的。当影响公务员工作的各项因素或组织外部环境发生变化时，组织的战略目标也可能因此发生变化，绩效指标随之而变。在新公共管理运动中，政府财政压力和市场竞争促进了政府在绩效考评中加入个人效率和服务质量等要素。可见，绩效指标具有一定的变动性。绩效指标的变动性为组织不断推进整体绩效和服务水平提供了理论和现实准备，是对绩效进行管理的有力措施。

以上六项特征既描述了良好绩效指标应该具备的要求，也是对设计绩效指标体系应该遵循的基本原则的概括。

三、政府绩效指标体系的内容

绩效指标是一个量化过程——或给一个程序、项目或其他活动的运作指定一个数目，以此作为标准来测定政府机关为公众提供产品或服务的状况。绩效指标是反映机构、项目、程序或功能如何运作的重要指标，它们能使不确定因素、活动、产品、结果及其对绩效具有重要意义的因素量化。①绩效指标作为绩效评估的衡量标准，不仅能反映出工作任务或目标的完成程度，而且能反映出工作任务或目标完成的过程。因此，建立的绩效指标体系不仅要清楚地表明政府完成了什么工作，而且还要表明政府是怎么完成工作的，完成工作是为了什么。要全面、正确衡量政府绩效，就必须选择多种绩效指标，形成一个完整的绩效指标体系。

政府绩效指标体系的内容是一个完整系统，用于对政府绩效的不同方面、不同角度进行衡量。各个政府的绩效评估指标根据部门自身的具体情况虽然各有不同，但是也存在共通之处。各部门可以在一定绩效指标体系的指导下，根据自己的特点和实际制定自己的指标，既保持特性又能实现数据共享和统一标准，使各个部门的绩效信息都能纳入政府绩效评估体系。

就政府而言，绩效指标体系主要包括四个方面的内容：一是政府预算的绩效指标，二是政府人力资源的绩效指标，三是政府组织和文化的绩效指标，四是政府采购的绩效指标。当然，各个政府的功能、服务对象都有不同，其绩效指标体系的侧重点也有可能不同。

根据美国学者威尔逊的观点，行政组织中人员的工作活动或劳动付出可以视为投入，按照投入是否可测量，再加上行政机构产出是否可测量，可以将行政机构划分成四种类型（见表 3-2）②。

表 3-2　行政机构的四种类型

类型	投入	产出
生产型组织	可测量	可测量
程序型组织	可测量	不可测量
工艺型组织	不可测量	可测量
应付型组织	不可测量	不可测量

① 黄萍. 论政府绩效评估指标体系的构成与选取[J]. 河南省政法管理干部学院学报，2004 (5)：71-75.

② 威尔逊. 美国官僚政治[M]. 张海涛，魏红伟，陈家林，等译. 北京：中国社会科学出版社，1995：427.

表 3-2 根据行政组织投入-产出的能否测量性划分了四种行政机构类型，这对于分析各个政府的绩效指标体系构成具有重要的启示意义。一般来说，政府的绩效指标主要指向两个方向，一是向社会提供公共服务部门的指标；二是政府内部管理的指标。这两者是相互联系的，共同构成了绩效指标体系四个方面的内容。

（一）公共服务部门绩效指标体系的内容

一般来说，公共服务部门绩效指标体系的内容具体包括投入指标、产出指标、效果指标、合适度指标、质量指标等五个方面。

1. 投入指标

投入指标是衡量为实现某一目标而消耗的人力、物力、财力等指标。投入指标包括劳动、材料、设备、供给、资金等。投入指标对于展示提供服务的总成本、提供服务的各种资源、服务的需求是非常重要的。例如，对困难职工进行帮困补助所花费的资金。

2. 产出指标

产出指标是指公共服务部门提供的服务内容或产品数量，反映的是提供服务或生产产品的努力程度。例如，垃圾清理及处理的吨数、绿地的面积等。

3. 效果指标

效果指标是指公共服务供给之后产生的效果，反映的是工作计划完成后条件或环境的改进。这里所讲的“效果”包括短期效果和长期效果。效果指标可以反映政府工作是否达到了原定的目标。例如，参加再就业培训人员在参加培训后就业的人数。

4. 合适度指标

合适度指标反映政府提供的服务与公众需要的契合度，涉及政府与公众的沟通有效性问题。例如，需要进行再就业培训的人数及比率。如果需要进行再就业培训的人很少，那么政府就没有必要进行大范围的培训。

5. 质量指标

质量指标反映公众对公共服务部门提供服务的满意程度，表明政府提供公共服务的态度、使用的方法与手段、管理能力等。具体的质量指标包括确定性、准确度、竞争性、敏捷性等。质量测定主要包括两个方面：一是对合目的性的测定，二是对公众(顾客)满意度的测定。合目的性是指政府工作的效果是否符合开展这项工作的目的。合目的性通过产出的质量和工作程序来衡量。公众满意度是指公众尤其是政府服务的对象对政府工作的效果是否满意。实际上质量与投入、产出、结果、合适度的区别并不是绝对的，因为投入、产出、结果、合适度等方面都暗含着质量指标的某些要素①。质量指标是公共服务部门绩效指标体系构建的新指标，也是现代公共行政学发展的一个重要变化。全面质量管理建立在政府各项质量指标的基础之上，是对政府如何完成工作的综合反映。

(二) 政府内部管理绩效指标体系的内容

政府的内部管理不直接向社会提供产品或服务，其服务对象是政府的其他工作部门。政府绩效管理的特色之一在于要调动政府内部人力资源管理的积极性，通过加强内部管理，提高个人绩效、个人工作积极性及机构工作人员的满意程度，提升政府人力资源的素质。因此，政府内部管理需要建立配套的绩效指标，以便体现政府内部管理的有序性和协调性，使政府内部管理符合不断提供公共服务的要求。就政府内部管理而言，主要体现两个方面内容：一是纪律性，是指政府工作是否符合法律、法规、规章以及各工作部门内部规范等的规定，这是政府工作的硬性规定，也是基本要求；二是合理性，是指政府工作是否妥当、合适，是否合乎理性要求，包括政府投入是否合理、提供服务是否及时、工作程序是否简单、政府内部其他部门是否满意等方面。政府内部管理的指标包括遵守纪律性、投入、时间性、程序改进、内部工作人员满意度等。

1. 遵守纪律性指标

遵守纪律性指标是指部门是否按法律、法规、规章及政府工作部门内部规范的相关规定来完成工作。比如，某政府部门(机构)内部的出勤率、某政府部门(机构)受内部纪律处罚的次数。

2. 投入指标

投入指标是指为完成某项工作所耗费的资源，即政府机关投入的劳动力和时间。例如，制定一个内部规范所需要的人数、时间标准。

---

① 黄萍.论政府绩效评估体系的构成与选取[J].河南省政法管理干部学院学报，2004(5)：71-75.

3. 时间性指标

时间性指标是指能否按照要求或计划规定的时间定期进行服务。例如,人事部门是否按时进行工作人员的业务培训。

4. 程序改进指标

程序改进指标是指工作的程序是否过于复杂,是否导致工作效率不高或工作成本的不经济,是否具有改进的必要。例如,档案的管理程序是否过于复杂。

5. 内部工作人员满意度指标

内部工作人员满意度指标主要指政府内部管理的有效性。例如,内部工作人员对培训是否满意、对薪酬制度的满意程度等。

(三) 我国政府绩效指标体系的内容

公共服务部门和政府内部管理两个方面的指标体系内容构成了一般政府(机构)的绩效指标体系。当然,如果涉及省级及以上的政府绩效指标体系构建,其绩效指标内容可能会显得更为复杂。根据政府绩效测评的一般指标构建情况,可大致将我国政府绩效指标体系的内容分为六个方面[①],见表 3-3。

表 3-3 我国政府绩效指标体系的内容

考核方向	指标内容
国民经济	国内生产总值、人均值及其增长率
	产业结构
	就业率与失业率
人民生活	人均收入及其增长率
	基尼系数
	社会保障实施情况
科教文卫	科技进步
	教育发展
	文化事业
	卫生与防疫

① 倪星,李晓庆. 试论政府绩效评估的价值标准与指标体系[J]. 科技进步与对策,2004(9):7-9.

表 3-3（续）

考核方向	指标内容
生态环境	生态质量
	环境效益
	经济效益
	社会效益
社会治安	重大案件和事故
其他指标	施政成本
	公众满意度

表 3-3 较为简明地概括了我国政府绩效指标体系的内容。当然，这些指标还有待继续量化和细化，不能直接作为绩效考评指标，但毕竟较为全面地概括了我国政府绩效指标的内容，对建立客观、公正、量化、精细的绩效指标体系具有指导性意义。

第二节 政府绩效指标体系设计的原则与步骤

一、西肖尔的组织效能评价标准

美国当代经济学家和社会心理学家西肖尔的学术研究跨越了许多不同领域，他的《组织效能评价标准》在企业管理领域得到很大重视。西肖尔将衡量企业组织效能的各种评价标准及其相互关系组合成一个金字塔形的层次结构，从而使原先处于完全混乱状态的集合体有了逻辑性和秩序。

西肖尔认为，要评价各种衡量标准的相异性和相关性，首先应该根据各种标准的性质、特点和所涉及的时间范围，把不同的标准及其用途加以区分。

（一）目的与手段

一些标准代表的是经营活动的结果或目标（例如高额利润），很接近于组织的正式目的，可根据自身的实现程度予以评价；另一些标准之所以具有价值，主要是因为它们是达到该组织主要目的必不可少的手段或条件（例如经理人员的责任心）。

（二）时间范围

一些标准考察的是过去（例如上年的利润），另一些标准则涉及现在的状况（例如资本净值），还有一些标准是预期未来的（例如计划中的规模增长率）。无论这些标准涉及何种时间范围，在对过去或将来的情况以及对发展变化趋势作出推论时都可能要用到。

（三）长期与短期

一些标准归属于一个较短的时期，另一些标准则归属于一个较长的时期。标准可能适用于衡量比较稳定的经营活动，也可能适用于衡量比较不稳定的经营活动。例如，企业当前的营业和财务统计资料对于企业控制生产或进行会计核算来说是合适的，但是如果用这些资料对企业的经营状况进行评价则价值不大。

（四）硬指标与软指标

有些标准是根据实物和事件的特点、数量或发生的频率来计量的，可以称之为硬指标，例如销售额、次品率等；有些标准则是根据对行为的定性观察或民意测验的结果来衡量的，可以称之为软指标，例如员工是否满意、工作积极性的高低、协作关系的好坏等。

（五）价值判断

有些变量呈线性变化趋势（越多越好），有些变量则呈曲线变化趋势（期望某种最优解）。由此，判断这些变量指标孰优孰劣时，应该与其各自变化的规律和特性相适应。在不能使所有目标同时达到最优的情况下，如何在各个评价指标或变量之间进行权衡、取舍，在相当大的程度上取决于上述曲线的走向和形状。

西肖尔的理论贡献在于提出了“衡量组织经营活动的标准可以组成一个呈金字塔形的层次系统”的思想。

首先，位于金字塔顶端的是最终标准。这些标准反映了有效运用环境资源和机会以达到其长期和正式目标的程度。一般而言，最终标准除非由历史学家得出结论，否则是无法衡量的。最终标准的概念是评价直接衡量组织经营业绩的较次要标准的基础。

其次，位于金字塔中部的是一些中间标准。这些标准是较短期的经营效益影响要素或参数，其内容不超出最终标准的范围，也可以称作结果性标准。中间标准的度量值是企业要追求的成果。企业可以在中间标准之间进行比较、权衡和取舍。将中间标准以某种方式加权组合起来,其总和决定了最终标准的取值。对经营型组织来说,在这一层次上的典型指标或变量通常包括销售额、生产效率、增长率、利润率等,有时还包括行为学方面的软指标,例如职工满意度、用户满意度等。对于非经营型组织来说,这些中间标准可能主要是行为学方面的。

最后,位于金字塔底部的是一些对组织当前的活动进行评价的标准,这些标准是经过理论分析或根据实践经验确定下来的,它们大体上反映了顺利和充分实现上述各项中间标准所必需的前提条件。在这些标准中,有一部分是将一个组织描述成一个系统的变量,有一部分则代表与中间标准相关的分目标、子目标或实现中间标准所必需的手段。属于金字塔底部层次上的标准数目较多,它们形成了一个复杂的关系网络。在这个关系网络中,包括因果关系、互相作用关系、互相修正关系等。其中,有一些标准是根本无法评价的,它们的作用只是减少这个关系网络中的不可控变化。对经营型的组织来说,在这一层次上的硬指标可能包括产品数量、短期利润、生产进度、设备停工时间、加班时间等。这一层次上的软指标可能包括员工士气、企业信誉、内部沟通的有效性、缺勤率、员工流动率、群体内聚力、顾客忠诚等。

西肖尔没有把企业作为一个开放的系统进行考虑,因此他的指标层次体系具有较大的局限性;而且随着战略理论的不断发展,依照企业组织战略方向建立评价体系的可能性变大了。西肖尔提出的对组织效能进行综合评价的层次系统以及评价过程中要有行为学指标等,对管理和评价公共组织具有启发意义。

二、政府绩效指标体系设计的原则

西肖尔的组织绩效评价标准主要针对企业组织,但也为政府绩效指标设计的原则提供了经验借鉴。评估政府绩效是质的标准和量的标准的统一,但根据具体内容的不同各有侧重。评估标准主要有三个方面:一是数量标准,包括投入与产出比率、效益比率、能力比率;二是行为标准,即依据一定的法规、制度、程序和指标等实现的程度来判定行政效能的高低;三是功能标准,行政功能的实现程度,直接关系到社会的进步、经济的繁荣和国家的强盛，行政部门的功能发挥得越好，就意味着效能越高。

（一）目的性原则

考核的基本目的是将企业发展目标分解为组织和个人的具体目标，转化为考核员工的考核指标，并利用考核成绩与薪资、福利、培训及职位调动等相关联的特点，促进和引导员工在实现个人目标及组织目标的前提下满足个人需求。绩效指标形成的基本来源是组织的战略目标。绩效管理本身是组织目标和个人目标付诸实施并进行管理的一种新方式。围绕组织目标，将组织目标分解到个人绩效指标中，这是绩效管理得以提高个人绩效和组织绩效的原因所在。绩效指标设计的原则是围绕政府的战略目标，以确保绩效指标能够体现政府的发展要求；有助于政府组织目标和个人目标的实现；在维护社会稳定、促进社会公平、保障政府人力资源发展的层面上，体现政府绩效指标的目的性和明确的导向性。

（二）客观性原则

在确定考核指标时，尽可能多地采用可以客观量化的数据，避免或减少那些由于考核人对指标的个人理解不同而易产生偏差的指标。例如，同样是"优、良、合格、不合格"等标准，不同的考核人对这些标准的理解会有偏差，对于同一个员工所做的某项相同的工作，甲考核人可能会选择"良"，乙考核人可能会选择"合格"。一般情况下，"投诉率""出勤率""培训率"等指标要比"与公众的沟通能力""服务质量""工作态度"等易于评价，同时也易于让被考核人接受考核结果，并帮助其清晰地了解自身不足和所距标准值的差距。过去，衡量政府绩效时，常以经济效益和社会效益作为标尺，但在实际应用中，经济效益这个标尺常常缺乏相对精确合理的刻度和客观全面的经济核算。例如，谈到政府绩效时总习惯于追求一系列经济指标，片面强调国内生产总值及其增长率，社会效益往往含糊不清，绩效评估也就失去了价值。尽管政府各项指标的客观量化性还存在许多问题，但绩效指标向客观性方向发展则是毋庸置疑的。

（三）公平性原则

公平性原则与客观性原则是紧密联系在一起的。客观性原则要求制定绩效指标时尽量避免评估者的主观因素，从而形成客观公正的评估结果。因此，公平性原则要求制定绩效指标尽量全面、周密、合理、公正，要注意排除那些被考核人无法控制的因素，以保证整个绩效评估结果的公平性和可接受性。同时，相对公平的绩效指标有助于激励公务员为提高绩效而付出主观努力；反之，缺乏客观公正性的绩效指标会导致实际实施效果发生偏差，不利于绩效管理的持久实施。

（四）硬指标与软指标相合的原则

绩效具有多维性，因此，绩效评估指标应既有硬指标，又有软指标。硬指标是指可量化的指标，其中以经济审计为主要内容和评估的主要途径；软指标是指难以具体量化的公众满意度，其中以社会评价为主要内容，评估的主要途径应是中介组织进行的社会调查。

设计一个良好的绩效指标体系除了要考虑上述的三个标准和西肖尔的组织绩效评价标准以外，还可以参考 SMART 原则。SMART 原则来源于企业绩效指标设计，对政府绩效指标体系设计具有一定的借鉴作用。其中，S 代表的是 specific，即明确性，指绩效指标要切中特定的工作目标，适度细化，并要随着情境变化而发生变化。M 代表 measurable，即衡量性，指绩效指标或者是被数量化的，或者是被行为化的，而且验证这些绩效指标的数据或信息是可以获得的。A 代表 attainable，即可实现性，指绩效指标在付出努力的情况下是可以实现的，应避免设立过高或过低的目标。R 代表 relevant，即相关性，指绩效指标应该与工作高度相关，应为实实在在的、可以证明和观察得到的，而非假设的。T 代表 timed，即时限性，是关注效率的一种表现，指在绩效指标中要使用一定的时间单位，即要设定完成这些指标的期限。

三、政府绩效指标体系设计的步骤

设计政府绩效指标体系，大致可以分为工作分析、工作流程分析、初步确定绩效指标、修订绩效指标等四个具体步骤。

（一）工作分析

工作分析即岗位分析，是一种描述和记录关于岗位行为、活动以及工人参数信息的系统方法，也是政府绩效管理的基础之一。根据政府的考核目的，对被考评者的工作内容、性质以及完成这些工作所具备的条件等进行研究和分析，从而了解被考评者在该岗位工作所应达到的目标、采取的工作方式、应承担的责任等,初步确定绩效考评的各项指标。需要指出的是,政府为了提高社会服务水平,可以将顾客看作一种特殊的岗位来进行分析,从而便于了解不同部门该面向怎样的顾客、如何培训顾客、如何提高公民参与的积极性等。

(二)工作流程分析

虽然政府以公众为服务对象、以提供公共服务和公共政策为其主要职能,但是这并不是说政府就不同于企业组织。大量的公共服务部门都和企业组织一样具有一定的工作流程,按照一定的工作流程提供公共服务;即使在政府内部,也不是无章可循的。绩效指标的设计必须认识到工作分析本身也是工作流程的一部分。脱离工作流程,工作分析也就失去了实际意义。应根据被考评者在流程中承担的角色、责任以及同上游、下游之间的关系,来确定衡量其工作的绩效指标。此外,如果流程存在问题,还应对流程进行优化或重组。

(三)初步确定绩效指标

绩效指标的来源主要有三个:一是工作分析对岗位的具体要求;二是政府组织目标的体现;三是被考评者个人意愿和期望的体现。绩效指标要能够体现政府效率、效果、经济、公平等特点。初步确定的绩效指标可以使用图表显示各指标要素的绩效特征,按需要考核程度进行分档。例如,可以按照非考核不可、非常需要考核、需要考核、需要考核程度低、几乎不需要考核等五档对上述指标要素进行评估,然后根据少而精的原则按照不同的权重选取。

(四)修订绩效指标

为了使确定好的指标更趋合理,还应对其进行修订和补充。修订分为两种:一种是考评前修订,即通过专家调查法,将所确定的考评指标提交领导、专家会议及咨询顾问,征求意见,修改、补充、完善绩效指标体系;另一种是考评后修订,根据考评及考评结果应用之后的效果等情况进行修订,使考评指标体系更加理想和完善。政府绩效指标体系设计的步骤见图 3-1。

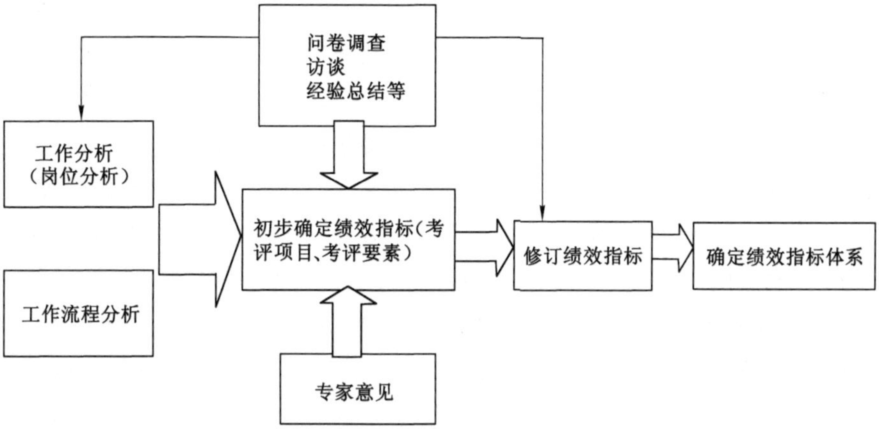

图 3-1　政府绩效指标体系设计的步骤

第三节　政府绩效指标体系的模式

一、美国的"考绩"模式

"考绩"即考评绩效。美国的公务员考评制度是其人事管理的组成部分，在美国公共管理中发挥着极为重要的作用。美国政治学家米拉科维奇和戈登指出，美国人事考评制度的特点为：① 对强有力行政领导关系的追求；② 对政治中立和有力的公共服务的追求；③ 认为公共服务能够反映美国社会组成的特性。从 1789 年美国建立联邦政府起，就开始了人事管理工作，着重对公务员的工作成绩和工作表现进行考核。1887 年，联邦政府开始对公务员实行考绩制度，以文官制度的形式确立了现代公务员制度的基础，其考核内容随着美国政治环境而不断变化并逐步趋向完善。1936 年，美国公务员所用的考绩指标内容包括：工作的整洁与条理、执行任务及命令的依赖性和可靠性、完成工作的速度、工作的精密性、工作适应力及奋发力、执行职务所具备的知识、对事物的判断力、由于个人品格所获得的信仰与敬重、在工作中与人合作的能力、组织能力、领导能力、指挥督察能力、工作的数量、体力等指标。1943 年，美国联邦政府增加了考绩指标的内容。1950 年，美国国会通过的《工作考绩法》内容包括三个方面。一是工作数量主要包括已完成的可以接受的工作份数、尽职的程度、所达到的工作期限、努力的效果、其他涉及时效的因素等。二是工作质量主要包括工作的准确性、工作的表现性和可接受性、工作的美观性、合乎工作规定的程度、在完成工作中所表现的技巧与能力、决定或判断的健全性、其他有关工作质量的努力等。三是工作适应能力，主要包括与主管及同事的合作性、对新工作的学习能力及意愿、遵守法规的能力、适应工作环境的能力等。

为了使功绩考核制能更好地实施，1978 年，美国对《工作考绩法》进行了修改，通过的《文官制度改革法》规定，考核的项目要以每项职务的关键内容和工作成绩为标准，不得把与工作因素无关的内容写入考核内容。1980 年，美国联邦人事管理局发布指示，要求公务员的考核内容按以下方法来确定：① 确定工作因素，例如工作成果、服务质量、工作程序等；② 制定工作标准，例如对所从事的工作应达到的数量、质量、完整性、所用时间等的水准和要求的书面说明，这种标准大致分为五个等级（不满意、最低满意、完全成功、特别成功、特别优秀）；③ 确定决定性因素，从工作标准所列的各因素中指出决定工作成败的、极为重要的若干因素。

美国的文官制度赋予了人事绩效考评不一样的内涵。从 20 世纪 90 年代起，美国联邦政府和地方政府陆续展开了绩效管理改革，使美国人事管理面临着新的变化。从管理人员到公务员，他们的绩效指标和考评内容也随之发生了变化，但传统的“考绩”模式并没有从根本上改变。绩效考评是美国人事管理的重要环节，也是美国文官政治制度及其社会文化的重要体现。通过绩效考评，给管理人员和公务员双方一个正式交换意见的机会并以书面的形式将所交换的意见记录下来，从而对过去的行为表现和彼此对对方将来行为的期望值有正式的记录。本书以美国丹尼森市的绩效考评（见表 3-4 和表 3-5）为例，分析美国绩效指标体系的特点。

通过观察表 3-4 和表 3-5 可以了解到，美国公务员绩效考评的基本内容。不同于我国公务员的政治身份，美国的公务员制度要求公务员不得以公务员的身份参加任何党派活动，在公务活动中不得带有任何政治倾向性。美国的公务员属于雇员性质，同企业组织中的员工一样，是受雇于政府的职员，只是服务对象和工作性质不同。因此，美国的公务员绩效考评制度相对较为独立，更容易吸收企业的绩效考评方式和较为客观中立的绩效指标。诸如判断能力、首创精神、放权、人员配置等绩效指标都具有一定的创新精神和衡量意义，这也构成了美国绩效指标体系模式的特色之一。

表 3-4　管理人员评估表①

评估项目	比重/%	需要改进		达到标准	超过标准	
		1*	2*	3*	4*	5*
1. 人员配置						
2. 领导						
3. 放权						
4. 决策						
5. 同事关系						
6. 政策执行						
7. 首创						
8. 判断能力						
总计	100%					

注：1* 表示与要求有较大差距，表现不可接受。
2* 表示低于工作要求标准，表现需要改进。
3* 表示达到工作要求标准，有能力、有效率，工作完成得很好。
4* 表示高于工作要求标准，表现优良，超过要求限定的范围。
5* 表示大幅度地超过工作要求，表现杰出，有无瑕的工作质量。

表 3-5　职工评估表②

评估项目	比重/%	需要改进		达到标准	超过标准	
		1*	2*	3*	4*	5*
1. 工作知识水平						
2. 工作质量						
3. 工作量						
4. 可靠性与考勤						
5. 首创性						
6. 判断能力						
7. 与其他职工的合作						
8. 与其他职工的关系						
9. 与其他职工配合协作						

① 吴量福. 运作、决策、信息与应急管理：美国地方政府管理实例研究[M]. 天津：天津人民出版社，2004：108-109.

② 同①.

表 3-5（续）

评估项目	比重/%	需要改进		达到标准	超过标准	
10. 工作安全事项						
总计	100%					

注：1" 表示与要求有较大差距，表现不可接受。
2" 表示低于工作要求标准，表现需要改进。
3" 表示达到工作要求标准，有能力、有效率，工作完成得很好。
4" 表示高于工作要求标准，表现优良，超过要求限定的范围。
5" 表示大幅度地超过工作要求，表现杰出，有无瑕的工作质量。

美国公务员绩效指标体系的“考绩”模式是一种完全从企业模式出发，充分考虑公共服务部门的工作特性（包括工作标准、工作要求、人员要求等），按照工作的具体要求来建立人员绩效考评的绩效指标体系，带有较强的企业管理色彩。在政府绩效指标体系构建方面，美国同样继承了这种“考绩”模式，注重政府具体的工作性质和政府的实绩。例如，1993 年美国颁布的《政府绩效与结果法案》，就比较类似于企业战略目标管理的形式，规定了联邦各政府机构的战略目标和相应的绩效指标，并严格按照这些绩效指标和绩效目标进行考评。美国绩效指标体系的“考绩”模式不是按照评估者主观意愿随意评估，也不是设置模糊的绩效指标而是参考了企业组织管理的绩效指标设计形式。通过导向政府实绩的全面绩效指标设计，美国的政府绩效指标体系逐步趋向量化、客观。在一些地方政府中，绩效指标体系的设计更富有企业管理的特点。

二、日本的“勤务评定”模式

日本的公务员制度不同于英美等国的公务员制度，被看作公务员制度发展过程中的一种次生形态。换言之，日本的公务员制度既具有英美等国公务员制度的某些特点，又保持了自身的特色。

公务员绩效考评在日本被称为“勤务评定”。依据日本《国家公务员法》第 72 条的规定，政府机关首长必须对其所属公务员的工作进行定期评定，并根据评定结果采取适当的措施。同时，日本还制定有《国家公务员工作评定规则》《关于工作成绩评定手续与记录的政令》《勤务评定的基本标准》等政策。日本国家公务员的考评有两种：定期考评指的是每年在规定的时间内实施的考评，一般在 6 月份进行；特别考评指的是对处于试用期内的公务员进行的考评。这一考评的结果将决定其是否能够转正。日本公务员绩效考评的内容和指标分别包括：勤务实绩、性格、能力、适应力等四项。① 勤务实绩项包括工作情形、工作速度、工作态度及对部属的统领能力（限于主管人员）等指标。② 性格项分为积极、好辩、沉默、温厚、慎重、从容、性急、偏激、坦白等指标。③ 能力项分为判断力、理解力、创造力、执行力、规划力、注意力、研究力、交涉力、指导力等指标。④ 适应力项分为规划性、研究性、会计性、总务性、审查性、接洽性、计算性、秘书性、例行性等指标。

根据以上四项考评内容，日本公务员考评使用连记评分法、个别评分法、综合评定法、评语法等考评方法，通常形成四等考评结果：A 等为服务成绩超群者；B 等为服务成绩优良者；C 等为服务成绩普通者；D 等为服务成绩低劣者。考评为 A 等或 B 等，且具备与职务相关的性格、能力及适应力者均为优良者，准予特别晋级，缩短晋级时间为三个月到六个月（原相应晋级时间为一年）或一次予以晋升两级；考核为 C 等者，依列晋级（即一年晋一级）；考核为 D 等者，在工作上应予以指导、矫正，或训练、调整工作指派、另调工作单位以增进服务效率，或予以降职或免职。

日本公务员绩效考评是其政府绩效指标体系的一部分，能够较为直观地反映日本当前政府绩效指标体系构建的特点。应该说，日本整个公务员考评体制是一个由传统走向现代的制度，在体制上既保留了原有的一些因素，又根据政府职能演变和管理需求的变化进行了相应的改革。在政府绩效指标体系设计上，同样也是如此。人事制度上的“勤务评定”制度十分注重传统的因素，例如性格项。当然，这些传统因素被纳入绩效指标体系并不是很容易衡量的。诸如积极、好辩、沉默、温厚、慎重、从容、性急、偏激、坦白等指标，不可能依靠客观量化的指标来衡量，主要还是取决于评估者的主观评定。因此，日本在绩效评估方法上采取主观评语法的比较多。

通过对日本公务员绩效指标体系的了解可以发现，这些指标与美国的绩效指标体系有着显著的差异。一方面，日本的“勤务评定”模式注重德绩结合，侧重对公务员精神面貌的考评，有助于加强对公务员服务精神的培养和对政府服务素质的提高；另一方面，这种偏主观的绩效指标体系过多依赖主管人员的主观意识，容易造成不公正或不客观。日本整个人事考评制度构成了日本战后人事行政制度的主要特色，对日本战后的社会经济发展起到了一定的作用。进入20世纪80年代后,日本的行政改革面临着新的冲击,也掀起了日本新一轮行政改革的浪潮。大量放松管制、特殊法人改革、电子政府改革等促进了日本政府向绩效管理的方向逐步变革。政府的绩效指标体系构建,包括日本公务员绩效指标设计逐渐向科学、客观、量化的方向发展。同时,日本保持了自身的绩效考评特色。科学、客观、量化的绩效指标有助于避免主观影响促进公平、公正。当然,偏主观的指标同样需要存在。例如,日本的这些性格项指标,的确存在衡量难度,但对公务员精神面貌、服务精神方面的考评具有一定的积极作用。日本的"勤务评定"模式对我国政府绩效指标体系的构建有借鉴作用。

三、我国政府绩效指标体系的建立

政府在实施绩效管理过程中需要分清楚两个概念:一是组织绩效,二是个人绩效。绩效管理的目标是将组织目标分解到个人目标中,通过科学管理个人绩效来提高个人绩效、团队绩效、组织绩效。绩效管理是对个人绩效、团队绩效和组织绩效的管理,但无论是团队绩效还是组织绩效,其考评的基本点还是个人绩效。前面之所以重点列举美国和日本公务员绩效考评的内容、指标,也是出于这个原因。当然,整个政府绩效指标体系还是需要构建的,包括政府预算的绩效指标、政府人力资源的绩效指标、政府组织和文化的绩效指标及政府采购的绩效指标等。通过构建政府的绩效指标体系,个人的绩效考评才有可能趋向完整。我国传统的政府绩效考评继承了公务员考评的特点,通常从"德""能""勤""绩"等四个方面来考评个人绩效和组织绩效(见表3-6)。

表3-6　我国公务员绩效考评的内容

德	能	勤	绩
事业心	知识总量	出勤率	完成工作的数量指标
奉献精神	分析能力	责任心	完成工作的质量指标
整体精神	决策能力	承担社会工作情况	开拓项目情况
协作精神	组织能力	兼职服务情况	立功、受奖情况
原则性	公关能力	对他人的关心程度	创新精神和贡献大小
组织纪律性	开拓能力		
职业道德	演讲能力		
团结精神	身心健康状况		

随着我国社会经济的发展和行政体制改革的推进，这套评价机制在功能和内容上都受到了考验。尤其在西方国家行政体制改革的冲击下，我国政府走向高效、服务、廉洁的趋势越来越明显。在这种情况下，建立我国政府绩效指标体系、进行全面绩效考评的任务显得更加重要。根据绩效指标设计原则和绩效管理目标，我国政府建立绩效指标体系既要吸收传统的“德”“能”“勤”“绩”考核模式的优点，又要按照绩效管理的要求进行全面的绩效指标体系设计，从而为政府绩效管理实施创造良好的基础。

国内有学者提出并经过一些地方政府实证研究后，初步形成了一个具有一定格式化方法和可操作性的政府绩效评估模型。该模型是由评估维度、评估主体、基本指标、指标要素等组成的多维指标模型（见表 3-7）。

表 3-7　政府绩效评估模型

评估维度	评估主体	基本指标	指标要素
基本建设	综合评估组织	思想建设	学习教育、职业道德、进取意识
		组织建设	班子团结、领导素质、管理规范
		政风建设	遵纪守法、勤政为民、诚实守信
		制度建设	效能建设制度健全、机关内部管理制度健全
	一票否决	社会治安综合治理一票否决	有无社会治安综合治理一票否决问题
		重大责任事故	有无重大责任事故一票否决问题
运作机制	行政相对人	依法行政	公平合理、公平无私、公开透明
		举止文明	仪表端庄、态度和蔼、语言规范
		环境规范	便民措施、服务到位
		务实高效	时限、结果
		程序简明	简单、便捷、明了
	直管领导	班子整体水平	团结协作、廉洁自律、民主决策
		工作质量	化解难题、应对突发、上级表彰
		政令畅通	执行计划、完成临时任务、汇报反馈
		整体形象	内部管理、社会评价
	行政投诉	投诉立案情况	投诉立案次数
		投诉整改情况	投诉整改效果

政府绩效指标体系设计不仅需要参考企业绩效管理的考评指标内容，也需要结合政府的实际情况进行绩效指标设计。

四、我国政府绩效指标体系的现存问题与改进方法

企业的绩效指标体系相对比较容易量化，例如资本积累率、资产负债率、净利润率等。通过直观的数字形式，评估人员能够准确把握绩效情况，并及时进行修正或补充。然而，政府的绩效指标体系由于受行政因素、领导意愿等人为因素及制度因素的影响，设计往往趋向于偏主观。反之，如果将政府所有的绩效信息都加以量化，则会增加信息工作量，浪费大量资源，这已经在绩效管理实践中得到了验证。在实际中，领导的评价作为公务员考评和组织绩效评估的一个组成部分往往起着重要的作用。一方面，上级的评价很少受到挑战；另一方面，公众容易受到上级的影响，这使得考评结果带有浓厚的主观色彩。同时，一些绩效指标缺乏量化，也为领导的主观评价创造了条件。因此，我国政府绩效考评方面的问题既有体制的原因也有管理方式的原因。通过设计合理的绩效指标体系能够从侧面避免由于领导主观因素而造成的影响，从而促进政府绩效管理向着合理、公平、公正、科学的方向发展，进而有助于提高政府高效、廉洁的服务水平。

（一）现有问题

第一，政府绩效指标的客观、量化程度还不够。① 政府的服务对象和工作内容与企业不同。企业具有一定的工作流程、工作内容和工作结果，政府的很多工作内容与服务有关，其工作结果不是可以用简单的数据来表述的。例如，某街道办事处的工作人员某天在某个社区调解矛盾，协调过程可能需要一个小时或者半天时间。对此，很难拿具体标准去衡量这个工作环节，对于这项工作的结果也很难表述。政府的大部分工作内容可能还是需要评语法之类的评估法进行主观评价。② 政府人员对量化的绩效指标可能存在抵触心理。虽然考评指标的细化有助于考评的具体化、详细化、简单化，在一定程度上能做到相对的公平，但是太多太细的量化考核指标易让人员产生紧张感，时间久了会产生厌倦感，最后导致懈怠，甚至蔑视规章制度的存在，直接影响工作的积极性和工作效率。同时，太多太细的考核指标易使工作程序僵化，限制了人员的创造性，人员的能力发展会因此走向片面性与畸形，这与人力资源开发的思想相违背。因此，政府绩效指标的客观、量化程度存在一个内部的逻辑矛盾。

第二，政府绩效指标体系制定过程中很容易受到领导因素的影响。政

府人力资源管理部门长期以来缺乏工作分析，没有形成职务说明书等正规管理制度。同时，基层人员很难准确地表达自己的工作意愿和期望，政府的组织目标也缺乏相互沟通。在这种情况之下，制定出来的绩效指标无法准确反映绩效管理的要求，可能仅仅是领导意志的反映。例如，在确立绩效指标权重的问题上，有的政府部门忽视了政府工作实际的需求及专家的专业意见，可能仅凭领导的主观意见加以划分。

第三，把绩效指标体系的设计仅仅看作政府人力资源管理部门的职责。虽然人力资源管理部门承担绩效管理主体角色有一定的合理性和便利性，但绩效管理并不是人力资源管理，人力资源管理只是绩效管理的一部分内容。由人力资源管理部门来承担绩效管理和绩效指标体系设计主体的角色存在某种片面性，这使绩效管理失去了从组织整体考虑组织未来发展的战略性质，从而使绩效管理无法发挥其战略作用。如果由人力资源管理部门来组织设计绩效指标体系，就容易陷入人力资源管理的误区，将绩效管理等同于人力资源管理。实际上，绩效管理是组织的战略管理，需要从高层到低层的全面协作和沟通。绩效指标体系设计不仅是政府人力资源管理部门的职责，而且需要主管领导支持、全体公务员共同参与制定。

第四，绩效指标体系不统一。一方面，各个政府工作内容不同导致不同部门之间的绩效指标体系没有形成一致性。在西方国家政府建立统一的绩效信息系统也存在技术、资金等方面的障碍，同样我国现阶段也还不具备相应的条件。另一方面，即使在同一部门内部也没有形成统一的绩效指标体系。在绩效指标体系设计过程中，不是按照岗位确定绩效指标，而是依据职位级别确立不同的绩效指标。例如，领导职位，其绩效指标一般相对简单，没有大量客观、量化的数据。这种做法造成了个人绩效等级与其对部门绩效贡献率的不对应。例如，美国丹尼斯市的绩效考评体系仅仅区分了领导和一般职工两类人员的绩效考评。领导和一般职工只是存在工作内容上的差异，这并不是说可以缩减领导绩效指标，而是要求制定不同的绩效指标。领导比一般职工承担着更多的责任。从这个角度看，该绩效指标应该更为复杂和具体，以便真实地衡量绩效。在绩效考评中，由于各种因素的作用致使考评结果不能真实反映被考评者对组织的贡献率是比较普遍的现象。成绩显著的公务员在绩效考评结果中得不到有力的体现，这种状况很容易挫伤公务员的工作积极性。

（二）改进方法

第一，承认政府人力资源管理部门在绩效管理过程中的作用，通过人力资源管理部门大力开展岗位分析工作。绩效指标的第一来源是岗位工作分析，岗位工作分析是人力资源管理部门的职责。做好岗位分析工作，能够奠定绩效指标设计的基础，也能够在一定程度上排除体制、领导意志的干扰，从而形成相对客观、公正的绩效指标。

第二，适当邀请一些中介组织或者专家，请他们对政府绩效指标的设计提出较为中立的意见。这种做法有助于形成客观、公正、量化的绩效指标，使绩效指标体系排除人为因素的影响，也更容易让领导层和基层公务员接受。

第三，公开设计绩效指标体系。如果条件允许，可以通过问卷调查、座谈、个别访谈的形式进行绩效指标设计之前的初步调查。需要明确的是：绩效管理是组织的战略管理，应要求每个部门和每位人员相互沟通、参与，以此来保证绩效指标体系设计得公正、客观。

第四，向社会公开征集绩效指标体系设计的意见。绩效管理是以顾客导向为基础的管理，尤其在绩效考评过程中，公众的意见应成为评议的重要内容。因此，所设计出来的绩效指标应是简单易懂的、能够让公众迅速理解并作出判断的。这就需要政府通过一定的途径向社会公开征集绩效指标体系设计的意见。另外，这种做法还可以了解公众的意愿和需求，进而反映到绩效指标体系设计中。

延伸阅读

从绩效考评到绩效管理，县级政府高质量发展的绩效导向实践

——以杭州区、县（市）综合考评为例

习近平总书记在中国共产党成立94周年前夕会见全国优秀县委书记时强调："郡县治，天下安。在我们党的组织结构和国家政权结构中，县一级处在承上启下的关键环节，是发展经济、保障民生、维护稳定的重要基础，也是干部干事创业、锻炼成长的基本功训练基地。"因此，探索和实现县一级政府绩效考评的科学性、公正性、权威性具有特别重要的意义。党的

十八届三中全会提出了“完善和发展中国特色社会主义制度，推进国家治理体系和治理能力现代化”的全面深化改革总目标。

党的十九大报告指出，我国经济已由高速增长阶段转向高质量发展阶段，正处在转变发展方式、优化经济结构、转换增长动力的攻关期，建设现代化经济体系是跨越关口的迫切要求和我国发展的战略目标。必须坚持质量第一、效益优先。如何让县级政府通过科学有效的绩效考评，在实现总目标和高质量发展的过程中发挥应有的作用？杭州市综合考评在其探索与实践的过程中，以绩效为导向，比较成功地实现了县级政府绩效考评从原来的注重结果到用好过程、从注重评价到强化管理的高质量发展体系的跨越。杭州市政府绩效管理经历了一个不断自我完善和自我发展的历程（见图 3-2）。

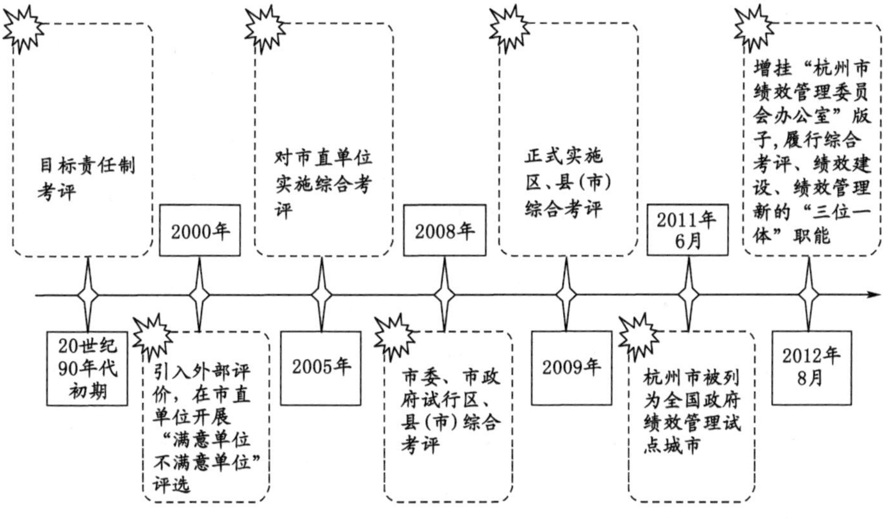

图 3-2　杭州市政府绩效管理自我完善和自我发展历程

十多年来，区、县（市）考评指标体系和方法在实践中得到不断完善。从杭州市区、县（市）绩效考评的演进过程来看，其实是一个内含于杭州市综合考评的探索和实践政府绩效管理工作的一个缩影，一个如何在杭州市综合考评现有的价值理念、基本框架、工作机制的基础上，进一步深化和完善，更好地适应杭州发展要求的过程。

一、考评内容遵循绩效管理基本价值定位——解决从“规模扩张”转

向"结构优化"的高质量发展问题

伍彬在《政府绩效管理:理论与实践的双重变奏》中指出,政府绩效管理具有工具价值和理念价值,理念价值通过工具价值得以实现,工具价值因理念价值的注入得以升华,这是政府绩效管理价值的双重性。杭州市区、县(市)绩效考评"考什么",取决于政府绩效管理的基本价值定位。

杭州市区、县(市)综合考评指标体系(见表3-8),既突出共性要求,实行一条线排名,体现综合考评的全局性、整体性,又注重地区的差异性和个性化发展,具体指向更为鲜明,较好地体现了高质量发展的有关要求。

表3-8 杭州市区、县(市)综合考评指标体系

<table>
<tr><th>考评维度</th><th colspan="2">考评指标内容</th><th>分值</th><th>合计</th></tr>
<tr><td rowspan="6">目标考评</td><td rowspan="4">发展指标</td><td>经济建设</td><td rowspan="4">30分</td><td rowspan="4">30分</td></tr>
<tr><td>社会管理和公共服务</td></tr>
<tr><td>发展潜力</td></tr>
<tr><td>个性化指标</td></tr>
<tr><td rowspan="2">工作目标</td><td>重要工作目标:市委、市政府确定的涉及区、县(市)的重点目标任务,包括市委、市政府与各区、县(市)以签订责任状形式明确的一些工作任务,需要区、县(市)完成的年度重要工作及其他专项目标任务</td><td>25分</td><td rowspan="2">35分</td></tr>
<tr><td>共性目标:各区、县(市)机关自身建设及其他具有共性特征的工作目标任务,包括领导班子建设、党风廉政建设、机关效能建设、社会评价意见整改和信息督查及目标管理等</td><td>10分</td></tr>
<tr><td>领导考评</td><td colspan="2">综合评定各区、县(市)领导班子的领导力、执行力、协作力、创新力和总体工作业绩</td><td>5分</td><td>5分</td></tr>
<tr><td>社会评价</td><td colspan="2">总体评价各区、县(市)党委和政府在经济建设、社会管理、公共服务、依法行政及自身建设等方面的工作业绩和社会效果</td><td>30分</td><td>30分</td></tr>
<tr><td>特色创新</td><td colspan="2">对各区、县(市)在经济建设、社会管理、公共服务、政治民主、行政改革、党的建设等方面具有地方特色和推广价值的改革与创新举措实施绩效考评</td><td>5分</td><td>5分
(加分)</td></tr>
</table>

(一)在制度设计上,体现"对上负责"与"对下负责"的有效结合

在政府绩效管理的发展历程中,杭州市通过一系列的制度变革和组织创新,不断探索符合地方实际的政府绩效管理之路,较早地确立了综合考评"创一流业绩、让人民满意"的宗旨。"创一流业绩"强调的是高质量的"绩","让人民满意"强调的是"效","绩"和"效"是一个统一体,体现对上负

责与对下负责、内部考核与外部评价的有效结合。杭州市区、县(市)综合考评设置社会评价、目标考核、领导考评和特色创新等四个维度,既有"对上"的领导评价和组织内部的工作目标考核,也有"对下"的以公众为主体的满意度评价,还有采取第三方评估方式的创新项目。这些与习近平总书记提出的"共产党人的政绩……就是解决群众最关心、最迫切需要解决的问题"是一致的,其中"创一流业绩"是工具理性的表现,"让人民满意"是价值理性的表现。杭州市区、县(市)绩效考评的实践正是通过"创一流业绩"的工具理性,实现"让人民满意"的价值理性。

(二)在导向引领上,体现突出重点和注重绩效的有效结合

1. 战略导向

战略导向,就是以科学发展观为统领,聚焦中央重大战略部署,以贯彻落实省、市战略决策为着力点,将市委、市政府提出的战略目标和重大决策作为区、县(市)年度工作任务的重点,以战略目标的实现程度、推进力度作为衡量各地工作的基本尺度。在实践操作中,按照"四个全面"新发展理念的要求,除了大幅削减一般性工作目标的数量,突出中央、省、市的重点工作任务以外,在区、县(市)发展指标中设置经济建设、社会管理和公共服务、发展潜力三个维度的指标内容,增强不同时期中心工作和重点工作的延续性与关联度,推动各地既抓好当前急需解决的重点工作,又做好长远规划,把实现阶段性目标与长远发展目标有机结合起来。

2. 公民导向

党的十九大报告明确指出:"扩大人民有序政治参与,……完善基层民主制度,保障人民知情权、参与权、表达权、监督权。"公民导向即以"让人民评判、让人民满意"为综合考评的核心价值观,把解决群众关注的热点、难点问题作为各地工作的根本出发点和落脚点,把群众满意度作为检验各地工作好坏的根本标准。在杭州市区、县(市)综合考评中,以群众为主体的社会评价占整个考评体系权重的30%(样本构成见表3-9),确保了各个层面的社会评价主体能够在制度和实践中得到落实。除此之外,区、县(市)政府绩效管理积极创设群众利益表达的渠道,通过网上年度社会评价、服务对象即时评价(特色创新满意度测评)、第三方评估(特色创新绩效评估)、"公述民评"电视问政(关联城区)等,致力于群众参与的制度化建设。

表 3-9　杭州市区、县(市)综合考评社会评价样本构成

序号	样本来源	所占权重
①	市民代表(按照各地情况确定城镇人口与农业人口的比例)	40%
②	各级党代表、人大代表、政协委员及老干部代表	25%
③	企业代表	15%
④	部委办局和街道(乡镇)代表	10%
⑤	社区居委会(行政村村委会)代表	10%
合　计		100%

3. 职责导向

职责导向，即重视各地履行职责和完成目标的过程与结果，正确评价各地的工作实绩。杭州市区、县(市)政府绩效管理注重绩效理念在工作中的应用，逐步扩大绩效评估的范围，在特色创新目标绩效评估的基础上，对涉及区、县(市)的为民办实事项目实行专项社会评价，并探索建立特色创新目标“追溯考核”制度；对各类目标实行动态绩效跟踪管理，定期通报重要目标进展情况；坚持问题导向，实行区、县(市)和市直单位重要指标关联考核等。这一系列新举措，改变了传统考核年底“一锤定音”的做法，实现了目标考核精细化、过程化、科学化管理，推动政府整体绩效持续提升。

4. 创新导向

创新导向，即开展特色创新目标绩效考评，营造创新氛围，培育创新精神，鼓励各地在理念思路、体制机制、方法手段上不断探索，勇于创新，着力解决工作中遇到的突出矛盾和深层次问题，推进政府治理体系和治理能力的现代化。在实践操作中，大量的区、县(市)创新项目的实施，引起了政府媒体、国内外专家的关注和肯定。区、县(市)政府创新的常态化运行，为社会创新和企业创新营造了良好的服务环境。

(三) 在方法运用上，体现分类指导和个性发展的有效结合

全国各地在运用绩效考评的过程中，基于地区差异和资源禀赋等问题，往往根据不同标准采取显性的分类考核办法，杭州市区、县(市)综合考评使用的是隐性分类考核。

1. 设置差别指标

例如，在发展指标中，工业强区以及县(市)继续按照省经济责任制考核内容设置“工业增加值”等发展指标，而老城区随着“退二进三”等战略的

实施,不再考核工业相关指标,改为设置服务业相关指标;同样,工作目标中也相应对耕地面积占比较大的县(市)考核“粮食安全生产”,而作为杭州市创建国家生态园林城市的重要工作内容的“城区绿化工作”则主要以考核老城区为主。据不完全统计,目前杭州市区、县(市)有33%左右的发展指标是差异性发展指标。

2. 设置差别权重

在重要工作目标当中,以2017年度的区、县(市)生态文明建设(“美丽杭州”建设)专项目标考核为例,根据浙江省主体功能区布局,作为“国家优化开发区域”以及“省级重点开发区块”的9个城区的该专项考核目标折合分值权重为1.25分;作为“省级生态经济地区”的桐庐县、临安区、建德市该专项考核目标折合分值权重则为1.5～2.5分;而作为“国家和省级重点生态功能区”的淳安县为6分。相应地,发展指标中的“环境质量综合评价指数”也按此分类分别按综合考评最终成绩的2.7分、3分和6分进行折算。

3. 增设个性化指标

为促进区、县(市)转型升级、创新发展,杭州市2014年开始在区、县(市)综合考评中增设了一批可以客观反映各地发展优势、发展导向和发展重点的个性化指标。比如,服务业大区下城区增设了“服务业增加值占GDP比重”指标、钱江新城所在地江干区增设了“楼宇经常性税收占比”指标、高新区滨江区增设了“规上工业土地使用效率”指标、省工业强区萧山区增设了“规上工业企业战略性新兴产业增加值”指标、阿里巴巴所在区余杭区增设了“信息软件业增加值”指标、“中国快递之乡”桐庐县增设了“智慧物流产业增加值”指标、杭州新区富阳区增设了“富春硅谷—银湖科技城年产值”指标等,均具有一定的代表性,有力地助推了区、县(市)特色产业的发展。

4. 运用功效系数法

功效系数法是根据多目标规划原理,通过功效函数转化为可以度量计分的方法,采取纵向“自己与自己比”形成发展指数,横向“自己与全市总量或平均水平比”形成贡献指数,两项指数各按50%加权后进行综合评估并计算得分。这一方法可以充分反映各地的发展状况和地区差异,兼顾了增长速度和规模水平之间的平衡,能够缩小政府绩效指标值相差较大情况下的误差，同时也避免了下达指标中常用的基数法、分摊法等导致的矛盾。

5. 对“美丽杭州”实验区淳安县实施单列考评

党的十八大把生态文明建设纳入“五位一体”的总体布局，明确建设美丽中国的战略目标，2013 年 7 月，杭州市正式作出建设“美丽杭州”的战略决策，并将淳安列为实验区，在生态文明建设上先行探索。相应的，淳安县在保持综合考评体系完整性的基础上，按照加强主体功能区建设这一思路，突出“美丽杭州”实验区实行单列考评，取消了工业经济、固定资产投资、招商引资等相关指标考评，把加强生态保护、发展生态经济、改善保障民生等作为考评的核心内容。习近平总书记曾经指出“要科学制定干部政绩的考核评价指标……各地的实际情况不同，衡量政绩的要求和侧重点也应有所不同。要看 GDP，但不能唯 GDP。”“美丽杭州”实验区淳安县单列考评指标的设置，正是引导淳安县以更多的精力和财力开展生态保护和社会建设工作，保护青山绿水，努力建成“绿水青山就是金山银山”的实验样本。

二、考评方法追求透明公开的阳光考评机制——解决从“要素驱动”转向“机制驱动”的高质量发展问题

杭州市区、县(市)综合考评以推进政府治理体系现代化为目标，通过积极营造公平、公正、公开的竞争环境，将实践中总结提炼的好做法、好经验制度化、程序化，统筹城乡发展、统筹区域发展、统筹经济社会发展、统筹人与自然和谐发展，引领各级政府把工作重心真正转移到为市场主体服务和创造良好发展环境上来，不断提升政府高质量发展能力。

(一) 突出透明考评，体现公平公正

第一，坚持内容公开。一方面，杭州市区、县(市)综合考评的绩效目标及相关考核办法向考评对象公开，未经同意，市直相关牵头单位不得任意调整考评目标、考评范围和考评办法；另一方面区、县(市)社会考评重点整改目标的年初制定情况、责任分解情况和年底整改情况均需要在当地媒体上公示，向社会公开。

第二，注重过程公开。每月向区、县(市)印发“综合考评重点工作进展情况通报”，对重点工作进行跟踪和服务，便于区、县(市)掌握日常工作进度和横向比较。

第三，考核复评公开。市直专项牵头单位提交区、县(市)的年终初步

考评结果后，所有考评结果向区、县（市）定向公开并由区、县（市）进行复核。

第四，评估过程公开。在特色创新专家绩效评估会场同步音视频，设立专家绩效评估会观摩室，向所有区、县（市）领导及考评办开放，考评对象可以全程观摩所有区、县（市）的陈述、专家提问、专家点评、当场亮分的整个过程。

第五，考评结果公开。综合考评结果公布后，由考评办领导带队，从纵向和横向两个维度向区、县（市）主要领导逐项反馈综合考评结果。

（二）加强考评管理，落实基层减负治理

1. 精简考评项目

在当前政府管理手段相对减少的情况下，考评权日益成为各部门争取的一项重要资源，为避免考评资源碎片化、部门化，防止考评权的滥用和相互交易，杭州市对考评权的配置实施统筹管理，严格控制。根据杭州市委、市政府有关文件规定，所有以市委、市政府或者以两办名义印发的文件，凡涉及各类考评的，均需要由市考评办提出相关审核意见。市考评办审核考核项目的过程中，建立了实行总量控制、准入许可、审核报备、持证考核、绩效评估、退出机制等一系列严格的管理制度，切实加强考评项目的管理。

2. 控制年终考评数量

为破解区、县（市）年终迎检忙的难题，市考评办按照遇事简便，减轻基层负担的原则，对纳入综合考评的专项考评目标和未纳入综合考评的单项考核，进一步突出重点、加强整合，严格控制市直单位到区、县（市）检查的数量，实行年终集中统一检查考评，不允许擅自组织检查考评。以2016年为例，根据当年市直牵头单位申报，要求年终组织涉及区、县（市）的各类年终检查考评项目共30项之多，但是经过审核协调，当年的集中检查项目最终压缩到5项左右，同时每个区、县（市）的集中检查考评时间全部控制在1天之内。2016年年终集中检查考评时，专门增设了对市直单位涉及区、县（市）的检查考评进行规范性检查的内容，确保加强市直单位各类考评管理的制度落实到位。

3. 规范年终检查考评

年终考评坚持“四个统一”（统一组织、统一步调、统一标准、统一规程），各考评组采取集中听取汇报、分头查看台账、召开不记名座谈会、现场实地察看、重点抽查等方式进行，既有压缩集中汇报时间(每个区、县、市汇报时间不超过30分钟)，避免牵涉区、县(市)领导过多时间和精力的要求，又有封闭式不记名与“两代表一委员”、老干部代表座谈了解区、县(市)工作实际绩效的内容，较为真实全面地了解各地工作目标任务的实际完成情况。

三、绩效考评结果重“绩”更要重“效”——解决单纯从“考出结果”转向“绩效管理”的高质量发展问题

开展综合考评是杭州市加强政府自身建设的一项制度创新。在实践中，以“创一流业绩、让人民满意”为宗旨，坚持“让人民评判、让人民满意”的核心价值观，有效把“开放、民主、责任、绩效”的价值理念融入制度设计和具体实践，实现从绩效考评到绩效管理，有效地助推了区、县(市)的高质量发展。

(一) 以绩效公开传递公信力

公布年度综合考评结果是绩效反馈的重要一环，是政府绩效管理工作公开透明、更具公信力的体现。杭州市区、县(市)综合考评根据绩效考评结果进行结果评定之后，按12个区、县(市)得分高低进行排序(淳安县单列)，超过年初设定的优良达标线(85分)且未有“一票否决”事项，排名前3名的确定为优秀等次，其他确定为良好等次。淳安县由于单列考评，其优良等次参考省分组考评情况确定，在省分组考评的26个县(市、区)中组内排名位居前3名、综合考评得分在优良线以上且无“一票否决”事项的，可确定为优秀等次。区、县(市)年度综合考评结果每年依托《杭州日报》、杭州市人民政府门户网站等渠道，公开发布年度综合考评结果，供公众查阅了解，对考评结果实行绩效公开，有效地向考评对象和社会传递了公信力。

(二) 以绩效奖惩构建压力和动力并存机制

绩效奖惩是传导压力和动力的重要机制之一。2016年1月1日开始正式施行的《杭州市绩效管理条例》对绩效奖惩进一步作出了明确的规定。① 绩效评估结果作为政策调整、预算管理、编制管理、奖励惩戒、领导人员职务升降任免等方面的重要依据。② 对绩效评估结果合格以上的单位，按照有关规定进行奖励。③ 对绩效评估结果不合格的单位给予通报批评，对直接负责的主管人员和其他直接责任人员，取消当年或者次年度评优评先资格；对连续两年绩效评估结果不合格的单位，除按照上述规定外，

对直接负责的主管人员和其他直接责任人员一年内不得晋升职务;对连续三年以上绩效评估结果不合格的单位,除了按照上述两种情况规定外,对直接负责的主管人员和其他直接责任人员予以调离岗位、降职、免职、解聘或者辞退。在实际操作过程中,通过设置综合考评奖、创新奖、综合考评重点工作单项奖等进行物质和精神奖惩,从而形成了压力和动力并存的机制。

(三)以绩效分析强化绩效治理诊断

绩效分析是有效运用并进一步放大结果为导向的绩效考评效用的重要基础,从实践来看,高质量的绩效分析对政治绩效治理诊断将起到至关重要的作用。年度综合考评结束后,杭州市考评办均组织力量梳理分析并形成了分区、县(市)的综合考评绩效分析报告,从目标考核(包括发展指标和工作目标)、领导考评、社会评价、特色创新等四个维度做全面分析。发展指标考核情况,按经济发展、社会管理和公共服务、发展潜力、个性化指标等四个板块进行分析,从纵向比较和横向比较两个角度,对所有发展指标,包括差别指标和差别权重,12 个区县(市)各含 2 项个性化指标,淳安县指标体系单列,共为 15 项,进行全面比较,列出若干对绩效考评结果影响较大的优势和弱势指标。目标考核情况包括"深化改革""平安创建""五水共治""创新发展""社会评价意见整改"等在内的重点工作,按适用范围分为全市通用和分组考核,直观反映各地相关工作在全市所处的工作水平。领导考评情况,包括领导力、执行力、协作力、创新力和总体工作业绩等 5 项指标的打分情况。

在满意度测评上,结合全市的平均水平,一方面针对各地 16 项评价内容(淳安县共 19 项)的满意度情况进行了综合分析比较,主要包括满意度测评和意见征集两方面内容。在满意度测评方面,在对各区、县(市)总体情况进行分析的基础上,对各地 16 项评价内容(淳安县共 19 项)的满意度情况进行了分项分析,并与全市评价内容的平均水平进行了比较。另一方面,从 5 个参评代表层面对不同区、县(市)满意度测评情况进行分析,通过图表数据直观显示各层面对政府工作的满意情况。

在意见征集方面,主要从意见来源和意见类型两个方面进行分析,并对意见较为集中的问题进行归纳整理。特色创新绩效评估情况,综合专家评估和满意度测评征集到的意见建议,着重从优化完善区、县(市)创新项目角度提出意见建议。区、县(市)普遍认为,绩效分析报告比较直观翔实地反映了各地相关工作的水平,便于区、县(市)找短板,明方向,已经成为各地每年工作一个很好的“体检表”。

(四)以绩效反馈沟通实现考评的双向动态优化

绩效反馈沟通作为绩效管理的第一要素,贯穿绩效管理的各个环节。由于绩效反馈沟通主要着力破解考评反映出的问题以及考评机制本身存在的问题,就绩效考评双方而言,开展实质性的绩效反馈沟通,对更好地服务于后一阶段绩效改善和提高无疑意义重大。每年年度综合考评完成后,杭州市考评办都会在主要负责人带队下,赴各个区、县(市)组织专题绩效反馈沟通,向当地党政主要领导通报年度绩效考评的具体情况,介绍下一步调整完善综合考评的工作思路,听取进一步完善区、县(市)综合考评的意见和建议。

绩效反馈沟通一方面有利于引导各地区正确对待、加强运用综合考评结果,全面分析各个维度、各项考评指标的得失,积极查找工作中的短板和薄弱环节,更好地发挥自身优势,扬长补短,协调发展;另一方面也督促了各地区围绕中心、把握重点,结合新的调整和变化,进一步创新工作理念思路、体制机制、方法手段,运用好综合考评平台,借势发力,扎实推进各项工作。绩效反馈沟通结束之后,市考评办还将各地普遍反映的问题纳入综合考评优化完善的内容,并将市级层面问题整理后形成专报,上报市委、市政府主要领导和分管领导,供市领导决策参考。

(五)以绩效整改推进绩效管理闭环运行

基于年度考评基础上的绩效反馈沟通,清晰有效地传导了绩效整改的方向和重点,绩效整改的推进成了绩效管理闭环的最后一个重要环节。在此基础上,杭州市各区、县(市)形成了三个层面的绩效整改机制:一是区、县(市)常委会或考评委会开展本级绩效分析研究;二是通过召开区、县(市)考评大会传导绩效责任和整改要求;三是区、县(市)部门和乡镇街道开展细分的绩效整改与绩效推进。三个层面的绩效整改机制,重新诠释了绩效考评的综合性。除此之外,杭州市区、县(市)综合考评还通过社会评价意见整改、日常绩效信息、绩效通报形成绩效整改机制,通过赋予公众话语权,让公众进行满意度评价,并对政府工作提出意见和建议,形成评价机制;将收集到的社会评价意见进行梳理后下达给相应的责任单位,责任单位制订整改计划、明确整改目标、确定整改重点，形成意见整改机制；社会评价意见重点整改目标及整改情况在媒体上进行公示，要求责任单位就整改工作向社会作出承诺，并请公众对整改情况进行监督，形成反馈机制。

四、县级政府绩效考评高质量发展需要进一步研究的问题

（一）“潜绩”和“显绩”的关系问题

改革开放客观上要求政府加快职能转变，加大改革力度，进一步简政放权，创新治理方式，提升政府绩效。但是由于竞争压力下“政绩焦虑”的存在，有些地方政府绩效还停留在重数量轻质量、重速度轻效益、重“显绩”轻“潜绩”上。2005年习近平同志在《“潜绩”与“显绩”》中指出：“如何认识‘潜绩’与‘显绩’……‘潜’是‘显’的基础，‘显’是‘潜’的后果，后人的工作总是建立在前人基础之上的……”习近平总书记的“潜绩”和“显绩”理论为当前的高质量发展和如何正确处理“潜绩”和“显绩”的关系问题指明了方向。尤其需要关注：当经济增长、社会稳定等压力与绩效管理的理念和要求发生冲突时，绩效管理注重质量、效益、成本、满意度等的价值理念，很容易为速度、数量、规模等传统政绩观所左右。特别是在经济下行压力增大，保增长、保稳定的主题再次凸显的现实下，发展方式的“路径依赖”某种程度上很容易使绩效管理机制难以全面、正常地发挥作用，陷入左右为难的尴尬境地。

（二）共性和个性的关系问题

一是区、县（市）的区域差异导致难以形成统一的评价标准。由于不同地区的实际情况和工作特点差异性大，给考评制度设计带来了难度。二是社会评价中的信息不对称问题。一方面，现代社会分工形成的知识和信息上的局限加剧了评价过程中知识不对称和信息不对称的问题；另一方面，区、县（市）社会评价采取的是不同的人评价不同的政府，横向比较的可比性需要进一步研究深化。

（三）正向激励与负向激励的关系问题

绩效考评具有正向和负向的双重激励功能。从管理的角度而言，只有奖励没有惩罚的激励机制会因为缺乏压力而懈怠，而过度地运用负向激励也会引发消极怠工和不作为。在全面从严治党、各种问责机制日益健全的新形势下，要实现可持续发展，除了保持适度的压力外，还需要在政策规定允许的范围内，积极地用好正向激励。2016年，国务院下发了《国务院关

于激发重点群体活力带动城乡居民增收的实施意见》，明确要“完善绩效考核制度，将激励与考核挂钩”，提出“健全差别化激励机制……赋予地方一定的考核奖励分配权，重点向基层一线人员和业绩突出人员倾斜”。这为进一步用好绩效考评的激励机制提供了重要依据和方向，值得进一步研究把握。

（资料来源 王建辉：《从绩效考评到绩效管理 县级政府高质量发展的绩效导向实践——以杭州区、县（市）综合考评为例》，载人民论坛网 2018 年 4 月 26 日，http://www.rmlt.com.cn/2018/0426/517719.shtml。收入本书时有改动）

思考题：

1. 杭州政府绩效管理的高质量发展体现在何处？

2. 杭州政府绩效管理对政府绩效评价指标设计与开发对其他地区有何启示？

第四章 政府绩效评估体系

CHAPTER 4

教学重点

政府绩效评估的内涵与功能，政府绩效评估体系与流程，政府绩效评估体系的设计。

教学难点

政府绩效评估体系设计的方法。

学习建议

政府绩效评估作为政府绩效管理的关键环节和提高政府绩效的有效途径，现已成为各国政府绩效管理研究、创新的热点和难点话题。本章学习的重点包括政府绩效评估的内涵、功能、类型以及政府绩效评估体系设计的方法，理解绩效评估是绩效管理的中心环节。

第一节 政府绩效评估的内涵与功能

一、政府绩效评估的内涵与特征

"评估"表示评议估计、评价。与"评估"相近的两个词语评定（经过评判或审核来决定）和评议（经过商讨而评定）皆为评估所采用的方式和途径。与绩效评估相关的英文词语主要有 evaluate、estimate、appraise、assess、rate 等，evaluate 表示对事物价值进行准确的估计和计算；estimate 侧重于估计，指凭借主观判断作出粗略的估价，失误在所难免；appraise 表示判断或鉴定事物的质量、价值等状况；assess 多用于对财产等进行估价（以作为征税根据）；rate 侧重于以某一标准为参照而进行的评定，含有等级评定的意味。由此可知，evaluate 较符合“绩效评估”的语义要求。

综上所述，政府绩效评估是指对政府组织在积极履行公共责任的过程中获得的公共产出所进行的评审界定。需要指出的是，定义中的“过程”需要建立在内部管理与外部效应、数量与质量、经济因素与伦理政治因素、刚性规范与柔性机制相统一的基础上。

（1）从内容方面看，政府绩效评估是一个综合性的范畴。一般认为，绩效评估内容包括经济测定、效率测定、效益测定等三个方面。此外，绩效评估还包括责任、公正、企业家精神、卓越等内容。由于政府的特性以及技术上的困境等因素，目前实践中的绩效评估主要是围绕经济测定、效率测定和效益测定三个方面开展的。其中，经济测定涉及输入资源的成本，例如学校里每个学生的成本，或每个住户用于垃圾收集的成本。效率测定关注的是输入与产出间的比率关系，是对组织过程的评价。效益测定涉及组织目标的实现。效益测定中的效益标准又可以划分为产出标准和效果标准。产出标准是针对组织提供的服务而言的，例如学校的考试成绩；效果标准是针对长期目标而言的，例如死亡率、失业率等。

（2）从要素方面看，政府绩效评估是一个完整的系统。作为一项系统工程，绩效评估系统包括确定目标、拟定评估指标、选择评估方法、安排适当的评估时间和评估步骤、调配资源、识别管理哲学或管理文化等内容。一个有效的绩效评估系统应该包括以下要素：① 一系列绩效标准，这些绩效标准能满足组织不同层次的需要；② 能抓住绩效的效率、效益维度的实质；③ 能提供用以保持绩效的不同维度之间的协调方法；④ 将定量与定性方法相结合；⑤ 拥有把评估看作前进的、发展过程的管理哲学；⑥ 明确评估标准，以免被管理者人为操纵。

（3）从程序方面看，政府绩效评估是一个动态的过程。从一般意义上来说，作为一个过程，绩效评估包括确定绩效目标、架构绩效指标体系、收集资料和评估绩效等一整套操作程序。在实践中，由于绩效评估侧重点的变化，人们对绩效评估过程的界定有时也会发生相应的变化。例如，英国的政府绩效评估过程由四个环节组成：① 确定绩效；② 设置目标和监督取得的成就；③ 挑选那些未达到预期目标的区域来开展评审；④ 依据评审过程采取行动。随着质量、效益和使用者意见反馈日益成为政府绩效评估中的核心问题，英国审计委员会在 1989 年又将绩效评估过程重新修改为以下四个环节：① 评估绩效；② 评价效益和质量；③ 监督和报告；④ 改进绩效。

二、政府绩效评估的功能

政府绩效评估作为绩效管理的中心环节对政府绩效管理以及政府自身都起着重要作用。

（一）对绩效管理具有基础性作用

从绩效评估在绩效管理中的地位和作用来看，绩效评估对绩效管理具有基础性作用。

（1）绩效评估是绩效管理的中心环节，起承上启下的作用。绩效管理的目标是提升组织和个人绩效，通过对绩效进行科学有效的管理，提高人员的工作积极性，进而提高组织效率和服务水平。因此，绩效管理需要建立一套机制来衡量绩效，通过衡量机制来提高人员的工作积极性，并以这套机制作为奖惩、晋升、培训的依据。绩效管理只有通过科学合理的绩效评估才能实现管理绩效、提高人员绩效和服务水平的目标。同时，绩效评估也是绩效管理实现预期目标的重要操作机制。绩效评估的理念、原则及其有效性直接影响到绩效管理实施的进程。例如，某个部门计划实施绩效管理，事先已做了充分的准备，包括信息收集、组织动员、预实施等。但在实际绩效管理过程中，因其绩效评估工作缺乏合理性和科学性，出现了诸如评估人员不客观、评估指标不恰当、评估结果与奖惩不挂钩等现象。在接下来的环节中，绩效评估的结果及其有效性就受到了怀疑，受评人员对绩效管理逐渐产生抵触情绪，从而影响到绩效管理的进一步实施，绩效管理也就达不到激励员工、提高组织绩效和服务水平的目的。可见，绩效评估是绩效管理的中心环节，起着承上启下的作用。它既是绩效管理的基础工程，是绩效管理顺利实施的中心步骤，也是绩效管理后续工作得以完成的前提。正是在这个意义上，绩效评估得以成为绩效管理实施中最受关注和研究最多的对象，也是目前绩效管理研究和实践较为深入的一个领域。

(2) 绩效评估凸显绩效管理的价值取向[①]。绩效管理源于现代企业管理应对信息技术变化和激烈市场竞争的需要，体现出了现代企业的服务意识和竞争观念。政府绩效管理的价值取向与企业管理虽有相似之处，例如市场取向、社会取向、分权取向等，但其最根本的价值取向是服务取向。这不仅是市场竞争的需求，也反映了政府公共服务的本质属性。传统行政管理以过程为中心，以权力行政、命令行政为特征，追求内部管理效率，重点在于管制取向。绩效管理的引入为政府行政管理理念带来了新变化。把公众当成顾客，强调服务和顾客至上的管理理念，以顾客为中心、以顾客需求为导向，增强了政府对公众需求的回应力和对管理活动产出、效率与服务质量的重视。绩效管理如何体现这种服务价值取向呢？绩效评估赋予了绩效管理体现服务价值取向的能力。通过设定绩效指标、公众参与评估等方式，政府绩效管理逐步体现出按照顾客的要求提供服务、让顾客作出选择的原则和做法。

（二）政府内部管理的重要机制

从绩效评估对政府自身管理及组织目标实现的角度看，绩效评估是政府内部管理的重要机制，具有以下三种功能。

(1) 绩效评估为政府管理提供了控制机制。绩效管理通过预先设定绩效目标，再根据绩效评估发现绩效管理实施过程中的问题，从而调整目标、整合资源、改进工作措施等。绩效评估为政府管理提供了一套相对严格、规范的控制机制。不同于传统的官僚管理，绩效评估提供了一套科学的绩效指标体系，并按照既定目标和实际绩效的差异评估结果作为奖惩、晋升及培训的依据。如果发现绩效管理实施过程或者具体管理过程中存在问题，可以通过评估及时纠正错误，使之导向组织目标所要求的方向。同时，绩效评估也能准确反映人员的工作状况和精神面貌，以便形成有效的激励机制和奖惩机制。绩效评估为政府管理提供了一套科学的控制机制和反馈机制，使政府管理者能够随时掌握绩效信息情况和组织目标的实现进度，有利于管理者作出正确决策。

---

① 卓越.公共部门绩效评估[M].北京：中国人民大学出版社，2004：18.

（2）绩效评估为政府管理提供了监督机制。绩效评估起到了监督政府行为的作用。一般情况下，政府绩效评估的主体可设定为四类：① 评估对象的直管领导；② 公民或者行政相对人；③ 综合评估组织；④ 其他评估主体，例如评估对象自身、专门机构等。对绩效评估主体的归类有助于我们了解绩效评估的监督作用。绩效评估的主体是多样的，这也为公民和社会团体参与评估创造了条件，从而有助于对政府管理实施有效的监督。政府是一国之内拥有垄断强制力的组织。一般情况下，拥有垄断强制力的政府组织其行为的制约因素相对于一国之内任何其他形式的组织来说都要少。在这种优势地位下，若要保证一国政府职能的实施符合该国社会经济的发展需要，就必须为它建立一套完善的制衡机制。在这套完善的制衡机制中，法律等强制性限制固然不可少，但严格、客观、以政府自身利益为核心的评估体系设置却更为重要。因为评估的存在促使政府必须按评估的标准而不是按政府自己任意的妄想去行事。同时，政府绩效评估为整个社会从外部监督政府行为提供了基准线。政府职能的实施除了需要自我约束外，还需要有整个社会从外部进行监督评判，因为舆论的评论、社会团体的监督以及公众的议论将从外部为政府行为的改进提供动力。

（3）绩效评估为政府管理提供了激励机制。根据绩效评估的结果确定奖惩、晋升及培训内容是绩效管理起到激励作用的重要体现。科学的绩效评估体系为公务员设定了心理预期，例如获得一定的绩效评估结果就能够获得对应的奖励。这就会激励公务员向着组织预期的绩效目标努力工作并发挥积极性、创造性，努力提高服务水平和改善工作态度。绩效管理本身是一种激励机制，其作用主要体现在绩效评估上。绩效评估的激励作用表现在两方面：一方面，绩效评估有助于激励公务员了解目前的绩效水平，主动改进绩效和服务水平；另一方面，政府绩效评估是政府向公众展示工作效果的机会，所展示的成果若能赢得公众对政府的支持，就能得到公众的理解，进而提升政府形象。当然，绩效评估的激励作用也有赖于管理者制定相应的配套制度，使公众和公务员都能产生确定的心理预期。

第二节 政府绩效评估的方法

绩效评估是企业组织在其管理实践中逐步探索出来的新管理方法。在不同的企业组织中，绩效评估方法显示出多元化的特征。政府引入绩效管理，实施绩效评估，不仅需要借鉴企业绩效评估的理念，更需掌握绩效评估的具体操作方法，以便减少绩效评估实施的阻力，并有助于政府绩效评估向着科学化、规范化的方向发展。本节着重介绍在企业绩效管理基础上的政府绩效评估的各类方法，尤其是绩效指标的设计。

一、平衡计分卡

21 世纪面临着充满挑战的竞争环境，组织者需要一个组织战略和组织基础架构以便能够更加有效地制定和实施组织战略。平衡计分卡是一个强大的管理工具，尤其是适用于中国的平衡计分卡，可以用来帮助组织建立战略管理的基础架构。管理者能够通过这个基础架构实施战略，从所得效果中学习以及明确组织战略的重点。企业组织的多年实践表明，平衡计分卡是现代组织在面临许多挑战时产生的行之有效的工具，并在绩效评估领域发挥着重要作用。

（一）平衡计分卡的内涵

1. 平衡计分卡的产生

1990 年，哈佛大学会计学教授卡普兰和波士顿公司的管理咨询师诺顿两人共同对 12 家公司进行了一项研究，以寻求新的绩效评估方法。这项研究的起因是人们越来越相信绩效评估的财务指标对于现代企业组织而言是无效的。卡普兰和诺顿经过多次研究讨论，决定采用计分卡这种囊括整个组织各方面活动(包括顾客、内部业务流程、员工活动和股东利益)的绩效评估系统，即平衡计分卡。随后，平衡计分卡进入了广泛应用阶段。《哈佛商业评论》在庆祝创刊 80 年之际，隆重评选出了“过去 80 年来最具影响力的十大管理理念”，平衡计分卡名列第二。当时，世界 500 强中已有 80%的企业在应用平衡计分卡，足见其影响之广。

在实施平衡计分卡之前，企业绩效衡量的指标主要是通过财务指标来衡量。在过去的几百年间,财务指标系统取得了较大的成功和进展。但进入 21 世纪后,企业的竞争环境发生了剧烈变化,许多人对绩效评估的财务指标开始产生怀疑和批评。① 有形资产不再是企业价值的首要驱动因素。企业员工的知识素质、顾客关系以及企业创新精神都将成为现代企业价值的体现。② 财务指标是对企业过去业绩的评估,并不代表企业现在及未来的绩效会如何。财务成果只能代表过去的业绩,并不能预示未来的绩效,也不可能对未来绩效产生作用。③ 按照职能部门编制的财务报表抹杀了员工个人参与团队的积极性,会导致跨职能部门的工作缺乏积极性和参与性。在现代组织中,大量工作是跨职能部门团队合作完成的,财务报表的绩效评估忽视了这种团队合作。④ 缺乏长远的思考。许多组织在面临资金问题时首先考虑的问题是削减员工培训及发展支出,甚至裁员。这种做法符合财务指标衡量的标准,但就企业长期发展看,可能丧失形成长期优势的最有价值的资源。传统的财务指标衡量引发了企业管理的许多问题,对企业员工绩效的提高也形成了某种障碍。过于依赖财务指标使管理者无法了解组织的整体情况,评估受到限制,也使得企业战略实施受到许多障碍。在这种情况下,就产生了一种新的驱动绩效的评估指标体系——平衡计分卡。

2. 平衡计分卡的组成

平衡计分卡是以信息为基础,系统考虑企业业绩驱动因素,多维度平衡评估的一种新型的企业业绩评估系统。同时,它又是一种将企业战略目标与企业业绩驱动因素相结合,动态实施企业战略的管理系统。平衡计分卡由财务方面、顾客方面、内部营运方面、学习和成长方面等组成(见图 4-1)。

平衡计分卡为组织衡量绩效提供了四个基本维度。为了能使平衡计分卡在实践操作层面上得以广泛应用,很多企业针对这四个基本维度设计了符合自身特点的具体指标体系。当然,就企业组织来看,符合这四个维度的指标设计还是有着通用之处的。① 财务方面。平衡计分卡是企业财务性业绩指标,能够综合反映企业业绩,可以直接体现股东利益。财务指标一直被广泛应用于控制和评估企业的业绩,并在平衡计分卡中予以保留。常用的财务性业绩指标主要有利润和投资回报率,此外还可以采用营业收入、销售成本和经济附加值(剩余收益)等。② 顾客方面。顾客是实

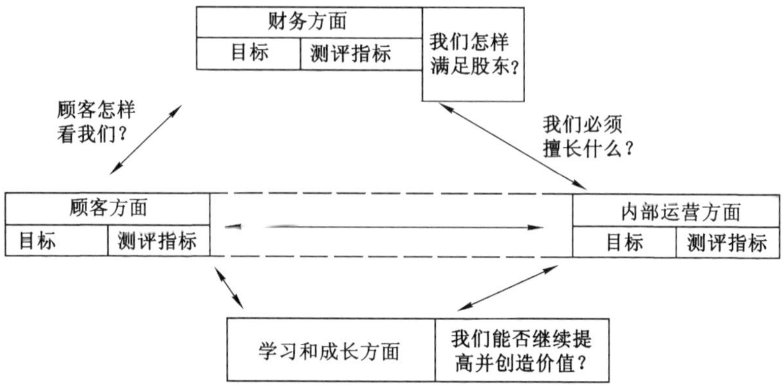

图 4-1　平衡计分卡的组成

现公司财务目标永不枯竭的源泉。企业只有更好地满足顾客需要,才能拥有更多的顾客,创造出企业更好的经济效益。平衡计分卡中顾客方面的指标包括顾客满意程度、顾客保持程度、新顾客的获得、顾客获利能力、市场份额等。③ 内部运营方面。企业财务业绩的实现,顾客各种需求的满足以及股东价值的追求,都需要靠企业内部的良好经营来支持。这一过程又可细分为创新、生产经营和售后服务三个具体过程。创新主要表现为确立和开拓新市场,发现和培育新顾客,开发和创造新产品和服务,以及创立新的生产工艺技术和经营管理方法等。生产经营过程是指从接受顾客订单开始,到把现有产品和服务生产出来并提供给顾客的过程。售后服务过程是指在售出和支付产品和服务之后,给顾客提供的服务活动过程,包括提供保证书、修理、退货和换货、支付手段的管理等。④ 学习和成长方面。企业的学习和成长主要来自三个方面的资源:人员、信息系统和企业的程序。财务、顾客和内部经营过程目标,通常显示出在现有人员、系统和程序的能力与实现突破性业绩目标所要求的能力之间的差距。为了弥补这些差距,企业要投资于培训员工、提高信息系统技术、组织好企业程序,其中提高员工能力、激发员工士气尤为重要。反映员工方面的指标主要有:员工培训支出、员工满意程度、员工的稳定性、员工的生产率等。某半导体公司的平衡计分卡,见表 4-1。

表 4-1　某半导体公司的平衡计分卡

测评维度	测评目标	测评指标
财务方面	生存	现金流
	成功	各分部的季度销售收入增长率和经营收入
	繁荣	提高市场份额和权益回报率
顾客方面	新产品	新产品的销售占比、专有产品的销售占比
	灵活供应	准时送货（由顾客规定标准）
	成为优先供应商	在关键顾客采购额中的占比、在关键顾客群中的排名
	顾客伙伴关系	合作工程项目的数量
内部运营方面	技术能力	相对于竞争者的生产技术水平
	卓越的制造水平	周期时间、单位成本、报酬率
	设计	硅片设计效率
	生产率	工程效率
	新产品引入	相对于计划的实际引入进度
学习和成长方面	技术领先性	开发新一代产品所需要的时间
	制造过程中的学习	产品成熟过程所需要的时间
	产品重心	占销售额 8%的产品所占的百分比
	产品上市时间	相对于竞争者的新产品引入速度

（二）平衡计分卡的功能

平衡计分卡的四个衡量维度体现了现代企业发展的综合要求，并对各个维度下需要衡量的指标进行了具体说明。通过对平衡计分卡在绩效评估方面作用的了解可知，平衡计分卡作为财务评估系统的补充而产生，是一套绩效指标的评估体系。它不仅仅是一种评估工具，也是一种组织战略管理系统，同时还是一种沟通工具。因此，平衡计分卡的作用主要体现在以下四个方面。

第一，将财务指标与非财务指标相结合，体现出现代企业的价值观，综合反映了企业的业绩，并为企业未来发展提供了方向和借鉴。传统的业绩评估系统以财务指标（例如利润、投资回报率）为主，但并不能揭示业绩的动因或业绩改善的关键因素，忽视了对外部环境（例如顾客、市场）的分析，对企业未来发展缺乏远景规划和预测。平衡计分卡通过财务、顾客、内部运营、学习与成长等四个维度的测量，做到了财务指标和非财务指标的有机结合，实现了公司内部和外部之间、财务结果和执行动因之间、企业现在的发展与未来发展之间的动态平衡。

第二，为现代企业价值观的实现提供了基本动力。传统的财务评估集中于利润分析，忽视了员工学习和成长因素对企业发展的影响。平衡计分卡为企业绩效评估注入了新的因素，即学习和成长因素以及顾客因素。一方面，企业为员工提供了学习和成长的机会，并把员工学习和成长程度纳入绩效评估指标体系，使员工能够获得充分学习和成长的机会，进而激励员工为自我成长和组织创新而努力学习。另一方面，企业注重顾客在企业组织管理和员工绩效测评中的作用，敦促员工主动寻找顾客需要并满足顾客需要，进而提高企业的综合服务水平和顾客满意度，使企业在现代竞争中立于不败之地。

第三，平衡计分卡除了起到评估作用以外，其本质属性是组织的一种战略管理。随着在许多组织中的大规模运用，平衡计分卡不再是一种评估机制，更多的则上升为企业战略管理系统，成为企业战略管理的重要内容之一。通过平衡计分卡，企业组织得以克服“远景障碍”“人员障碍”“资源障碍”“管理障碍”等，并从战略高度为企业发展提供了一套长远发展的思路。平衡计分卡以一种深刻而一致的方法描述了战略在公司各个层面的具体体现，从而具有独特的贡献和意义。在开发平衡计分卡之前，管理人员缺乏一套被普遍接受的、用来描述战略的框架，因而导致战略难以实施。平衡计分卡通过战略图和计分卡来简单描述组织战略，成为一种新战略管理的运作体系，为组织实施战略管理提供了现实操作方法。从这个意义上来说，平衡计分卡对组织管理有着根本性的战略意义。

第四，平衡计分卡作为一种沟通工具对组织管理起到了重要作用。平衡计分卡最初是作为绩效评估工具而产生的，后随着组织实践逐渐转化为战略管理系统。根据平衡计分卡的内容，员工能明白自己应该承担的责任、工作要求和目标，这即是平衡计分卡的沟通功能。传统的绩效指标过于笼统、模糊，导致员工对自己的绩效目标和绩效任务无法形成清晰的认识，从而无法为既定的绩效目标而努力工作。平衡计分卡突破了传统绩效指标的缺陷，能够通过绩效评估指标清楚地描述出所制定的组织战略，使之能为组织成员所理解和接受，并为之努力。因此，平衡计分卡对组织绩效管理的实施起到了一定的沟通作用。

（三）政府平衡计分卡

政府与非营利组织开展绩效评估已有多年历史，在长期实践中形成了许多关于政府绩效评估的做法。随着西方政府再造运动的兴起，公共管理中的绩效评估成为政府改革的根本性措施。尽管绩效评估还存在种种缺陷，但却反映了公共行政学中注重管理技能与方法、注重管理结果和发展服务行政的公共管理发展趋势。绩效评估改变了英、美等许多西方国家政府的行政架构、组织和服务供给模式，并以其所特有的政治功能和管理功能赢得了在西方国家方兴未艾的发展。平衡计分卡是私营组织绩效评估和战略管理的重要方法，实践证明，源于企业的平衡计分卡同样适用于政府绩效管理，但同时也不可忽视其中存在的差异。

1. 政府平衡计分卡的内容

相对于企业组织来说，政府具有公共服务和社会责任的最高目标、不以利润和经济收益为导向、缺乏传统的财务维度等特点，这致使平衡计分卡变得不完整。同时，政府的服务对象是公众，而不是一般意义上的顾客。尽管随着服务型政府理念的兴起，政府的顾客意识得以加强，但这并不能从根本上改变政府缺乏顾客维度的情况。政府平衡计分卡的内容，见图 4-2。

2. 政府平衡计分卡的特点

(1) 政府的平衡计分卡以维护社会稳定、实现社会公正、提供公共服务为最高宗旨，其改善绩效的最终目的仍在于政府的最高使命。政府借鉴企业组织平衡计分卡的操作方法，其直接目的在于改善政府绩效，改变政府长期以来机构臃肿、效率低下的状况。企业组织在提高组织效益方面具有一贯的经验，值得政府在改进绩效方面去努力学习。但政府毕竟不同于企业组织，提高绩效的目的在于服务于更高的组织目标——社会公正、社会责任。企业组织改善绩效的最终目标是提高股东价值，其平衡计分卡的指标体系设计是导向企业经济效益和利润的。政府则不然，始终承担着维护社会公平和正义的重要职责，并以提供公共服务为其重要产出之一。需要指出的是，政府职责体现在平衡计分卡中并不是说通过指标设计可以在短期内实现更高目标，而是为了突出政府平衡计分卡不同于企业组织的特殊理念，能够指导政府更好地实践。

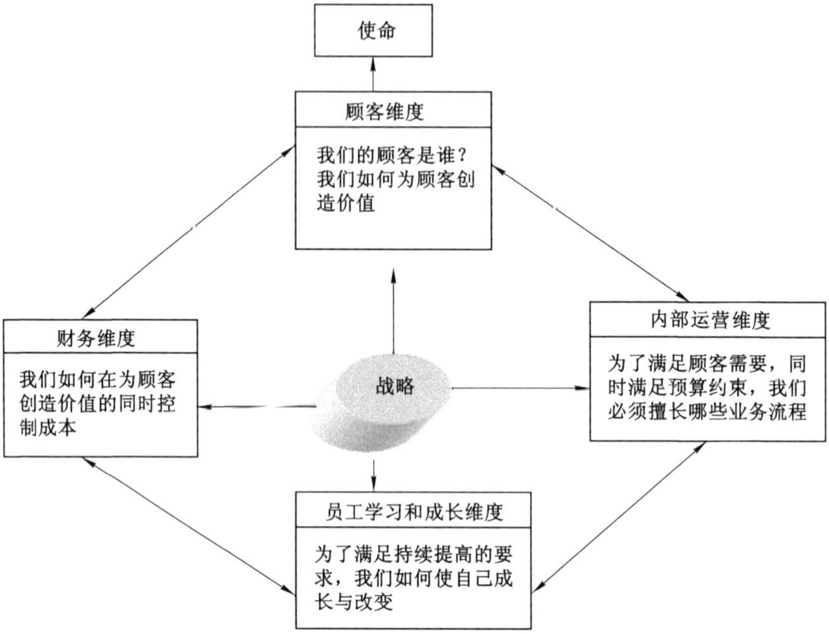

图 4-2　政府平衡计分卡的内容

（资料来源：尼文：《政府及非营利组织平衡计分卡》，胡玉明，等译，中国财政经济出版社 2004 年版，第 29 页）

(2) 政府平衡计分卡实施的核心是战略，应围绕绩效管理和政府管理的战略实施平衡计分卡。通过对平衡计分卡历史的分析，可以了解平衡计分卡正在逐渐向组织战略靠拢。在组织应用平衡计分卡越来越多的现代社会，平衡计分卡更多地体现为组织战略的一部分，并为组织战略实施提供了现实途径和操作方法。一旦制定了战略，平衡计分卡就成为有效的战略转化和执行工具。从绩效评估工具到组织战略管理工具，平衡计分卡为政府实施战略管理和绩效管理创造了技术条件。

(3) 提升了顾客维度，充分体现了服务行政的特点，为政府绩效管理效率、服务理念的推广奠定了基础。传统的政府过于强调官僚行政的地位，缺乏服务行政的意识。绩效管理注重顾客理念的推广，平衡计分卡则在操作层面上实现了政府“顾客理念”的确立。我们的顾客是谁？我们如何为顾客创造价值？这些问题将促进平衡计分卡为满足不同顾客群体需要而设计相应的顾客维度指标，使政府摆脱旧的服务观念，进而提高政府绩效评估的有效性和绩效评估结果的实用性。

(4) 财务维度居于弱势，平衡计分卡显得不完整。由于政府以公共服务和公共设施建设为主要输出产品，所以政府的绩效目标往往模糊不清。一些公共项目的收益甚至可能会持续几十年，公共产品的物质产品（公共设施）和精神产品（公共道德）难以分割，产出的价格和单位成本也不易衡量，要精确算出"投入-产出比"非常困难。这些导致政府财务维度缺乏，成本计量在政府内更显得匮乏。某些非营利组织也是如此，例如希望工程等资助项目，其产出完全是社会性的精神产品，很难计量成本和收益，也就无法用财务维度来衡量其管理的有效性。政府平衡计分卡中财务维度的缺乏是其最重要的弱点，影响到政府绩效评估的过程和结果。

(5) 作为使命导向型组织，政府绩效评估的有效进行有赖于公务员的技能、奉献精神、合作态度和服务观念。政府平衡计分卡注重员工学习与成长维度，将公务员的技能、奉献精神、合作态度、服务观念等要素纳入政府绩效评估的指标体系，有助于公务员对公共服务和公共组织形成共识，并为构建良好的平衡计分卡奠定基础。

3. 政府平衡计分卡的实施步骤

不同的政府在平衡计分卡实施的具体操作步骤上可能会各有侧重，但基本步骤是一致的。政府平衡计分卡的实施步骤见表 4-2。

表 4-2　政府平衡计分卡实施的步骤

阶段	操作内容
计划阶段	· 为运用平衡计分卡寻找理由 · 确定资源的需求与可用性 · 决定从何处着手构建第一个平衡计分卡 · 赢得高层领导的支持和保证 · 组建平衡计分卡团队 · 为团队成员和其他关键利益相关者提供培训 · 为平衡计分卡的实施制订沟通计划
准备阶段	· 制定或确定使命、价值观、远景与战略 · 在绩效管理框架中明确平衡计分卡的角色 · 选择平衡计分卡的维度 · 讨论相关背景材料 · 开展高层会谈 · 创建战略地图

表 4-2（续）

阶段	操作内容
实施阶段	· 收集反馈信息 · 设计绩效评估指标 · 制订未来实施计划

4. 政府平衡计分卡的缺点

平衡计分卡作为形成指标、衡量绩效的重要管理方法在实际管理中发挥了重要作用，但也无可避免地存在一些问题。为了避免政府实施平衡计分卡过程中的障碍，需要创造多种条件以便成功实施平衡计分卡并顺利进行绩效评估。

平衡计分卡无论在企业组织管理实践中还是在政府绩效评估中都不可避免地存在以下问题：

(1) 对平衡计分卡在评估绩效和实施组织战略方面的过高期望增加了管理者使用的难度。政府本身存在较大差异，任务分工也不像企业组织那么明确，加上各个层级的管理者对平衡计分卡的使用具有不同的理解，造成了政府使用平衡计分卡往往达不到预期的目标。如果组织没有明确的战略目标，高层管理者缺乏分解、沟通战略的能力和意愿，中高层管理者缺乏指标创新的能力和意愿，那么组织很难实施平衡计分卡。有些政府管理者对政府的组织战略目标及绩效评估可能存在一定的抵制情绪。政府管理者的素质不同于企业管理者，传统官僚统治者强调政治素质，忽略了科学管理素质、技能等方面的培养，而平衡计分卡的实施恰恰需要高层或者中层管理者具备极为优秀的管理素质，从而能够推进平衡计分卡在政府中的成功实施。反之，如果政府缺乏对自身组织战略目标的认识，其管理者素质和组织制度无法配套，那么平衡计分卡在政府推行就可能遇到严重障碍。

(2) 平衡计分卡的工作量大，部分指标难以进行量化，给管理者操作带来了困难。尽管平衡计分卡只是规定了四个衡量维度，即财务维度、顾客维度、内部营运维度、学习和成长维度。在组织管理实践中，这四个维度不是一纸空话，而是需要消耗大量精力和时间分解到部门，并找出恰当的指标。落实到最后，指标可能会多达 15～20 个，这就给管理者操作带来了不便。因此，指标不可以设计过多，否则就会造成负担：一方面不利于人员及时、准确地理解绩效指标和绩效目标;另一方面也为管理者考核与数据收集带来了困难,甚至造成资源浪费和精力消耗。同时,平衡计分卡的部分指标在实际操作中并不一定能够表现为量化指标,这在政府绩效管理中显得尤为明显。例如,顾客维度中的顾客满意程度和顾客保持程度很难量化;员工的学习与发展指标中也不可能以要求员工每月读几本书、每月参加几次培训的指标来衡量,因为学习与发展是个深层次的概念。

(3) 针对企业组织与政府的差异,虽为政府平衡计分卡作了特殊说明,但政府平衡计分卡终归是由四个维度构成的,缺一不可。四个维度的权重分配问题重要且难以把握。一般而言,企业着重财务维度,兼顾顾客维度和内部营运维度。当然,要对企业业绩进行评估,就必然要综合考虑四个层面的因素,涉及权重分配的问题。政府以公共服务为其重要产出,在财务维度方面指标比较缺乏。另外,政府在内部管理指标、顾客指标方面也都缺乏具体量化指标。因此,作为政府不但要在不同层面之间分配权重,而且要在同一层面的不同指标之间合理分配权重,否则可能导致不同的评估结果,进而影响绩效评估的公平性和合理性。

5. 政府平衡计分卡的实施条件

平衡计分卡在国内外企业组织中已得到了广泛应用,但对政府而言,它还是一个新生事物。管理者素质、技能培训、领导支持、技术工具等都成了政府引入平衡计分卡的重要问题。尽管政府平衡计分卡实施存在一些问题,但就政府绩效评估发展的现状看,绩效评估走向科学化、规范化已是毋庸置疑的趋势。因此,平衡计分卡在政府的实施需要具备一定的条件,以保证政府平衡计分卡克服以上障碍并顺利实施。

一是树立绩效评估方法随环境变化而变化的观点。传统评估方法的使用持续了很长时间,随着经济环境的变化,原有的评估体系存在的基础发生了改变。如果组织改变了,而评估体系没有变,那么后者是无效的,甚至可能对生产和管理起破坏作用。许多组织已经从以控制为导向的、职能分工的等级组织,转向快速的、水平的、以团队为基础的策略组织。在这些组织中,传统的评估不仅不能支持新团队,反而会削弱他们。因此,当环境发生变化时,就需要对绩效评估体系进行重新审视,检查它是否依然符合客观环境、符合提高组织管理的要求。借鉴平衡计分卡法不仅是掌握一种具体的方法,还应当包括从观念上对评估方法的重新审视,形成一种新理念，结合各种环境因素，建立适应新发展需求的业绩评估体系。

二是获得高层管理者的支持。这是任何管理学家都普遍支持的一个观点，也是成功实施平衡计分卡的必要条件。高级管理层必须参与制定战略并推动战略在基层的贯彻。如果没有管理层的参与，平衡计分卡项目则很容易失败。如果管理者没有与人员进行面对面的沟通，即使技术成熟，平衡计分卡也很难持续实施。在政府中，领导的支持和认同对平衡计分卡的引入和实施具有重要意义。

三是要清楚认识建立平衡计分卡的基础，循序渐进地引进平衡计分卡。平衡计分卡的出现和成功运用建立在两大基础上：一是长期以来严格、规范、科学的企业管理实践；二是管理理论的不断创新和发展。平衡计分卡深受现代管理思想和理论的影响，从平衡计分卡包含财务、顾客、内部营运过程和学习成长能力以及对这些维度与企业战略紧密关系的强调可以清楚地看到它绝不是短期内一蹴而就的管理手段。政府在实践运用中应该认识到平衡计分卡法的基础，循序渐进地引进平衡计分卡，并根据政府自身的基础和条件逐步展开。

四是要建立平衡计分卡培训计划。平衡计分卡既具有简单性，又具有复杂性。因此，政府需要设计相应的平衡计分卡培训计划，以确保政府平衡计分卡的有效、合理。政府建立平衡计分卡培训计划需要与成年学习者合作，制定平衡计分卡培训目标，并开展培训需求评估。根据培训目标，管理者应召开培训会——确定培训议程，通过多种形式的培训学习和案例教学，了解培训者的意愿，明确平衡计分卡的基本问题，以便在组织内部达成一致共识。成功实施平衡计分卡的六大因素见图 4-3。

二、360 度绩效评估

平衡计分卡从绩效指标设计的角度探讨绩效评估的方法，360 度绩效评估则是从评估主体的角度寻找绩效评估的方法。20 世纪 90 年代后，传统的目标管理考评体系受到了质疑，一些大型跨国企业纷纷采用新的绩效考评方法来代替传统的目标管理考评。这种新的绩效考评方法即 360 度绩效评估。20 世纪 90 年代初，据美国《财富》杂志统计，世界 500 家大公司中有超过 60%的公司使用 360 度绩效评估方法。那么，360 度绩效评估方法究竟有着怎样的功能吸引着这些大公司使用呢？该方法对政府绩效

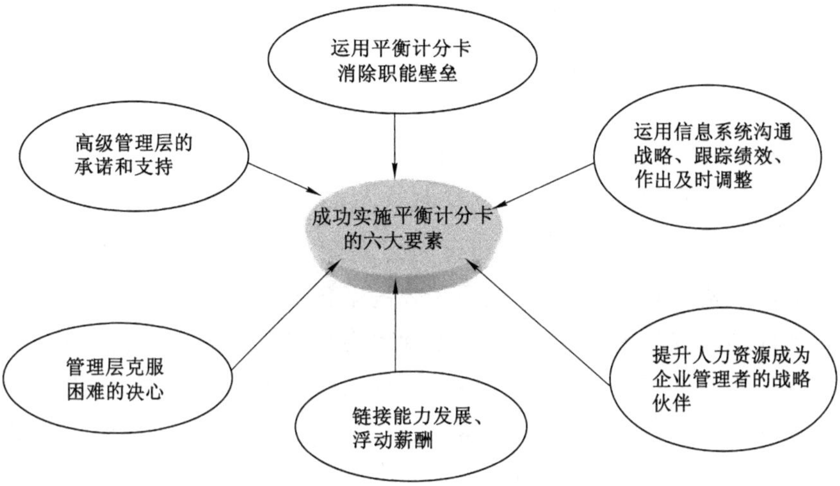

图 4-3　成功实施平衡计分卡的六大因素

评估又能产生怎样的借鉴作用呢?

（一）360 度绩效评估的含义

360 度绩效评估又称全方位绩效考核法或多源绩效考核法，是指从与被考核者发生工作关系的多方主体那里获得被考核者的信息，以此对被考核者进行全方位、多维度的绩效评估的过程。

360 度评估和管理体系是美国通用公司韦尔奇提出的。韦尔奇从尊重人性的角度出发，认为人的个性是难以改变的，管理者的首要任务是识别和发掘人才，在充分尊重人的个性的基础上，把最合适的人安排在最合适的位置上；然后在工作中帮助下属设计职业生涯，让下属工作时尽量选择效率最高、阻力最小的路径。绩效管理的职责是改善个人和组织绩效，以成本和效率作为衡量绩效的重要标准。随着绩效管理实践的开展，管理者逐渐认识到绩效管理在改善个人绩效和组织绩效的同时必须为员工创造实现自我价值的平台。通过上级与下级之间的沟通，尽量为下级提供完成工作所需要的各种信息和资源。每完成一项工作，都让下属具有成就感，使其工作在相互理解、相互包容的轻松氛围里，让每个员工尽量释放热情、发挥最大能量，在实现自我价值的同时，为企业创造最好的效益。

（二）360度绩效评估的内容

360度绩效评估主要应用于企业管理，具体内容分为：① 负责考评的管理者从员工的3～6名同事那里听取意见（通过考评表）；② 负责考评的管理者从3～6名员工的下属中听取意见（通过考评表）；③ 负责考评的管理者让员工自我评估。自我评估包括雇员的背景档案和上一年的工作表现、工作才能以及其他评估项目（通过考评表）。另外，还要发给员工每人一张空白表格，用于总结自己这一年来的工作成就和表现；④ 负责考评的管理者仔细阅读收到的表格，并根据这些表格对员工的工作表现作出合理的评估。在对员工的工作表现进行评估时，管理者主要看14项标准（定向成就、人际交往、概念思维、分析思维、主动性、决策力、专业知识、合作精神、顾客凝聚力、质量意识、组织义务、领导才能、发展力、适应力等）。考评结果出来后，负责考评的管理者应将所有同事和下属的评估表格全部销毁；⑤ 管理者与员工面谈，并将这些评估报告与员工一起商议，进而探讨员工的业绩目标、评估标准以及权重和未来事业发展计划；⑥ 这些评估和计划被简要地写在一张单独的表格上，其中包括员工、管理者及管理者主管的意见。这些表格被保存在人力资源部。以对某公司中层经理的360度考评为例说明360度绩效评估的内容（见表4-3）。

表4-3　对某公司中层经理的360度考评方案

序号	考评主体	考评结果（1～7分）
1	同级别的评估	
2	下属的评估	
3	自我评估	
4	主管的评估	

注：1分为最低分值，7分为最高分值。

（三）360度绩效评估的优点

（1）通过全面测评能够获得对被考评人的全面意见。360度绩效评估是一种全面评估的方法，能获得对被考评人全面而系统的意见。传统的目标管理考评模式下无论绩效指标设计得有多完善，如果绩效信息来源不明确，也就无法发挥作用。作为管理者一般只有10％左右的时间能够看到下属的工作情况，双方缺乏相互沟通和了解。360 度绩效评估使管理者能够对被考评人及其绩效形成正确的观点和认识，从而有助于树立公平观念并激励员工。

(2) 能够对被考评人作出客观、公正的评估。传统的绩效评估原则、目标都由管理者制定和测评，管理者的素质和公正性在传统绩效评估中显得尤为重要。但是不是每位评估者都是客观公正的，一些人为因素会影响评估者的评估工作。例如，没与管理者搞好关系的员工，其评估结果就可能会不好；反之，与管理者搞好关系的员工，即使个人绩效表现不太好，也可能取得较好的评估结果。360 度绩效评估克服了例子中的这一难题，以同事和下属的考评为基础进行自我评估，使管理者能够对员工形成较为客观的评估。

(3) 为员工自我价值的实现和发展创造了条件。正如 360 度绩效评估的发明者韦尔奇所言：管理者的任务是发掘人才，组织要为员工提供自我价值实现的渠道。360 度绩效评估是作为发展人才的工具而设计的。通过自我评估，个人可以发现自己的优缺点，从而找到努力方向，并根据自己的缺点有计划、有针对性地接受培训。组织通过 360 度绩效评估，能制订出更具有针对性和有效性的培训发展计划。

(4) 有助于形成团队精神和良好的组织文化。传统的绩效评估带来组织内部人员之间的相互竞争。竞争固然能够激励员工积极向上，但过度竞争只会导致组织涣散、缺乏向心力，这对组织长期发展而言都是极为不利的。360 度绩效评估以自我评估为基础，避免了评估过程中的各种主观因素，是较为客观、公正的评估方法，使员工更容易接受评估结果，从而鼓励人们一起工作、互相支持。在一些组织中，员工可以对主管的工作进行评估，这也是员工参与企业管理的一种体现，有利于调动员工的积极性和创造性，从而能够形成一个具有较强战斗力和很高凝聚力的团队。

(5) 相应地减轻了管理者考评的负担。传统的绩效评估以管理者考评为主，负责绩效评估的管理者除了要面临技术、素质、环境等各方面的压力，还要面对考评结果带来的各种争议。因此，管理者的考评工作并不好做。引入 360 度绩效评估后，管理者的考评工作内容得以简化，只需要对被考评人的评估进行总结。同时，建立在自我评估基础上的评估能够减少评估结果的争议性，大大减轻了管理者的工作负担和心理压力。

(四) 政府360度绩效评估

基于360度绩效评估的优点，现代企业组织开始接受和广泛应用这种新的绩效评估方法，政府对其也开始逐渐应用。西方国家行政改革以绩效管理为突破口，注重绩效评估方法的应用，在公共管理实施中推行各种企业绩效评估方法，其中包括360度绩效评估。360度绩效评估在企业和政府的实施方法和步骤都是相似的，只是操作环境不同，并不像平衡计分卡那样在企业和政府中存在重大差异。因此，360度绩效评估作为绩效评估的方法引入政府后对政府如何实施科学、客观、公正的绩效评估提供了借鉴。当然，政府360度绩效评估与企业组织相比存在一些差异，主要体现为评估主体多元化——除了自我评估以外，根据政府的性质，还增加了中介组织评估、综合评估组织评估、社会评估等内容(见图4-4)。

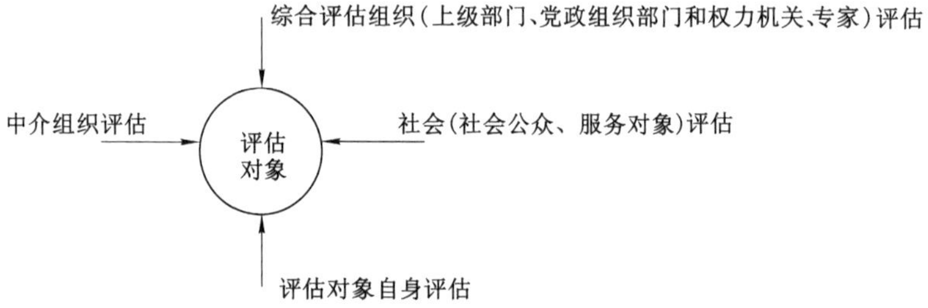

图4-4 政府360度绩效评估

政府运用360度绩效评估方法的意义是不言而喻的：通过全面系统的评估，不仅了解了公众对政府绩效的评估，而且能在自我评估的基础上形成正确、客观的认识；既体现出政府公共服务、社会参与的性质，同时避免了绩效管理过程中绩效评估结果带来的不正当竞争。当然，360度绩效评估方法终究还是来源于西方国家的企业实践，即使在我国企业的应用也会存在某些问题，更何况360度绩效评估方法在政府中的应用还处于起步阶段，也就难免存在以下几点局限性。第一，我国政府的公务员文化不同于西方，也不同于企业。公务员的职责是执行公务，在传统行政官僚体制之下，公务员之间的层级管理较为严格。上下级之间不可能形成类似360度绩效评估的沟通机制，下级公务员也不可能对管理者进行有效的评估或者批评。即使评估是匿名形式的，公务员在一般情况下也不会轻易表达出自己的真实想法。政府的权力体制、部门利益等特殊因素制约了360度绩效评估正常作用的发挥，会严重影响360度绩效评估的结果和效用。第二，公务员不同于一般企业组织中的员工，作为权力体制结构中的公务员，具有一定的权威意识和官僚观念。360度绩效评估要求组织中的人员具有知识型的特征，即具有较强的责任心、使命感，能够积极地参与管理，从而实现自己的职业生涯发展计划并获得较高的成就感。公务员在这方面的素质还显得比较缺乏。

360度绩效评估方法是政府有效实施绩效管理和绩效评估的重要方法。就政府绩效管理现状来看，引入360度绩效评估还需要一个渐进的过程，在观念、组织制度和人员素质方面，都有待提高。

三、其他绩效评估方法

平衡计分卡设计出了绩效评估的指标体系，规定了绩效评估具体应该衡量的内容，使绩效评估有了基本操作方向。360度绩效评估明确了绩效评估的各类主体，减轻了评估管理者的负担，以保证绩效评估的客观、公正。绩效评估除了绩效指标与评估主体以外，重要的内容是对绩效结果进行分析和评估，以便形成简单明了的结果，使人员和管理者都能一目了然，并能直接将这些结果加以利用。那么，如何对绩效结果进行分析评估呢？对绩效结果的分析评估不仅是传统绩效评估的主要内容之一，而且逐渐形成、完善了许多绩效考评方法。

（一）员工之间的比较

对绩效评估结果进行横向比较——员工之间的比较是组织一贯的做法，对激励员工努力工作、改进绩效具有一定的意义。横向比较的方法主要有排序比较法、两两比较法、强迫分配法等。

1. 排序比较法

排序比较法是一种古老而简单的考评方法，类似于学校里的“学生成绩排名单”。排序比较法是指根据某一指标，将全体员工的绩效按从好到坏的次序进行排列。排序比较法简单、直接，而且能够要求考核者区分不同水平的绩效。操作方法是：第一步，将需要进行评估的所有员工名单列举出来，然后将因不是很熟悉而无法对其进行评估的员工名字划去；第二步，运用表 4-4 所示的表格来显示在被评估的某一特点上，哪位员工的表现是最好的，哪位员工的表现是最差的；第三步，在剩下的员工中挑出最好的和最差的；依此类推，直到所有被评估的员工都被排列到表格中为止。

表 4-4 绩效排序评估表

评估所要依据的考评要素：

例如，针对你所要评估的每一种要素，将所有员工（10 名）的姓名列举出来。将工作绩效评估最高的员工的姓名列在第 1 行的位置上；将绩效评估最低的员工的姓名列在第 10 行的位置上。然后将次最好的员工的姓名列在第 2 行的位置上；将次最差的员工的姓名列在第 9 行的位置上。将这一交替排序继续进行下去，直到所有员工的姓名都被排列出来。

1. ________（评估等级最高的员工）
2. ________
3. ________
4. ________
5. ________
6. ________
7. ________
8. ________
9. ________
10. ________（评估等级最低的员工）

当被考核的人较多的时候，排序比较法就会比较费时费力，其效果也不一定好。同时，对于工作性质差异的工作或者跨职能部门的人员，排序比较法就失去了相互比较的意义。对于一些政府来说，排序比较法会比较适合；但如果政府内部工作内容差异太大，则不一定适合。例如，同一部门的科长与处长工作内容差异很大，就很难用排序比较法。对于公共服务性质的操作部门，如行政审批中心的工作人员就会相对较为适合。可见，排序比较法适应于工作内容简单的基层人员，对管理层的适用性较低。

2. 两两对比法

两两对比法是将所有的被考核者就某一考核指标，与其他每一个人一一做比较，最后将被考核者按绩效高低排列。这种方法实质上是将全体被考核者看成一个有机系统，有助于全面评估所有被考核者的工作。

但是，这种方法受到被考核者人数的制约，当有大量员工需要考核时，这种方法则显得复杂、浪费时间。例如，当被考核者的人数为 n 时，按照一一对比的原则，总共需要配对比较 $n(n-1)/2$ 次。如果对 6 名员工进行评估，考核者需要配对比较 15 次；当需要考核的员工增加到 12 人时，配对比较则要增加到 66 次。因此，这种方法一般适用于 10 人左右的绩效评估。

3. 强迫分配法

强迫分配法类似于一种正态分布效应，最初是为考核军官绩效而设计出来的一种方法，现在企业和政府机构中广泛应用。强迫分配法是根据事物呈正态分布规律把考核结果预定的百分比分配到各部门，然后各部门根据自己的规模和百分比来确定各个档次人数的方法。

例如，某部门规定上半年度考核结果的人数比例为：优秀占 15%，良好占 30%，合格占 40%，不合格占 15%。通过强制分配优秀、良好、合格和不合格的比例，可以避免考核者的主观因素渗入评估过程造成的宽松或严格等主观误差。强迫分配法相对公平、简单，适用于规模较大、工种繁多的组织。目前在许多政府机构中都采用这种方法。但这种方法也存在一个问题，即平均主义。正态分布的结果是良好、合格的比例较大，容易形成平均主义，造成考核结果的不公正。同时，对于那些整体绩效较高的组织，如果强制分配合格与不合格的比例，就意味着会产生不公正；而某些整体绩效较差的组织则容易乘机占到好处（虽然同为“优秀”，但其实际绩效水平可能差很多），不利于创造团队合作的气氛。

（二）员工与工作标准之间的比较

员工与工作标准相比较属于一种纵向比较，其结果更具客观性和公正性。一般来说，员工与工作标准相比较的方法有考核清单法、量表评价法、关键事件法、行为差别测定法、评语法等。

1. 考核清单法

考核清单法分为简单清单法和加权清单法两类。

(1) 简单清单法是考核者结合工作说明书和与工作绩效优劣相关的典型行为来拟定考核清单条目，然后逐条对照被考核者的实际状况，将两者一致的地方打钩（“√”）即可。表 4-5 是一份绩效考核清单中的部分内容。

表 4-5　绩效考核清单(部分)

清单条目	考核结果
·工作不认真，疏忽操作规则	（　）

表 4-5（续）

清单条目	考核结果
・严格遵循操作规则，并推动和改进操作规范	（　）
・工作勤奋，有时能超额完成工作任务	（　）
・工作懈怠，不能按时完成工作任务	（　）
・与同事关系和睦，能主动关心和帮助他人	（　）
・脾气暴躁，经常与同事吵架	（　）
・能力强，对所从事的工作得心应手	（　）
・对所做的工作勉强胜任	（　）
……	……

注：若一致，则在（　）内打钩（"√"）。

绩效考核清单涉及员工工作的各个方面和各种情况，考核者只要照单选出相应的结果即可，简便易行。绩效考核清单的设计关键在于管理者是否能够找出与工作相关的各种事件，以便于准确说明被考核者工作和绩效情况。

（2）加权清单法是在简单清单法的基础上建立的。绩效考核清单对于不同部门的工作人员来说，每个指标和要素对人员绩效的影响是不一样的。因此，为了考核的精确性，应对所涉及的考核要素赋予权数，在评分时乘以权数，则可使其得分更符合实际。

2. 量表评价法

量表评价法是根据设计的等级评价量表来对被评价者进行评价的方法，是目前应用最广泛的绩效评估方法。量表构建时，首先通过员工获得关键事件和行为，然后将行为分为几个维度，并评定关键行为代表的工作表现等级，最后将关键行为列成一张表。管理者阅读这些行为并评价员工在多大频率上会发生这些行为。该方法采用 5 级评分制，从 1 到 5 依次表示员工表现该种行为的百分比从小到大。评估完每个员工的具体行为后，对每个维度的所有行为的得分求和，得到该维度的总分。将所有维度的得分求和，得到该员工的整体得分。量表评价法举例见表 4-6。

量表评价法简便易行，操作起来很方便。但在考核过程中容易出现趋中误差，考核者一般倾向于给出中间等级的分数，回避极端等级。由于各考核者对考核要素的理解不同，往往会影响考核的客观性。

表 4-6　员工绩效考评量表

员工姓名________　　职　　务________
考评日期________　　工作部门________
工　　号________　　评 估 人________

工作绩效维度	绩效等级				
	最差:1分	差:2分	中:3分	良:4分	优:5分
工作质量					
工作数量					
工作纪律					
设备维护与消耗					
创新意识与行为					

考评意见：　　考评人签名：
员工意见：　　员工签名：
人力资源部审核意见：　　负责人签名：

填表说明：
最差——不能完成任务
差——勉强完成任务
中——基本完成任务
良——完成任务较好
优——完成任务特别出色

3. 关键事件法

关键事件法是管理实践中运用较为普遍的方法，对政府绩效评估具有一定的借鉴意义。关键事件法在应用的时候一般采用日记法。日记法是指管理者在平时不断地(例如每天结束的时候)对员工的表现做详尽的记录。每一位需要考核的员工在管理者那里都有一本“工作日记”或“工作记录”，上面记载的是有关员工日常工作中突出的、与工作绩效密切相关的事件，既可以是极好的事件，也可以是极坏的事件。关键事件的记录者一般是员工的主管。在记录时主管应侧重于对事件或行为的记载，而不是对员工的评论。

关键事件法的优点是：① 以员工在整个考核期的行为为基础，避免了考评中的近期化误差；② 依据的是员工的日常事实记录，使考核中考核者的许多主观误差得到了较好的控制。

关键事件法的缺点是：① 不同的主管对关键事件有不同的界定；② 给每个员工做“工作日记”会耗费主管许多时间；③ 可能使员工过分关注主管到底写了些什么，对“工作日记”产生恐惧和抵触，不利于考核的实施。

4. 行为差别测评法

行为差别测评法是先通过一个类似于关键事件法的工作分析程序获得大量的描述句,用于描述从有效到无效的整个行为系列;然后通过整理,根据相似性对项目进行分组,每一组项目具有一个概括性的描述,并将这些描述句作为"绩效标本";进而将这些"绩效标本"安排在问卷中,并发放给抽样产生的约 20 位在职者及其主管,由他们对问卷涉及的有效和无效行为的信息进行分析;最后依据分析结果制作测评表。

5. 评语法

评语法是政府中普遍应用的一种方法,它赋予"考核内容"和"考核要素"以具体的内涵,使每一分数有对应的描述,从而使评价直观、具体、明确。但是,评语法只是在总体上对员工绩效进行评定,不能用作人事管理的依据。在部分情况下,评语法受到管理者主观因素的影响,并不一定具有客观公正性。

(三) 员工与目标之间的比较

员工与目标之间的比较主要是指目标管理法。该方法是目前管理实践和理论研究方面较为深入的一种方法。目标管理法是由德鲁克于 1954 年在《管理的实践》中提出来的。自此以后,目标管理法成为私营企业所熟悉和广为采用的管理方式,并在全世界推广。

目标管理法是指通过使主管人员和下属共同参与制定双方所同意的目标,使组织的目标得到确定和满足。这些目标是详细的、可测量的、受时间控制的,而且结合在一个行动计划中。在以双方确定的以客观绩效标准为中心的绩效测评期间,每一个目标的实现是可以测量和监控的。

目标管理法是一种严格按照组织既定的目标进行管理的方法,目标管理法的评估重点主要集中于结果而非行为。通俗地讲,衡量一个员工或管理者是否称职,就看他对总目标的贡献程度。实行目标管理法的目的在于通过各级目标的制定、考评、鉴定、实现来激发全体成员的创造性和工作热情,使其发现自己在组织目标中的价值和责任,从中获得满足感,并在工作中实行"自我控制",从而更好地为实现组织的总目标作出自己的贡献。

如上所述,目标管理法的八大作用如下所述:① 目标提供了绩效标准,引导管理者注重组织活动及组织成员努力的方向。② 目标提供了与组织活动相关的计划和管理控制的基础。③ 目标为决策提供了指导，并且证明了所采取行动的合理性，减少了决策中的不确定性和可能招致的批评。④ 目标影响组织结构，组织所要努力达到的目标影响着组织构成的方式。⑤ 目标有助于加强员工对组织活动的投入，使组织注重有目的的行为，从而为激励和奖励系统提供了基础。⑥ 目标表明了组织到底是什么样的，使员工明确组织的真正实质和组织内外成员的特点。⑦ 目标可以作为考评变革和组织发展的基础。⑧ 目标是组织目的和制定政策的基础。

目标管理法利用目标对绩效评估的作用，对员工绩效起到衡量、反馈的积极作用。就绩效评估来看，目标管理法的一般步骤包括设定组织目标、设定部门目标、讨论部门目标、设定员工个人目标、工作表现回顾、提供反馈等。

目标管理法的核心在于将组织目标首先分解为部门目标，再进一步分解为员工的目标。因而，员工对于完成目标的方式和进度有很大的自主权，而且考核非常客观，考核内容和工作相关。目标的设定因人而异，每个员工目标的难度均不同，具体的工作环境和条件也不同，而且每个员工的能力和完成该目标所需要付出的努力也不同，故很难对不同的员工进行比较，况且并不是所有的工作都可以设定明确的目标。

综合本节所述，绩效评估方法具有多样性，从绩效指标设定、评估主体确定到绩效结果分析，都存在许多较为科学的方法。政府应根据部门实际情况，灵活应用绩效评估方法。

第三节　政府绩效评估体系与流程

一、政府绩效评估体系的含义

政府绩效评估体系是指政府绩效评估所包含的子系统。既可通过过程来划分绩效评估体系，包括绩效计划、绩效评估、评估结果运用等；也可以通过功能来划分绩效评估体系，包括绩效目标、绩效评估、绩效激励等。不论是哪一种绩效评估体系的划分方法，都潜在地反映了政府绩效评估的各种要素。本书将政府绩效评估体系界定为五大体系：价值体系、指标体系、组织体系、技术支撑体系和绩效环境体系。这五大体系包含了政府绩效评估的各个方面，较为全面地阐释了政府绩效评估的丰富内容。

二、政府绩效评估体系的结构

政府绩效评估体系所包括的价值体系、指标体系、组织体系、技术支撑体系、绩效环境体系等五个体系之间的相互关系（见图 4-5）是：价值体系（第一层次）处于核心位置且决定了指标体系、组织体系和技术支撑体系。

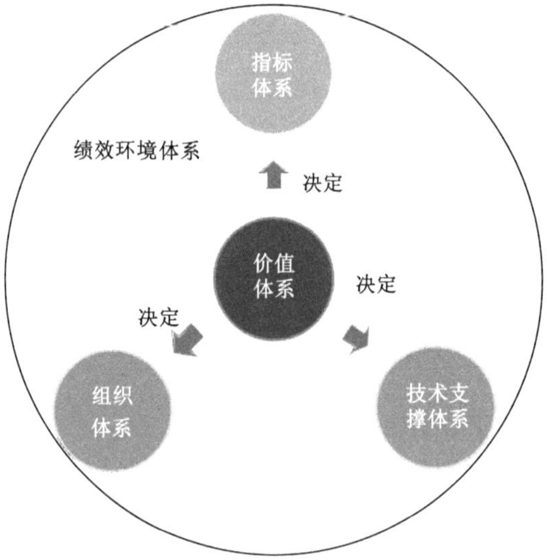

图 4-5　政府绩效评估体系

指标体系、组织体系和技术支撑体系之间相互影响，进而构成了政府绩效评估的第二层次的研究问题。第二层次的研究问题必须在政府绩效的价值体系定位清楚的情况下才能进行相应的选择。在指标体系、组织体系和技术支撑体系三者之外是政府绩效评估所处的制度、政策、组织文化等绩效环境体系，这一层次（第三层次）的问题决定了政府绩效评估的可持续性、连续性以及制度化等问题。绩效环境体系从文化、制度、认知的层面形成公民的集体偏好，影响各主体对“什么是政府绩效”这一基本问题的认知，并影响达成共识的过程。从价值体系的核心作用出发，为其他体系建立最初的价值定位。指标体系、组织体系及技术支撑体系必须在价值体系的前提下，从地方的需求和特点出发进行相应的研究和选择，这一过程突出了地方政府绩效评估的功能性。该功能性要求第二层次的绩效评估体系必然是以地方性偏好为主的、异质性的选择。绩效评估的绩效环境体系构成了绩效评估的宏微观制度性约束和软硬件环境约束，同时又通过绩效评估的实践对其进行不断塑造。通过第二层次和第三层次的实践，又能够不断地对第一层次（价值体系）进行反馈，从而不断将政府职能定位、构建服务型政府等理论的虚置概念进一步明朗化和可操作化，在绩效评估的整体过程中形成一个闭合回路，形成全面、完善的体系型绩效评估。

三、政府绩效评估体系的内容

（一）价值体系

绩效的概念是对以往效率、效益、效能等概念的一种综合与超越。绩效不但具有某种现代性的含义，而且与政府发展与转型的需求是结合在一起的。基于绩效的概念，在政府绩效评估过程中政府绩效整合了公平、民主、参与等理念，所以此处所要强调的政府绩效价值体系并不是要研究哲学层面上的公平、正义等问题，而是以实践中的问题为导向。政府绩效评估究竟能够解决政府的什么问题？绩效评估所意图达到的目标是什么？进而事实上要回答在绩效层面，公众究竟需要一个怎样的政府？只有解决了这些问题才能够对政府绩效评估的其他体系进行定位和选择。将政府绩效评估价值体系的研究与服务型政府构建、地方政府改革、政府职能定位等实际问题结合起来，才能够保证对这些问题的有效研究、发挥政府绩效评估的导向功能、解决政府发展的实际问题。

（二）指标体系

政府绩效评估指标体系的设计和指标筛选标准均决定于政府绩效评估目标。从学术争论与实践发展看，绩效评估的目标很难表现为一种统一的诉求，对绩效评估目标统一性描述很容易成为一个空壳而不具有对实践的指导性，也容易抹杀未来拓展其意义的空间。所以，绩效评估的目标应关注以下三点：① 绩效评估的目标应对差异性、多样性存在认可；② 应立足于绩效形成过程来对政府绩效评估进行整体目标设计；③ 不能简单将绩效目标视为一种结果控制，而应同时关注产生这些结果的各种机制和隐性制度。不但要从宏观方面对政府的行为以及职能的定位进行引导，而且要对产生政府行为的微观机制和微观制度进行调整，从而使得绩效评估的目标设计兼顾微观机制与宏观结果相统一。

绩效评估的指标体系来源于对绩效目标的差异性定位，对不同的绩效目标存在着对应的绩效评估指标体系。指标体系是绩效评估研究中的重点问题。科学的绩效指标体系能够正确引导政府绩效目标的实现，顺利完成绩效评估的结果导向功能。

（三）组织体系

组织体系要解决的问题是绩效评估过程中的权力分配以及与评估结果之间的关系问题。不同的权力分配过程会构成不同的评估流程，评估流程的不同会对评估结果产生深远的影响。组织体系中包含的政府绩效的潜在有效性是以往研究所没有重视的，也是在后期的基础模型中着重探讨模型功能性的主要原因。从政府绩效评估实践的整个过程看，从“三权”（评价权、组织权、管理权）角度分析，不同的组织者对整个政府绩效评估所起到的效果以及未来出现的结果产生着不同的影响。这是由于在政府绩效评估的过程中，不同的组织者、评估者、管理者对绩效产生过程施加了不同的影响所致，进而影响着绩效产生的实质效果。从组织体系入手，一方面从组织理论的角度研究并优化整个绩效评估的组织过程，通过不同的组织模式形成对不同绩效目标的追求；另一方面，组织体系是推动未来公民参与、民主政治的重要一环，通过组织体系的科学设计，来从单一组织模式拓展为多样化的组织模式，从而深化绩效评估各种主体的协调、沟通、监督。这也正是需要深入研究政府绩效评估中的组织体系问题的原因。对组织体系的研究内容包括绩效评估的组织机构、评估的程序与操作规则、管理方式等问题。组织体系的研究，是基于对“三权”存在的博弈关系的认识，从而对绩效生成的过程进行控制，以达到预期绩效目标与绩效结果的统一。

（四）技术支撑体系

绩效评估中的技术支撑体系是对绩效评估中的技术、方法进行创新，以解决绩效评估中的信息问题。例如，技术获取方法、数据处理方法、“贫信息"和"富信息"问题的解决方法、数据挖掘等技术性问题。在绩效评估过程中,存在着实然绩效与应然绩效的差,即绩效损失。绩效损失是由绩效评估的测不准特性决定的。测不准特性是用物理学中的测不准原理来隐喻的。政府绩效评估过程中各种变量的复杂性越大,测量出来的政府绩效的不确定性就越大。绩效损失概念的提出有利于认识和改善政府绩效。改善绩效损失的重要一环是解决信息问题,其中包括组织内部面临的不确定性问题和组织外部面临的信息不对称问题。通过绩效评估技术支撑体系建设,能够在绩效评估过程中切实降低绩效损失,实现政府绩效目标。

（五）绩效环境体系

(1) 法律法规环境。法律法规环境是从地方政府绩效评估的宏观制度环境层面而言的,是指地方政府绩效评估面临的制度性约束。从地方政府所进行的绩效评估实践来看,政府绩效评估缺乏制度保障已经成为影响地方政府绩效评估可持续性的重要因素。因缺乏制度性约束而导致绩效评估中途停止或完全转向的问题屡见不鲜。政府绩效评估的立法主要是针对政府绩效评估相关立法而言的。例如,明确政府绩效评估立法的主体、立法的法律地位等。政府绩效评估的执法主要是指政府评估立法的执行。例如,定期评估、信息公开等。另外,如何保证法律的执行力是执法环节需要主要考虑的。政府绩效评估的法律法规主要指绩效评估各种法规的法律地位、存在的法律竞合关系、具体的法律救济制度等。政府绩效评估的法律法规是政府绩效评估长效机制的重要保障环节,也是政府绩效评估的制度基础。必须不断从法理层面推进绩效评估的法治化过程,对地方政府绩效评估制度化的条件、内容、程序进行分析;通过地方人大,结合地方的实际需要,对开展绩效评估的主体进行法律约束。

(2) 组织文化环境,即政府部门对绩效管理的一些规章制度和规范,又称为组织中的绩效文化。健康的文化体系如同隐性的制度性保障,为政府绩效的开展、完善、深化提供了有益的组织环境。微观层面的制度安排是在绩效评估过程中形成的,例如绩效文化的形成、组织中激励机制的生成、监督协商机制的完善等。

(3) 认知环境,即绩效管理过程中形成的绩效的价值取向和对绩效内涵的认知。在漫长的历史演进过程中,政府、公民、市场、第三部门等主体在公共生活空间不断互动中逐渐形成对政府绩效内涵的认知，并在协商、讨价还价中最终达成共识。

四、政府绩效评估的流程

政府绩效评估的流程是指在具体进行的政府绩效评估过程中所组织的整个管理流程，具体内容为整个评估过程的设计，包括成立绩效评估领导小组、确定绩效评估领导小组的成员、成立临时的绩效评估办公室并确定需要合作的相关部门等。

政府绩效评估是一个复杂的过程，其中政府绩效评估领导小组所具有的权限以及能够调动的相关部门的能力会直接决定政府绩效评估过程中评估运行的过程。政府绩效评估领导小组主要对总体绩效进行审批，并进行政府内部正式的公务下达。绩效评估办公室负责具体绩效评估的组织协调工作，具体落实总体绩效目标和要求，制订总体绩效计划（通过审批），并将考核标准和文件进行下发，具体解释考评的标准和方式方法，即主要负责在评估过程中整体的组织工作（包括成立考评机构、制定考核方案以及实施考核方案）。当整体绩效评估结束后，绩效评估办公室还需要组织绩效面谈并进行绩效结果分析，形成最终的结果报告。

相关部门主要是绩效评估的对象，在整个绩效评估的流程中根据绩效目标和要求的设计来参与部门绩效目标的解读与反馈，从而形成部门绩效计划，需要配合考评办公室来完成绩效评估的整个环节。

绩效面谈和绩效申诉是绩效评估结束后的一个特殊环节。绩效面谈和绩效申诉是针对相关部门进行的绩效评估结果而言的，是针对已经形成的绩效结果由相关部门就其特殊情况所进行的说明。例如，对于绩效评估过程中突然遇到的自然灾害或是系统性风险而导致政府绩效的突然降低。这种突然的因素会直接导致绩效结果的恶化。对于这种原因产生的绩效降低，政府绩效评估领导小组需要在绩效面谈的过程中对发生的原因予以确认。通过相关部门的绩效申诉来了解产生绩效低下或突变的原因。绩效面谈与绩效申诉是通过对特殊原因的关注来保证绩效评估所具有的弹性。通过反馈沟通以保证工作总结能够反映评价对象的真实情况。结合我国实际，政府绩效评估的一般流程见图 4-6。

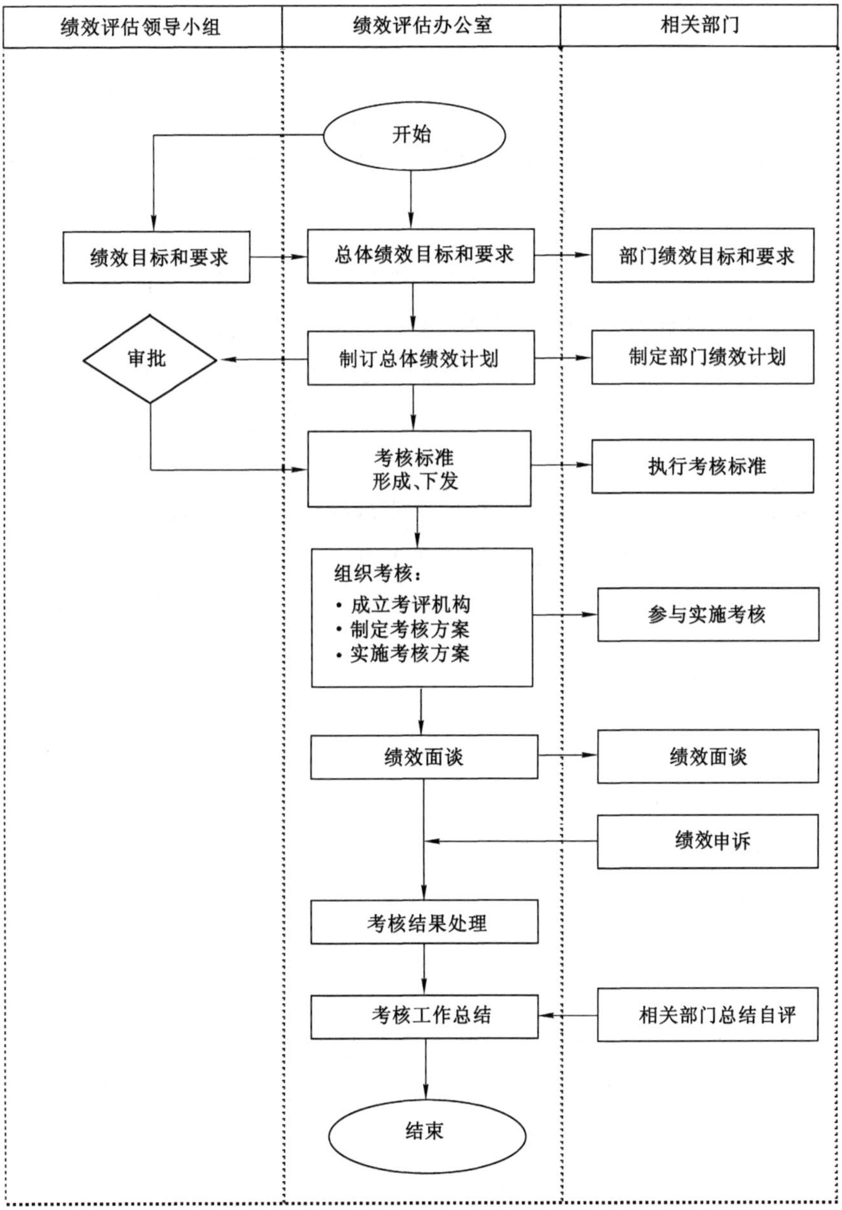

图 4-6　政府绩效评估的一般流程

第四节 政府绩效评估方案设计

一、政府绩效评估方案设计的原则

（一）功能性原则

政府绩效评估方案设计需要充分考虑功能性问题。功能性是指在绩效评估方案的设计过程中，需要进行目标与结果相互匹配的研究。例如，绩效评估要达到什么目标，则相应选取什么样功能的评估模型，即评估的目标与评估的模型必须实现功能性的匹配性才能达到绩效评估目标。在评估的目标确定过程中需要考虑政府绩效评估的导向性、激励性和战略性；方案设计的过程中要考虑方案能否实现绩效评估的功能性。功能性的原则是首位的，如果不能保证政府绩效功能性的实现，则必然在绩效评估的过程中造成绩效损失。保证功能性的实现同时完成了政府绩效评估的完整性。

（二）可行性原则

可行性原则是在方案设计的过程中考虑人力、物力以及资源的限制，包括对方案施行的可行性分析、对整个方案进行的范围研究，从而保证整个方案从调研到实施具有可行性。可行性原则是就当前的资源来进行范围上的控制管理，做到整个绩效评估方案不会偏离主要目的，同时保证其在一定范围内实行，即把概念化的目标转化为具体的可行性方案。

（三）可操作性原则

可操作性原则主要是指对于技术方法的选择要具有可操作性，其中主要是指标设计与可获得性在绩效评估过程中存在的矛盾性。可操作性原则可能会导致某些指标的放弃。因为某些指标虽然非常具有前瞻性和导向性，但是获取数据的方式太难或成本过大或即使获取最终结果也不是较为完整的结果。这个时候需要依据可操作性原则进行筛选，不能盲目地以理论上的可能为依据，还需要考虑实际操作中所遇到的问题。可操作性原则还包括在实际的政府绩效评估方案中需要考虑政府实际合作的可能性、官方数据的可获得性、如何检验等问题。

（四）系统性原则

系统性是指需要在方案设计中综合分析各种可能的影响因素并分析其强弱，这样才能使所设计的评估方案评估出的绩效是符合组织需要的方案设计。政府绩效评估方案的设计必须遵循系统性原则，需要系统地考虑方案所要达到的目标以及可以采取的方式方法。首先确定绩效评估所希望实现的价值，对所评估对象的绩效概念进行界定，从而保证绩效评估的导向性的实现。同时，还需要考虑政府绩效评估方案各个子系统的关联性。

二、政府绩效评估方案设计的流程

政府绩效评估方案设计的流程由相应的评估方法决定。本书将政府绩效评估方法按照以下两种方式进行设计。

第一种是按照“三权”的分类，将组织权和评价权各设置为一种设计依据，以保证存在一个一致性的权力贯穿整个绩效评估管理流程设计。一是针对一致的组织权进行评估方案设计，这是考虑到组织权基于“三权”的核心位置。组织权的一致性有利于保证政府绩效评估流程设计的一致性，并保证绩效评估过程的整体科学性。二是针对一致的评价权进行评估方案设计，这是考虑到评价权主体的一致性。评价权一致保证了整个政府绩效评估过程由相同的评估者进行，从评估的主体认知来讲，保证了一致性。但针对评价权的一致必然会带来组织权的分离。在实际评估中，组织权一旦分离就会带来两个主体对组织权的竞争，结果容易造成两种组织者因为存在认知差异，导致绩效测量结果的一致性降低，并可能使得未来结果使用环节出现问题。组织权分离必然涉及组织权自身管理，从而增加绩效评估管理流程的复杂性。

第二种是按照模型所承载的价值内容进行方案设计。价值内容设计是为了保证政府绩效评估具有一致性的价值生成路径，保证价值内部最大的协调性。价值内容方案设计主要分为三类：一是公民本位的价值生成路径，二是组织内部效率实现的价值生成路径，三是政府与社会协调沟通的价值生成路径。

（一）以"三权"为依据的政府绩效评估方案设计流程

1. 以组织权为依据的政府绩效评估方案设计流程

在组织权与评价权组成的基础模型中，组织权是两类基础模型中的核心。以组织权为依据的政府绩效评估方案有两种（见图 4-7）：一是考核型与民意调查型形式的模型组合；二是治理型与参与型形成的模型组合。以组织权为依据的政府绩效评估的两个流程所实现的核心功能存在不同，其实施后所得到的最终价值也会不同。

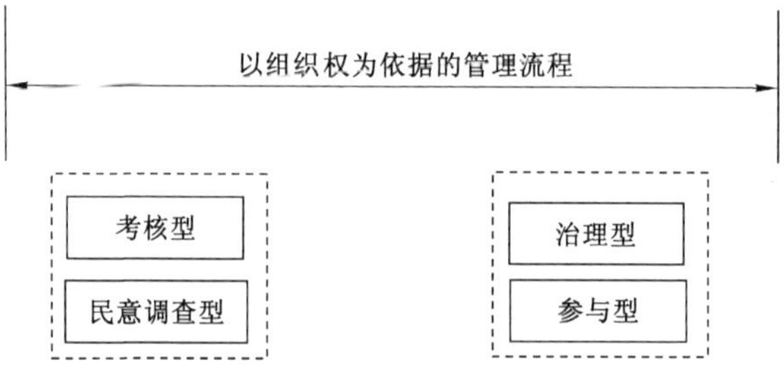

图 4-7　以组织权为依据的政府绩效评估方案

考核型模型是从政府内部来消除信息不确定性的一种途径，是通过政府内部所进行的评估行为从结果上促进政府内部的合作、通过相互协商的绩效计划来有步骤实行的管理行为。当考核型模型与民意调查型模型相结合的时候，所要起到的作用是不从政府单方来看待绩效计划制订的过程，而将公民的意愿反映到政府绩效评估的价值定位中。考核型评估与民意调查型评估是实践中运用最为广泛的一种组合。对于在考核型评估中加入公民意见这一做法是需要肯定的，因为长时间进行公民意见的收集能够促进公民意识的增长和公民参与政治积极性的提升。但对于民意调查型模型所能够起到的实质作用，从博弈的关系看，存在几个难点：① 民意调查型模型的博弈关系是次博弈关系，就演化博弈而言，需要长期的实施以及反馈才能够在公民群体中形成有效策略，才能够使得公民突破偏好隐藏的惯性来正确地参与到民意调查的行为中。只有这样的结果才能够使得民意调查的结果作为政府绩效计划或是绩效评定的依据。② 考核型模型对于内部既定成员而言具有相对的约束力；对于制定出的制度能够较好地预测内部成员的策略反应，并可通过不断反馈而加以调适。在策略更为分散、群体并不明确的公民策略面前，要形成较为清晰的策略约束则十分困难。再次，民意调查型模型运用的限定性表明，只能就公民所能感知的政府总体行为和总体决策进行调查，例如对某一重大政府行为的支持率或是某公共政策影响的普遍调查。过于宽泛的评估很难对内部管理的行为具备详细的指导，从而使得调查结果与实际管理相互脱节。③ 对于民意调查本身所反映的问题，由于受被调研群体选择和调研方式选择的影响而可能得到较大差异的结果。组合后的模型价值实现，见图 4-8。

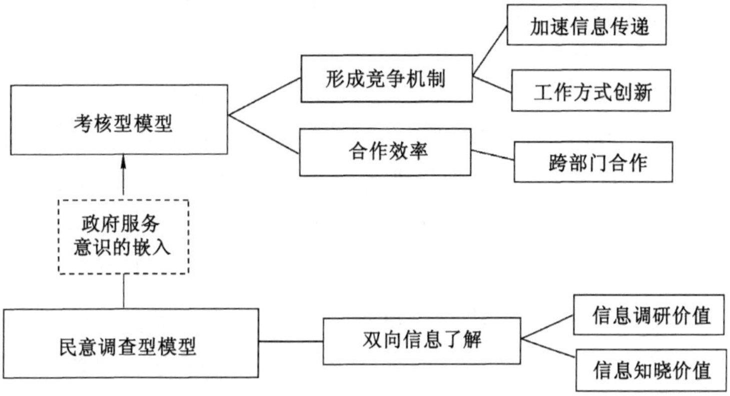

图 4-8　组合后的模型价值实现

2. 以评价权为依据的政府绩效评估方案设计流程

以评价权为依据的政府绩效评估方案设计流程较复杂，探讨以评价权为依据的流程，主要是针对现在慢慢出现的组织权分割的政府绩效评估模式。实际案例研究发现，政府绩效评估的过程会出现组织权分割的现象，即政府与第三方同时保有相应的组织权，并独立负责内部评估和外部评估。以评价权为依据的政府绩效评估方案有两种（见图 4-9），一是民意调查型与治理型形成的模型组合，二是考核型与参与型形成的模型组合。

以评价权为依据的评估管理流程会形成组织权的分离，即对于同一评估主体而言，存在两个主体分别承担着组织权。组织权分离的情况在实践中存在案例。通常的情况是政府通过第三方组织完成与社会相关联的政府绩效评估行为，与组织内部最为相关的评估行为部分则由政府自身来完成。组织权分离的状态使承担组织权的主体只有进行相互协调并保证信

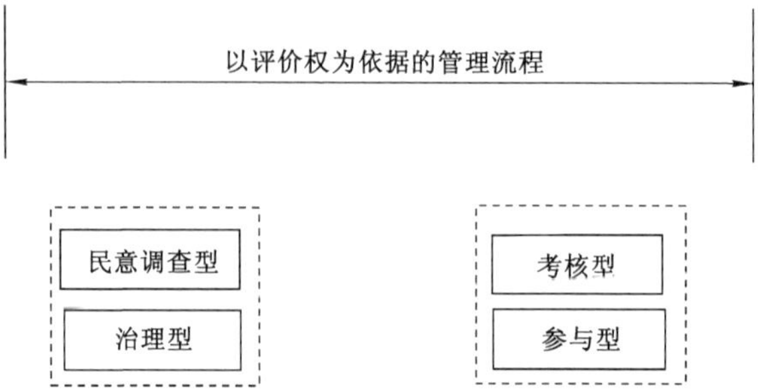

图 4-9　以评价权为依据的政府绩效评估方案

息沟通的通畅，才能够克服组织权分离带来的相互阻滞效应。组织权分离需要更多的管理行为来协调统一单一模型形成的价值关系，从而促进各模型间相互协同。民意调查型与治理型评估模型同属于社会视角的评估行为。从两者存在的博弈关系看，民意调查型评估模型与治理型评估模型都处于次博弈关系上。两者都属于必须通过长期的演化才能形成较为稳定的策略影响，从而形成基于社会主流意识形态的策略组合。两者都是从社会视角出发，但组织权的分离使得两者之间存在管理方法的差异以及信息渠道的阻滞，必须达成相互的一致才能够使得两者组合之后模型效率最大化。如图 4-10 所示，在民意调查型评估模型与治理型评估模型之间用虚线箭头表示两者之间必须建立合作机制才能改善组织权分离带来的竞争效应①。

（二）以价值功能为依据的政府绩效评估方案设计流程

1. 公民本位的价值生成路径

公民本位的价值生成路径是在政府绩效评估过程中由社会反馈形成的价值路径。公民本位是对现代政府提出的要求，同时也是对公共性价值定位的根本体现。在政府绩效评估过程中，需要政府与公民进行沟通，将政府绩效转变为以公民需求为导向、以公民满意为本的服务型政府。公共行政所要求具有的公共性需要政府的绩效评估不但能够保证组织内部运

---

① 在此，我们将模型之间可能存在的阻滞称为模型之间的竞争效应。对于同一绩效评估行为而言，组织权的分离实际上会促使不同组织权归属的主体对组织权的争夺。如果没有相应合作机制的设立，两者之间可能形成相互竞争关系，从而使得模型组合效率下降。

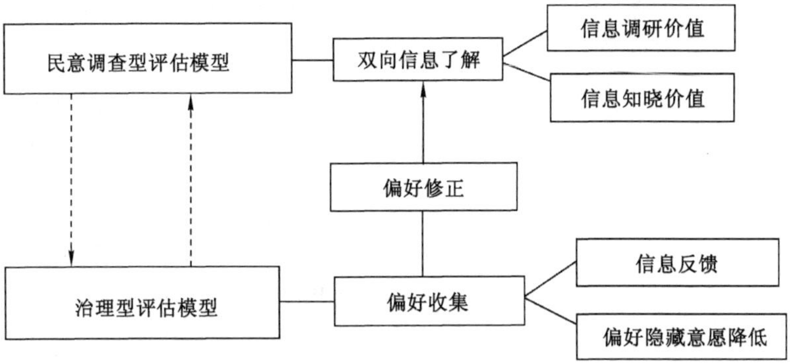

图 4-10　组合后的模型价值实现

行的效率，还需要确保这一效率的方向。公民本位价值生成事实上是对决策方向性的终极验证。从单一的基础模型而言，由于“三权”归属的不同，某些基础模型能够促进公民本位价值的生成。从组合后的管理流程来看，某些模型的组合更有利于公民本位价值元素的强化，并生成更高层级的公民本位价值元素。由于所研究的价值生成路径是一个演化的过程，所以对于实现公民本位的价值生成需要从其历时变化以及变化特征等角度进行分析。

从博弈框架中不难看出，以公民本位为主的价值生成处于次博弈关系上。从演化博弈角度看，公民本位的实现需要经过共同信念的形成来实现。由于演化博弈中策略的形成与历史选择、模仿和惰性等有关，所以对于公民层面上的博弈策略较难改变。该层面的博弈策略取决于社会资本的积累以及公民社会的发展等外在制度条件的形成。政府绩效评估的过程，本身需要突破传统的政府理念，形成政府与公民的互动来改善政府绩效，并达到政府绩效所要求的价值。与公民社会的连接以及培育公民参与政府绩效评估行为过程，是对公民本位实现的一种途径。从单一模型和管理流程中可以得出，在政府绩效评估中，公民本位的实现主要通过两种途径。第一种途径是公民作为零散的个体参与政府信息收集或偏好收集过程。该种路径主要是针对特定服务对象而言的，主要面向享受政府相关服务的对象收集政府工作的满意度等。第二种途径是通过第三方（或专家）的参与来更加客观地收集公民对重大政府行为、改革的意见等。在政府绩效评估环节，两种路径都能使公民参与政府的具体行为，进而通过评估的结果来对政府决策、政策制定产生影响。反馈流程对于公民本位的实现至关重要。如果要改变公民所具有的共有信念,就必须对公民参与这一方式形成相应的沟通和反馈机制,从而形成公民对政府的话语权。只有这样对于公民本位价值生成的路径才能够起到支撑作用。公民本位价值生成的层级及其生成基础见图 4-11。

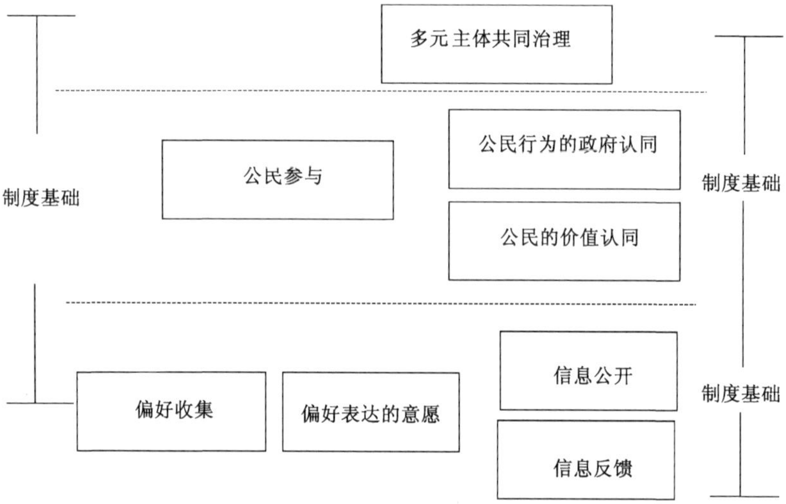

图 4-11　公民本位价值生成的层级及其生成基础

从价值生成的路径变迁过程看,可以将公民本位价值生成的制度基础视为一种自上而下的变迁过程。对于公民层面而言,政府绩效评估的变迁主要依靠外部环境的变化,包括社会经济的变迁以及公民社会的发展。因此,公民本位价值生成的制度基础主要是针对公民参与政府行为的宏观制度条件,主要包括社会发展对公民意识的肯定、公民社会的发展、公民参与政府行为的合法性等。对于公民本位价值而言,主体基础相对复杂,且极为重要。由于公民参与政府行为的主体最难以确定,同时存在社会生活中偏好的隐藏,所以其参与的效果会因主体基础的缺乏而大打折扣。公民本位价值生成是制度变迁自下而上的诱致性动力。只有在社会参与中形成偏好相对一致性的群体,才能够对政府各种公共产品和公共行为提供更多元的意见,形成对政府效能、效率、效益的不同需求。同时,偏好的多样性是公民社会发展的必然趋势,政府正是需要培育这些偏好群体,以便真正在政府行为过程中寻找到真实的合作者和参与者，这样才能够保证公民本位价值生成路径的形成。公民本位价值生成的组合基础以主体基础为前提，包括政府与公民相互参与、合作的机制。组织基础在公民本位价值生成中必须依赖主体基础的形成，进而才能继续完成互动的机制建构。

2. 组织内部效率实现的价值生成路径

组织内部效率实现的价值生成路径是指在政府绩效评估过程中由组织内部效率提升而形成的价值路径。组织内部效率的实现是政府绩效评估最根本的价值目标。政府组织内部的效率实现包括依据组织目标制订绩效计划以及在这一过程中各种管理机制的生成。公共行政所具有的内在价值需要政府自身行为保持效率性，这是公共行政中“行政”所包含的价值所在。从单一基础模型中不难看出，“三权”的归属使得政府绩效评估过程在组织效率实现方式以及实现程度上是存在差异的。从流程组合中可以得出，不同单一基础模型组合形成的组织内部视角价值的强化与生成也不尽相同。组织视角强调的是组织内部的价值生成，即基于整个内部管理过程的价值生成以及各种管理行为的传导机制生成。组织内部效率实现可视为内部管理价值的实现。

从博弈关系上看，组织内部效率实现的价值生成路径处于主博弈关系上。从组织内部而言，相关的博弈策略是相对稳定的，组织内部的个体只需要对博弈环境认知明确就能够客观地认识所应选择的策略集合。对于组织内部而言，面临的难题是信息不确定性问题，即由于相关制度的缺乏而导致的合作行为失衡，这种行为在部门之间更为突出。绩效评估所想要达到的功能是通过系统的管理行为来改变政府组织内部可能出现的信息不确定性问题，即以外力来实现合作机制的建立。从单一模型上看，组织内部效率价值生成的路径主要有两种。一种是通过以政府自身内部管理为主的单一模型来实现。该路径相对直接，而且内部一致性较强。另一种是通过第三方参与的管理行为来实现。该种管理行为通常是咨询性质的，其结果通常表现为以技术支撑和工具运用为主要模式的管理行为。以上两种路径都能够帮助政府改善管理流程，但因其所着眼的视角和产生的价值认同存在差异，从而使得两种路径所生成的价值层次存在差异。

组织内部效率实现价值路径主要存在制度基础与组织基础两种基础。之所以没有主体基础是因为组织内部效率的实现是不需要构建主体基础的。由于政府上下级部门之间、同级部门之间所形成的体系是相对完整的行政管理体制,所以对于各个主体而言不需要刻意的主体构建过程。制度基础是指组织所面临的宏观制度环境和微观制度安排。宏观制度环境是中央政府对行政管理体制改革的要求。例如,大部制改革构成了一个特定时期组织内部效率实现的宏观制度环境。微观制度安排是指组织内部相关规章制度、机构建制以及职位分析等既定的制度安排。组织基础是指在政府绩效评估过程中承担该项职能的内部组织。这类组织或是以项目为目的临时成立,或是长期存续。不论以何种形式存在,其主要作用是提升组织内部绩效。组织基础所具有的权限对组织内部效率能否实现具有重要的意义。组织基础的隶属关系以及职能管辖的范围会影响政府组织内部效率生成路径。组织内部效率价值生成的层级及其生成基础见图 4-12。

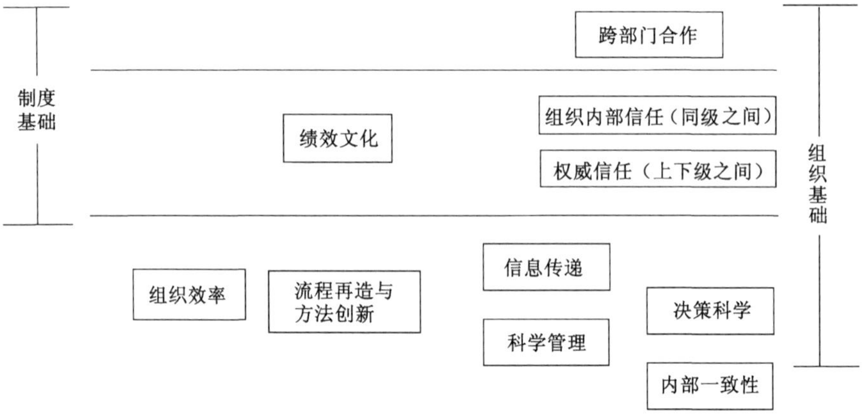

图 4-12 组织内部效率价值生成的层级及其生成基础

3. 政府与社会协调沟通的价值生成路径

政府与社会协调沟通的价值生成路径是指在政府绩效评估过程中社会视角与组织视角相互协调沟通而产生连接机制的价值路径。政府所具有的多元价值需要政府组织与社会偏好的协调一致,因为只有这样才能体现政府所具有的公共性。现实中,政府组织内部与社会之间所要追求的价值并不完全一致。此时,需要在政府与社会之间形成相关的价值协同,从而使政府与社会能够相互沟通,并形成信息反馈回路。这一特点正是公共部门政府绩效评估区别于私人部门的根本特征。从组织视角出发,组织内部所追求的效率价值的生成并不一定与其他价值路径完全一致。组织视角是以组织内部的效率提升为出发点,包括维护组织的内部一致性、管理的连续性、执行的权威性、对内部信息不确定性的解决途径以及将这些价值相互连接的机制。

单纯从组织视角看,其价值生成具有相对独立性,如同组织黑箱理论所描述的过程。由于政府所具有的多元价值追求,组织视角的价值实现与其他视角的价值实现会出现摩擦。政府与社会协调价值生成路径的根本是通过政府绩效评估过程形成政府与社会的良性互动,进而帮助政府与社会之间形成协调与沟通机制。

从博弈视角看,组织视角下的博弈通常处于主博弈层次,策略相对稳定;社会层面的博弈通常处于次博弈层次,需要通过长期的社会资本积累来改变。对于两者而言,虽然价值形成的机制是不同的,但是社会层面的博弈关系能够嵌入组织视角的博弈。同时,社会层面的策略若被接受则会影响博弈的均衡。也就是说,社会层面通过组织内部所产生的变革能够形成社会层面的正反馈。从政府绩效评估的单一模型上看,政府与社会协调价值的生成路径有两种。第一种是通过社会参与模式来实现策略嵌入。该种模式主要是公民参与或专家参与所建立起来的合作机制以及社会认同。第二种是通过监管权的归属使得策略相互渗透与协调。该种模式通过信息相互反馈来完成。两种途径都能够使得政府与社会之间形成协调与沟通机制,从而完成组织视角与社会视角的相互连接。政府与社会协调沟通的价值生成路径是连接公民本位价值生成与政府内部效率价值生成的中介路径。

政府与社会协调沟通的价值生成路径基础包括制度基础、主体基础和组织基础。制度基础是指影响政府与社会相互协调的宏观制度环境与微观制度安排。宏观制度环境包括公民社会的发展、公民参与政治的意愿与动力、宏观所具备的公民参与途径。微观制度安排包括显性的制度安排和隐性的制度安排。显性的制度安排包括对于公民参与的各种制度规章以及公民参与的主体、程序、方法。隐性的制度安排包括政府对公民参与的认同感、结果的采纳度、公民表达真实意愿的动力。

主体基础包括三个方面。一是社会层面参与政治生活的团体;二是政府部门与公民进行沟通的相关主体,三是对社会与政府相互沟通具有影响的社会媒体。主体基础上社会层面参与政治生活的团体范围相对广泛,既包括社会形成的民间团体、民主党派形成的团体也包括以群体偏好为基础的公民团体。政府部门与公民沟通的相关主体此处主要指专门部门,例如政府内部的公共关系部门等。社会媒体既可以是实体的,也可以是虚拟的,例如网络媒体等。组织基础是指专门与公民相互关联的管理部门。

组织基础是以主体基础为前提的。组织基础包括政府内部的组织模式改革以及政府与社会合作所需的联结机制、反馈机制的建立等。组织基础是完成政府与社会沟通最为重要的一环。如果缺乏相应的组织机制和管理模式来联结政府与社会,社会沟通或是公民本位将很难完成,同时也无法在政府与社会之间形成闭合的反馈回路,从而会挫伤公民本位价值的实现。对于组织基础价值实现路径而言,建立并创新组织基础是保证其实现的最为困难但也是最为重要的一环。因此,本书提出通过政府绩效评估管理流程中的价值生成来构建这一组织基础。政府与社会协调沟通的价值生成的层级及其生成基础见图 4-13。

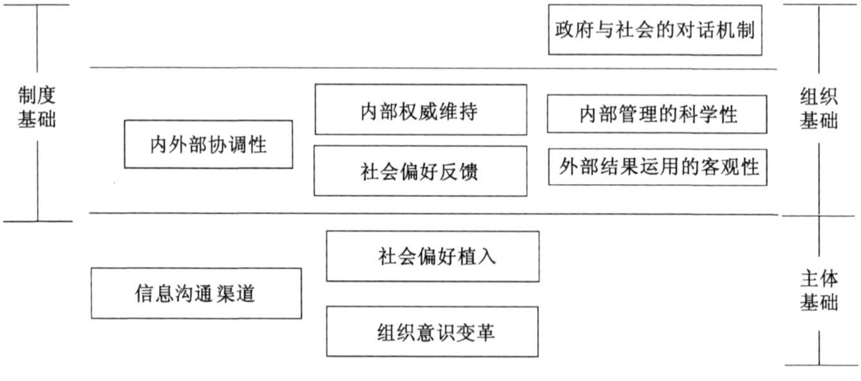

图 4-13 政府与社会协调沟通的价值生成的层级及其生成基础

延伸阅读

合肥市财政支出绩效考评指标体系

一、背景介绍

（一）城市概况

合肥市，安徽省辖地级市、省会，国务院批复确定的中国长三角城市群副中心城市，国家重要的科研教育基地、现代制造业基地和综合交通枢纽。合肥地处中国华东地区、安徽省中部、江淮之间，环抱巢湖，是长三角城市群副中心、合肥都市圈中心城市 、皖江城市带核心城市、G60科创走廊中心城市、“一带一路”和长江经济带战略双节点城市、综合性国家科学中心、世界科技城市联盟会员城市、国家科技创新型试点城市、中国四大科教城市之一 。

（二）政策背景

合肥市近年来积极响应国家关于全面实施预算绩效管理的号召，致力于构建全方位、全过程、全覆盖的绩效管理体系。这一改革要求旨在提高财政资金的使用效率和效益，确保公共资金的合理分配和有效利用。合肥市通过制定和完善绩效评价制度、业务和标准体系，推动了绩效管理改革的深入实施。

二、问题识别

（一）缺乏科学全面的顶层设计

合肥市财政绩效评价体系在顶层设计上存在不足，缺乏一个统一、全面的评价体系标准，导致评价工作缺乏系统性和规范性。这主要体现在评价体系的标准和流程不够明确，各个部门和机构在执行时难以统一，影响了评价的公正性和客观性。

（二）“管事”与“管人”相分离

财政部门在管理事务时，与干部管理相分离，导致财政绩效管理难以有效实施。这主要体现在财政部门在推行绩效管理时，缺乏与人事部门的有效协调，导致绩效评价结果无法直接应用于干部管理，影响了财政绩效的提升。

（三）内部管理与外部监督不足

现有的财政绩效评价体系在内部管理和外部监督方面存在不足，导致评价结果的应用和反馈机制不够健全。这主要体现在评价结果的应用不够广泛，缺乏有效的监督机制，导致评价工作流于形式，无法真正提升财政绩效。

（四）评价指标体系不完善

评价指标体系不够完善，缺乏对财政运行状况的全面评估，导致评价结果不够客观和准确。这主要体现在评价指标的设置不够科学，缺乏对财政运行的全过程、全方位的评估，导致评价结果无法全面反映财政运行的实际情况。

三、合肥市财政支出绩效评估体系设计

（一）一级指标

1. 业务指标

业务考评内容主要是对项目的目标设定、完成程度及组织管理保障水平等进行评定。业务指标下设的二级指标包括目标设定情况、目标完成程度和组织管理水平。业务指标为共性指标，占一级指标的权重为30%。

2. 财务指标

财务考评内容主要是对为完成绩效目标安排的预算资金的使用情况、财务管理状况及资产配置与使用情况等进行评定。财务指标下设的二级指标包括资金落实情况、实际支出情况、会计信息质量、财务管理状况和资产配置与使用等。财务指标为共性指标，占一级指标的权重为30%。

3. 效益指标

效益考评的内容主要是对项目完成后的效益情况进行评定。效益指标下设的二级指标包括经济效益、社会效益和生态效益等。效益指标为个性指标，占一级指标的权重为40%。

（二）二级指标和三级指标

1. 目标设定情况

目标设定情况指考评对象对预定目标的设定、规划情况是否科学、合理，能否体现财政支出的经济性、效率性和有效性等。目标设定情况可细化为以下三级指标。① 依据的充分性：项目资金设立依据是否充分，有无经科学论证。② 目标的合理性：项目资金使用预定目标是否明确，目标设置是否客观、科学。

2. 目标完成程度

目标完成程度指考评对象总体目标或阶段目标的完成情况。目标完成程度可细化为以下三级指标。① 目标完成率：实际完成数/预定目标数×100%。② 目标完成质量：实际达到的效果/预定目标×100%。其中，实际达到的效果指考评对象实际达到的效益，当效益可以量化时，可以采用相应的数额；当效益不可量化时，可以采用专家评议、调查问卷等方法，得出结论。③ 目标完成及时性：项目资金使用的预定目标是否如期完成，未完成的理由是否充分。④ 验收的有效性：项目验收方式的合理性、验收机构的权威性和验收结果的公正性等。

3. 组织管理水平

组织管理水平指考评对象按照国家政策法规和实际情况，逐步形成和运用的组织结构、管理模式、基础管理制度、激励与约束机制、信息支持系统以及由此形成的组织、协调和管理能力等。组织管理水平可细化为以下三级指标。① 管理制度保障：项目的相关管理制度是否健全以及落实到位情况；项目合同书、验收报告、技术鉴定等资料是否齐全并及时归档。② 支撑条件保障：项目承担单位的人员、设备、场地、信息等支撑条件的保障情况。③ 质量管理水平：项目的技术指标和质量管理，达到国家、部委或行业等技术和质量管理标准的情况。

4. 资金落实情况

资金落实情况主要反映项目的计划投入、资金到位等情况。资金落实情况可细化为以下三级指标。① 资金到位率：实际拨付金额/计划投入资金×100%。② 配套资金到位率：实际到位配套资金/计划投入配套资金×100%。③ 资金到位及时性：各项资金是否按项目进度及时到位。④ 财政投入乘数：财政投入后带动其他资金投入总额/财政投入金额。

5. 实际支出情况

实际支出情况主要反映实际支出结构的合理性、超支或结余情况、资金利用效率等。实际支出情况可细化为以下三级指标。① 资金使用率：实际使用金额/实际拨付金额×100%。② 支出的相符性：项目的实际支出与预算批复(或合同规定)的用途是否相符，项目经费收支的平衡情况以及支出调整的合理性(只计算财政拨款部分)。③ 支出的合规性：项目的实际支出是否符合国家财经法规和财务管理制度以及有关专项资金管理办法等情况。

6. 会计信息质量

会计信息质量主要反映会计信息资料的真实性、完整性、准确性和及时性等。会计信息质量可细化为以下三级指标。① 信息的真实性：项目实际发生支出的会计核算是否真实、准确和规范。② 信息的完整性：项目资金投入、支出、资产等会计核算资料的完整性。③ 信息的及时性：各类会计核算资料提供的及时性；已完成项目是否及时进行决算与审计；项目形成的固定资产是否及时登记入账等情况。例如，报送财务报表等资料及时率为按时上报财务报表等资料次数/应上报财务报表等资料次数×100%。

7. 财务管理状况

财务管理状况主要反映财务管理制度健全性、财务管理有效性及财务制度执行状况等。财务管理状况可细化为以下三级指标。① 制度的健全性：项目单位的内部财务管理制度、会计核算制度的完整性和合法性；是否有项目资金管理办法，并符合有关财务会计管理制度的规定。② 管理的有效性：项目的重大开支是否经过评估论证，资金的拨付是否有完整的审批程序和手续；财务管理制度是否按规定有效执行。例如，资金拨付手续完备率：符合审批手续的拨付金额（笔数）/项目总支出金额（笔数）×100%。

8. 资产配置与使用

资产配置与使用主要反映资产配置的合理性和资产使用情况。资产配置与使用可细化为以下三级指标。① 制度的健全性：项目单位的资产管理制度是否健全、完整和合法。② 制度的有效性：资产管理制度是否得到有效执行，固定资产是否有专人妥善保管。例如，固定资产准确率（账实相符率）：实际固定资产/账面固定资产×100%。③ 固定资产利用率：实际在用固定资产/所有固定资产×100%。

9. 经济效益

经济效益主要反映考评对象对国民经济和区域经济发展所带来的直接或间接效益等，主要包括对经济增长的贡献、对财政税收的贡献、对外贸出口的贡献等。经济效益指标需要结合考评对象的不同特点和绩效预期目标，细化为具体的三级指标。以农业产业化项目为例，单位投入农产品单产提高量:(项目实施后的农产品单产—项目实施前的农产品单产)/财政投入;单位投入农产品附加值提高量:(项目实施后的农产品价值—项目实施前的农产品价值)/财政投入;单位投入农户增收量:(项目实施后的农户户均收入—项目实施前的农户户均收入)/财政投入。

10. 社会效益

社会效益主要反映考评对象对社会发展的影响。不同性质的财政支出具有不同的社会影响。社会效益指标需要结合考评对象的不同特点和绩效预期目标,细化为具体的三级指标。

11. 生态效益

生态效益主要反映考评对象对生态环境保护的影响,主要包括在治理环境、污染控制、恢复生态平衡和保持人类生存环境等方面的影响。生态效益指标需要结合考评对象的不同特点和绩效预期目标,细化为具体的三级指标。

(三) 指标量化

三级指标的设定、选用、权重(或分值),原则上由主管部门或单位与财政部门研究确定。就整体而言,业务指标(A)大体上占整个指标体系的30%,财务指标(B)占30%,效益指标(C)占40%。每类指标总分都为100分,根据其明细指标的得分(P_i)和设定的权重(l_i)计算出得分,再将每类指标的得分与权重的乘积加总,得出考评分数(S)。其通用公式为:

$$S=(A\times 30\%+B\times 30\%+C\times 40\%)\times 100\% \tag{4-1}$$

$$A=\sum_{i=1}^{n} P_i l_i$$

式中,P_i 表示每项指标算出的结果转化成相应的分值;l_i 表示根据评定对象的性质,对所选指标设定相应的权重;B、C 的计算方法同上。

(四) 考评结果

考评结果分为优、良、中、合格、不合格等五个,根据计算结果的分值,确定考评对象最后达到的档次。绩效考评结果档次划分见表4-7。

表4-7 绩效考评结果档次划分

档次	优	良	中	合格	不合格
分值	≥90	(90,80]	(80,70]	(70,60]	<60

（资料来源《合肥市财政支出绩效考评指标体系》，载原创力文档网 2019 年 8 月 23 日，https://max.book118.com/html/2019/0822/8060046137002043.shtm。收入本书时有改动）

思考题：

1. 如何在绩效评估中平衡短期成果和长期目标？
2. 绩效评价结果如何运用在未来的财政支出中？

第五章

CHAPTER 5

政府绩效管理的开发与设计

教学重点

政府绩效管理的开发与设计。

教学难点

政府绩效管理的开发与设计工具：标杆管理、政府全面质量管理。标杆管理、质量管理和绩效管理三者之间的关系。

学习建议

政府与私营部门存在着巨大的差别，绩效观念就是其中之一。私营部门一般都有很强的绩效观念，一直以来，政府常常忽视绩效管理问题。在学习的时候，要思考政府为什么要引入绩效观念、政府引入绩效观念的困难以及引入方法。在学习的时候，首先要掌握政府绩效管理开发工具在私营部门的应用，然后掌握这些工具如何引入政府，以及在政府应用中可能产生的问题。

第一节　引入绩效观念：政府绩效开发的基础

一、政府中“绩效”的含义

“绩效”是从“效率”“效益”等词演变而来的，但同时又摒弃了传统狭隘的概念，在组织长期发展问题上，提供了一种管理的新观念和新方法。绩效不仅与资源有效使用、人力资源管理相关，也与顾客导向和企业责任相关。这也充分体现了绩效观念对企业可持续发展的重要性以及对自然生态、公众服务和人员激励的重要意义。树立绩效观念首先要明确绩效管理的对象。在企业绩效管理中，绩效管理的对象十分明确，组织绩效、个人绩效（团队绩效）经过组织目标分解和一致的利润价值取向，能够较为合适地结合在一起。在政府中，绩效的管理对象及管理工作比较复杂。

第一，政府的职责主要是社会管理与公共服务。政府通过制定专门、系统的社会政策法规来管理和规范社会组织、社会事务，调整社会利益关系、回应社会诉求、化解社会矛盾、维护社会公正、提供公共产品和服务等。例如，社会保障服务、教育、科技、文化、卫生、体育等公共事业为公众参与社会活动提供基本保障。政府的社会管理与公共服务职能从根本上区分了政府与企业组织的不同之处：不以营利为主要目标，不直接产出可见产品。这些特点也决定了政府整体的组织绩效衡量会遇到一些问题。例如，大量的社会保障服务、教育、科技等服务项目所产生的效果可能会跨度很多年，而绩效管理对组织绩效的精确衡量要求应能够随时跟踪监测绩效，而这点在政府绩效管理中却很难实现。另外，政府单个服务项目的绩效衡量也不同于企业绩效衡量。服务性企业的绩效衡量可以通过再次光顾率、顾客满意率等指标来衡量，而政府的服务项目却与此不同。例如，行政审批项目，如果某个企业需要注册，不管该行政审批部门的办事效率和服务态度如何，企业都必须申请审批。因此，政府的公共服务兼具服务性和强制性。以公共权力为保障的政府组织绩效，一方面缺乏衡量机制，无法形成科学的、量化的组织绩效；另一方面半强制性服务为政府绩效衡量带来了许多非正常因素，直接影响到组织绩效的衡量。

第二，长期以来把公务员置于为社会服务的地位，忽视了对公务员个人绩效的衡量。这里的公务员个人绩效衡量不是传统意义上的考核，而是根据绩效管理要求对个人绩效进行预测、跟踪、反馈等全方位的绩效监测与衡量。忽视个人绩效的衡量，将无法把组织绩效与个人绩效有效结合起来。从理论上看，政府的公共服务性质有助于组织目标和个人目标的整体结合。实践表明，政府个人目标与组织目标结合上存在技术缺陷，仅仅通过道德要求或者号召，则个人目标与组织目标契合方面就显得较为薄弱。

个人绩效也是如此。由于缺乏对组织整体绩效的认同和分解，公务员绩效衡量还停留在传统考核层面，并没有达到绩效管理所要求的根据组织整体绩效目标来确定个人绩效目标，进而发挥个人的积极性和创造性。如何确定公务员个人绩效、个人绩效与整体组织绩效的关系，是政府绩效管理开发所需要面临的问题。政府绩效管理中的绩效内容见图 5-1。

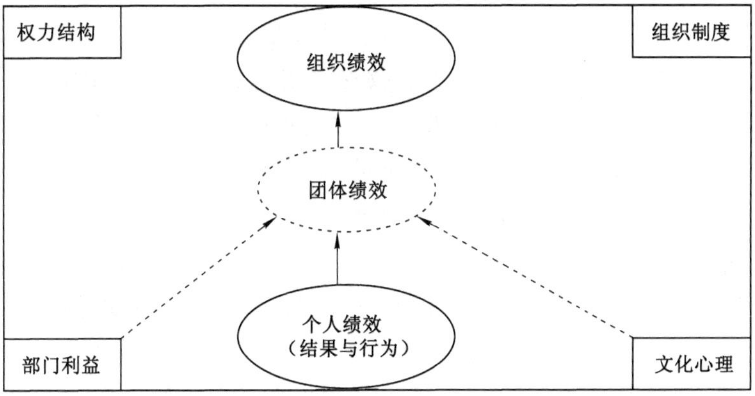

图 5-1　政府绩效管理中的绩效内容

（一）组织绩效的衡量

政府组织绩效的衡量和确定主要通过财政预算来实现。在政府再造运动中，确定政府组织整体目标的主要方式是财政预算。因此，政府组织绩效衡量又可以称为绩效预算。绩效预算或者说业绩预算反映了政府在现代社会中对资源使用、公共服务支出等情况的负责任意识，也是衡量组织绩效的重要手段之一。例如，荷兰政府在 20 世纪 90 年代初期实施了绩效预算的方法，并以此来衡量各个部门组织绩效的具体情况。1993 年，荷兰财政部公布了各个政府预算的情况和可解释的百分比。2018 年 9 月，《中共中央 国务院关于全面实施预算绩效管理的意见》正式公布，表明我国全面实施预算绩效管理，力争用 3～5 年时间基本建成全方位、全过程、全覆盖的预算绩效管理体系。通过财政预算控制来规定、衡量组织绩效，对改善政府支出情况、提高服务效率具有指导性作用。各个国家改革的实践表明了预算管理作为绩效预算的具体操作方法是行之有效的。

当然，财政预算只是组织绩效衡量的方法之一，单纯依赖财政预算并不是绩效预算的全部，仅仅是成本控制在政府的初步实施。服务性企业在实践中逐渐暴露一个问题，即服务性企业不可能像制造性企业那样有大量的经营成本。这也意味着同样作为服务部门的诸多政府部门不可能完全参照制造业等企业的绩效衡量方式。成本控制在服务性部门面临极大的问题，需要向全面绩效衡量转变。

从整体来看，组织绩效包含政府财政支出的使用情况、公共服务的质量、公众的满意度、资源的有效使用等。财政预算方法对组织资源的使用进行了量的规定，其中主要是关于财政支出使用的规定。组织绩效不仅涉及资金问题，还涉及政府服务的效率和质量等问题。因此，需要从整体上规定衡量组织绩效的一种方法。美国的《政府绩效与结果法案》从严格意义上看是对如何衡量组织绩效的一种规定。《政府绩效与结果法案》提出了制订绩效计划的重要性，并把绩效计划视为各个部门组织绩效衡量的基础。绩效计划包括建立绩效目标以界定计划活动实现的绩效水平；用客观的、量化的、可衡量的形式表述目标；简要描述实现计划目标所要求的运作过程、技能(技术)、人力、财力、信息等其他资源；建立绩效指标，以此衡量或评价每一个计划活动的相关产出、服务水平和结果，为比较实际的计划结果和已确定的绩效目标提供基础。从财政预算到绩效计划制订，反映了企业管理从成本会计计算法向绩效控制转变的理念。这一理念在政府中的成功实现，综合反映了政府对组织绩效衡量和测定的重要认识。

(二) 团体绩效

团体绩效是一个备受争议的概念。一般认为，团体绩效是指组织内部形成的非正式群体所创造的绩效，与正式组织结构中的部门绩效有着本质差异。非正式组织这个概念最早由美国管理学家梅奥在《工业文明的社会问题》中提出。梅奥认为，作为“社会人”，非正式组织的本性或特点之一是在劳动中同其他人交往，紧密地结合在一起，经理人不是和员工个人打交道，而是应该和工作群体打交道。认识到形成工作集体和参与感的非正式组织的作用，是梅奥对现代组织管理的贡献之一。其后的社会系统学派创始人美国管理学家巴纳德发展了非正式组织理论，对非正式组织进行了系统研究。巴纳德指出：非正式组织是由组织中的个人接触、交互影响、自由结合形成的联合体，能对正式组织起到补充、限制的作用；无论在什么地方都存在着与正式组织有关的非正式组织。巴纳德把非正式组织的作用归纳为三点：一是促进信息传递的功能，可以沟通一些不便由正式组织通过正式渠道沟通的信息和意见，缩短人们的心理距离，有助于主管人员了解真实情况，从而作出合乎实际的抉择。二是能够影响和激发成员为整体服务的愿望，增强组织的凝聚力。三是正式组织可以借助与非正式组织的互动关系，避免正式组织控制过度，有利于维护个人的尊严。但是，如果引导得不好，非正式组织会对正式组织产生消极影响，妨碍正式组织功能的发挥，导致组织的僵化和衰退。

对非正式组织的研究有助于加强对团队绩效的理解。一般认为，绩效管理是对组织绩效和个人绩效进行管理的方法。同时，个人绩效目标与组织绩效目标存在民主参与、授权管理等结合形式。个人绩效目标是组织绩效目标的分解。只有当个人充分意识到自己在组织发展中的价值时，个人的积极性和创造性才有可能得到最大限度发挥。但是，在个人与组织之间，存在管理者与被管理者的本质差异。即使现代管理充分强调民主参与和组织授权，身份差异也很难从本质上得以改变。个人与组织之间过大的空白空间造成了绩效理解偏差，为组织绩效目标传达和个人绩效目标考核制造了障碍。团队绩效的提出在很大程度上弥补了个人与组织之间的空白。团队绩效是个人之间形成的非正式组织凭借相互信任、亲密关系所达成的绩效结果。例如，非正式组织成员对个人绩效目标、组织目标、预期回报、服务质量等容易达成一致共识，相互信任和彼此激励敦促了非正式组织成员积极实现团体目标。当然，正式组织对团队绩效并不予以承认。但是，随着绩效管理在现代企业以及政府中的运用，人们逐渐认识到绩效测评的中心目的是帮助团队提高绩效。通过授权，团队可以自我设计绩效测评体系，并进行自我绩效追踪。重视团队在绩效管理中的作用是提高绩效测评真实性和有效性的重要基础。通过团队所营造的相互激励、相互信任的氛围，组织可以避免正规化民主参与带来的不利影响。组织能够借助这种相互信任传递组织绩效信息和组织整体目标，并激励非正式组织内部成员通过形成某种共识积极提高团队绩效和组织绩效。当然，需要指出的是，非正式组织的存在本身是个受争议的话题。一些研究者包括企业管理者认为，非正式组织所形成的“小团体”会对正式组织造成某种压力，甚至抵制组织目标。因此，团队绩效容易被忽略。在政府中，同样也存在非正式组织。恰当运用非正式组织，并发挥其积极作用创造一种团队绩效，需要依靠政府的驾驭能力和实际操作水平。从作为权力主体的政府的服务性质看，创造团队绩效有助于政府发挥民主精神加强绩效测评、监测和跟踪，并有助于全面提高政府内部工作人员的工作积极性。在团队绩效与组织测评关系方面，团队绩效与组织测评间存在相辅相成的关系，可以相互促进和提高。促进组织整体绩效和个人绩效提高的关键在于组织领导者如何发挥这些非正式团体的作用，如何创造条件让这些团体进入正规组织测评和组织整体目标中。

（三）个人绩效

个人绩效是绩效管理衡量的重要维度，是组织绩效的基本保障，也是绩效管理发挥激励作用、提高组织效率和服务水平的基本点。因此，考核个人绩效是企业管理和绩效管理的重点。作为组织生存、发展的基本点，个人绩效的高低直接影响到组织的发展状况。

个人绩效有两层含义：一是指个人在工作过程中所产生的结果和产出，即完成了多少任务，与工作目标相挂钩；二是指一套与组织或组织单位的目标相关联的行为，组织或组织单位构成了个人的工作环境。前者是传统的个人绩效定义，以目标—结果为导向，通过目标—结果链来衡量个人实际完成的工作量；后者的个人绩效定义则更具有现代管理意义。例如，对于许多工作来说，结果不一定是由雇员的个人行为所产生的，也许有其他因素导致这一结果的产生。把个人绩效定义为一种行为，并只把那些与组织目标相关的行为定义为绩效，这就意味着绩效管理所衡量的个人绩效不再仅仅是一种考评结果，而是要求对个人绩效行为过程进行全方位的跟踪、监测、调查和反馈。绩效管理不是单纯的绩效考评，而是一种对绩效的全程管理。对个人绩效行为的定义，有助于绩效管理摆脱传统绩效考评的束缚，建立全新的绩效全程管理系统。

当然，政府中的个人绩效存在难以测量性。作为公共服务部门，一些服务项目很难用时间、满意感、产出结果量等指标来衡量。尤其在个人绩效行为方面，政府不是流水线操作方式，各个政府的具体差异又很大。影响公务员个人绩效行为的因素除了个人能力、团体合作、环境、制度等因素外，还有许多难以测定的人为因素。因为，个人绩效行为的测量在政府中具有一定的障碍。

在人事制度基础上的考核机制是个人绩效衡量的基础，全面衡量公务员个人绩效，必须重视个人绩效在提高公共服务质量、服务水平以及组织整体绩效方面的积极作用。

二、形成对政府绩效的正确认识

政府绩效管理开发设计的基础之一是要对其当前的绩效情况形成正确的认识。只有对当前的绩效情况形成正确的认识，政府才有机会进行变革，并对症下药实施有效的绩效管理。

表 5-1 所示的绩效管理分析表是由一个战略薪酬研究中心需要分析和诊断的绩效情况。政府绩效管理需要了解的当前绩效情况，即绩效诊断，与企业绩效管理有相似之处。

表 5-1 绩效管理分析表

分析内容	具体要素
原因	·什么原因造成在现有条件下对绩效管理或奖励进行重新评估？
目标	·组织的战略经营目标是什么？ ·谁或者哪些因素的绩效对经营目标具有关键作用？ ·我们应该与雇员签订什么样的绩效契约？ ·绩效管理的设计目标是什么？（例如对雇员的吸引、挽留、激励或控制）
环境	外部因素 ·我们现在处于业务循环的哪一个阶段？ ·所处的国家与社会文化对雇员绩效和差异化的态度有什么影响？ 内部因素 ·相关雇员群体的激励假设是什么？ ·相关内部雇员对群体的评价是什么？他们是如何影响差异化态度的？
系统	·为了支持那些影响雇员的知识、能力和动力的绩效目标或经营目标，我们应该采取哪些行动？
设计	内容 ·如何定义奖励？ ·如何定义激励？ ·哪些衡量标准比较恰当？（例如短期、中期或长期标准，财务或非财务标准，个人或群体标准） ·能否以我们所希望的方式对绩效进行衡量并设计相应的奖励制度？ ·人们能否认识到这种关联？ 过程 ·整个奖励结构是否存在着相互联系或彼此互不相关？ ·参与绩效系统设计和管理过程的其他管理人员是否能接受这个程序？ ·该程序是否易于管理？ ·如何传达绩效、奖励制度？如何反馈？

表 5-1（续）

分析内容	具体要素
结果	· 对行为有什么影响？（该系统是强化了原有的行为，还是激励了新的行为） · 根据过去的经验，营利或成功的标准是什么？ · 考虑到方案设计与管理的成本以及薪金的支付，能否定义或发展投资收益率标准？
监督	· 现有哪些检查程序或需要创建哪些检查程序？

（一）绩效诊断

第一，诊断政府的组织目标。各个政府总体来说存在许多差异性。确定政府各自的组织目标并不是绩效诊断的任务，绩效诊断的任务在于通过对已定政府组织目标的了解，掌握该目标是否在政府内部为全体成员所知以及公务员对组织整体绩效目标的认识是怎样的。例如，赞成还是不赞成，或者认为该绩效整体目标存在不合理性需要修订等。诊断政府组织目标是整个绩效管理实施和修正的前提，了解公务员对组织目标的认同度是绩效管理能够持续进行下去的一个基本支持。

第二，诊断政府的组织文化和组织氛围。充分了解政府现行的组织文化和组织氛围，例如效率意识、服务态度、团队合作等。政府不同于企业组织，政府的组织文化具有一种长期性和延续性。诊断政府现行的组织文化和组织氛围有助于杜绝不良组织氛围的形成。通过科学合理的诊断手段，了解现行组织文化的情况和公务员的精神面貌，进而塑造符合组织绩效管理战略实施的组织文化和组织氛围。

第三，诊断政府的组织结构。政府绩效管理是涉及组织制度、结构、人事、环境等各个方面的战略管理，许多西方国家将政府再造运动的成功实践归功于对组织结构的根本性调整。例如，行政与决策分开、单独成立执行机构等。当然，对组织结构的调整不是盲目的，而是根据政府现行组织结构情况以及决策科学性、有效性的分析，结合绩效管理的要求而进行的部分组织结构调整。诊断政府的组织结构是一项复杂的工作，涉及人事制度改革、权力结构等方面因素。从长期看，诊断组织结构是急需进行的一项任务，对组织工作效率、服务水平以及组织未来的发展都具有极为重要的影响。

第四，诊断政府的人事制度。绩效管理与人事制度、人力资源管理具有直接的关联，甚至有时人们把绩效管理等同于人力资源管理。诊断政府的人事制度，需要了解当前人事制度及其相关活动与绩效管理活动是否相符合。例如，晋升机制、奖惩机制、考核机制、培训机制等都与绩效管理实施密切相关，如果这些制度不配套或者不健全，就会影响绩效管理活动的开展。诊断人事制度主要是了解这些配套制度的情况，从而为绩效管理实施建立健全人事制度。

第五，诊断政府的沟通机制。强调沟通和民主参与是现代民主政治和组织发展的要求。政府传统的权力结构对自上而下的沟通机制和民主参与机制造成了很大影响。诊断政府的沟通机制是对公共现行纵向的自上而下的沟通情况、沟通渠道以及横向的部门间的沟通情况进行了解。绩效管理对内外部环境变化的要求较高，是一种适应性的市场化管理，需要对内外部环境变化需求及时进行调整。因此，沟通机制对政府绩效管理实施的重要性极为明显。

总之，政府绩效管理的开发首要任务之一是要对组织当前绩效情况形成正确的认识，内容上包括对组织目标、组织文化、组织结构、人事制度、沟通机制等方面的认识，层次上包括对个人绩效、团体绩效和组织绩效等方面的认识。

（二）形成正确认识的影响因素

政府要形成对当前绩效状况的正确认识，需要注意很多方面的问题，包括如何形成正确认识的操作方法等。影响政府形成对当前绩效状况正确认识的因素见图 5-2。

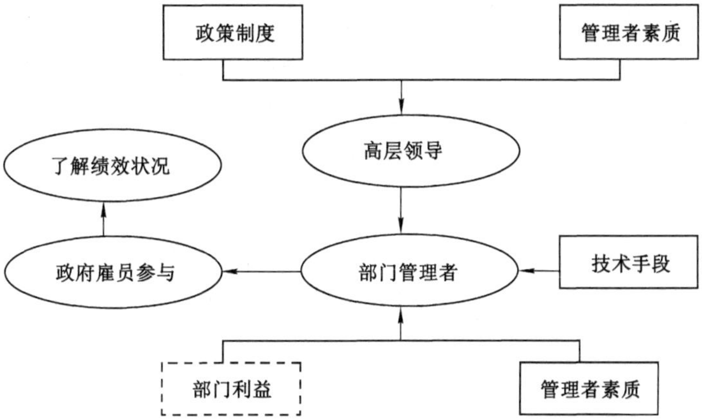

图 5-2　影响政府形成对当前绩效状况正确认识的因素

第一，部门管理者对绩效管理的态度和自我评估的素质影响政府绩效管理开发时首先会影响到政府对当前绩效情况能否形成正确的认识。绩效管理是由部门管理者发起的改革措施，在政府中领导的参与和态度显得格外重要。尤其在存在部门利益的情况下，部门管理者或者领导愿意进行自我评估、客观对待当前评估结果的态度会对当前的评估工作和今后该部门实施绩效管理产生重要的影响。企业组织实践表明，大部分雇员参与的程度较低，一般不存在组织自我评估；评估活动往往由组织的中心机构承担。这样，部门管理者对绩效管理的态度和管理者素质成为一种在政府中扩散民主参与氛围的重要手段。

第二，政府中领导对绩效管理开发起决定性作用。除了一些国家由自治性地方政府发起绩效管理的政府再造运动以外，绝大多数国家的政府改革都由高层自上而下实施。从中央政府到地方政府，领导在政府改革中起到了核心作用。部门管理者对绩效管理的态度和自我评估的素质影响到政府绩效管理开发的具体操作和落实，领导更是关联到了部门管理者对绩效管理的态度。从绩效管理的战略意义上看，不仅需要领导广泛支持绩效管理以便政府对当前绩效状况形成客观、正确的认识，更需要领导参与和支持绩效管理的全部过程，从准备、开始到运行、反馈，领导对绩效管理的支持需要有一定的延续性。绩效管理是一个具有周期性的循环管理过程，政府实施绩效管理应是一个持续监测、跟踪、反馈和提高的过程。领导对绩效管理开发、实施的支持态度和参与程度会影响到整个国家或者地方政府实施绩效管理的程度和效度。

第三，组织内的民主氛围和民主程度会影响到对政府当前绩效情况的了解。绩效管理是注重民主参与的一种管理方式。民主参与的程度不仅对绩效管理实施有直接影响，也对组织当前绩效情况的掌握有一定的作用。例如，政府想要实施绩效管理，首先要对当前组织的实施情况，包括财务、人事、办事效率、工作作风等进行了解。哪些方面存在不足，政府就需要制定相应的绩效指标并实施管理。这样，政府就要充分调动各个分部门，展开调查、资料收集、座谈、访谈等活动以便了解真实的绩效情况。事实是如果各个分部门或者工作人员不配合，不愿意表达真实的信息或者不积极参与，那么政府就无法获得准确的绩效信息，也就无法进一步展开绩效管理。可见，政府内部提供民主的沟通机制和参与渠道并塑造民主氛围对绩效管理的初步开展和进一步实施将产生重要的作用。

（三）形成正确认识的操作方法

政府形成对当前绩效状况的正确认识，需要使用恰当的操作方法和技术手段。对当前绩效状况的认识，其意义在于政府能够避免盲目实施绩效管理，能够根据组织现有的具体情况，找出差距以及可以改进的地方，并为今后设置相应的绩效指标和确定组织绩效目标奠定基础。因此，绩效诊断的技术方法与绩效考评方法有一定相似之处，但也不尽相同。

1. 面谈法

面谈法是了解组织当前绩效状况的有效手段。公务员的精神面貌、工作态度、预期目标等都可能通过面对面的沟通获得真实的信息。面谈法直接创造了民主沟通和民主参与的渠道，避免了一些技术障碍。当然，由政府领导参与的面谈以及面谈者素质的高低都可能造成被访谈者产生不信任感或者没法真实表达一些信息。同时，面谈的技术和成本尚存一些问题。对政府而言，面谈法是一项技术和心理的挑战。

2. 问卷调查法

问卷调查法通过匿名的方式在政府内部以及外部了解组织当前的绩效情况。例如，公务员对部门当前工作效率的认识、公众对政府服务质量的认识等。问卷调查有助于政府通过内部和外部调查真实地掌握信息，并能够消除权力因素和部门利益因素从而获得大量真实的绩效信息。然而，匿名调查的方式也为敷衍了事、不积极参与调查者创造了条件，不利于被调查人真实地表达信息。同时，问卷设计的技巧和问卷结果的统计需要专业人士参与，政府在技术和人员素质上可能还要进行调适。

3. 行为观察量表

行为观察量表是指包含特定工作的成功绩效所需求的一系列合乎希望的行为。行为观察量表一般被用于绩效考核和评估，但在政府绩效诊断过程中也有一定的使用价值。在使用行为观察量表时，评估者通过指出员工表现出的各种行为的频率来评定工作绩效。例如：5＝总是；4＝经常；3＝有时；2＝偶尔；1＝极少或从不。通过将员工在每一行为项上的得分相加得到总评分。高分意味着一个人经常表现出合乎组织希望的行为，低分则意味着一个人极少出现合乎组织希望的行为，甚至是反向行为。政府使用行为观察量表能够根据组织目标了解当前公务员行为的情况，并为下一步改善行为提供基础调查。与此相关的是，行为观察量表同样考验政府管理人员的技术能力和管理素质。

绩效诊断的具体操作方法还有许多，例如关键事件法、排序比较法、网络民意测评等。在具体实施中则需要注意一点，即绩效诊断不同于绩效考核。一方面，政府要进行全面评价，了解组织当前所有的绩效情况，例如公务员对组织的看法、组织民主氛围、工作态度等；另一方面，不应过于苛刻评价，以免造成绩效管理无所不管的不良印象，不利于绩效管理的进一步实施。绩效诊断主要是针对影响组织绩效的几个问题进行了解和评价，目的是在政府内部获得绩效管理的共识，使全体公务员能够支持绩效管理的实施，进而取得一致共识并掌握绩效情况，这也是绩效管理开发的目的所在。

第二节　标杆管理与质量管理：改善绩效的工具

一、标杆管理

（一）标杆管理的含义

在学术界，研究者把标杆界定为：为寻求达成卓越表现所需要的最佳经营方法、创新概念及高效率操作程序的一套系统标准。[①] 一般而言，标杆有两种类型：一种是内部标杆，指组织内部各部门之间的相互比较；另一种是外部标杆，指以竞争者为对象，是一种外部比较。标杆管理是指通过相互比较来改善本部门、本组织绩效的管理方式。标杆管理被普遍认为是一种评估、比较的过程，用来改进工作程序并取得更高的绩效；是一个认识和引进最佳实践，以提高绩效的过程。

在私营企业中，标杆管理获得了成功实践。国外大量私营企业使用标杆管理改善了企业运作情况、降低了成本、改善了对顾客的服务。例如美国的里茨-卡尔顿(Ritz-Carlton)连锁饭店在实际操作中发现，饭店的清洁

---

① 张成福，党秀云．公共管理学[M]．北京：中国人民大学出版社，2001：277．

队按照前台的要求进行清扫工作的做法比单个清洁工逐个房间进行清扫的做法效率高得多。由此，该连锁饭店实施了全面标杆管理，制订出可在全公司实施的计划，在短期内获得绩效改善的良好效果，成本比前一年下降了约 100 万美元，员工满意度上升了 13.6%。标杆管理在私营企业的成功实践表明，标杆管理在推进组织绩效方面具有较大的作用。20 世纪 90 年初期，标杆管理被逐渐引入公共管理领域，成为推动政府绩效改进的重要工具之一。

（二）政府实施标杆管理的方法

1. 前期准备工作

政府实施标杆管理需要进行一些前期组织准备工作。标杆管理是组织引进最佳实践的一个过程。作为政府，实施标杆管理不是一蹴而就的工作，要根据政府的组织目标、工作任务、组织规模、人员素质、组织氛围等特性来确定引入标杆管理的现实性与可能性。对政府来说，标杆管理很少会涉及组织全面变革（例如人事变动、机构撤并等），但标杆管理的引入仍需要政府在组织上作出调适、配合。政府实施标杆管理需要进行组织准备工作。

（1）标杆管理方面的准备。标杆管理首先要确定一个比较对象，实施标杆管理的部门可以通过比较，主动提高本部门的最佳实践。标杆管理方面的准备旨在使实行标杆管理的组织与作为其标杆的合作伙伴在各个方面具有相称性，例如组织的性质、工作程序等。通俗地讲，两个相比较的部门之间必须存在可比性。两个部门在各方面越相似，越能实施有效的标杆管理，越能提高组织绩效。

（2）文化方面的准备。实行标杆管理需要一种引入最佳实践的内部环境，例如组织文化、组织氛围、工作风貌等。任何新管理方法的成功引进和实施，都需要获得一种内部支持或组织共识。传统的政府在接受新生事物和新管理方法方面存在某种抵制性。这种抵制性来自高层，也来自组织自身，包括组织文化方面。如何建立一种标杆管理的文化，积极接受标杆管理，使自身成为一个学习型组织，并促成全体公务员对标杆管理形成某种共识，这是政府标杆管理文化准备的重要任务。

（3）实施方面的准备。对政府来说，任何新管理方法的引入都可能带来利益调整或者机构变动。盲目地直接实施标杆管理,忽略标杆管理的实施准备,有可能浪费大量公共资源,反而不利于绩效提高。因此,在实施准备阶段,政府要对本部门及其利益相关人展开调查、取得共识,并对该部门内部的工作程序有足够的了解,以便在组织内部成功推行标杆管理。

(4) 运作方面的准备。这一准备活动涉及最终,同时也是最具有持续性的问题,即监测组织的实际状况,即一旦最佳实践引进到位便要确保其运作成功。运作方面的准备主要是指对政府标杆管理的主管人员和操作人员进行科学培训,使组织人员能够熟悉标杆管理操作,并能利用这些监测到的信息进行持续的绩效改进。如果主管人员和操作人员不熟悉具体操作方法,也不能利用监测到的信息,那么标杆管理就不可能真正发挥作用。

(5) 技术方面的准备。这一准备活动主要集中在进行标杆管理研究和引入最佳实践所需要的技术技巧上,包括进行标杆管理的机构可以采用的相关知识、技能、能力、经验等,其重要性贯穿从计划到实施的全过程。技术方面的准备可以为其他方面准备较弱的政府提供有力支撑。技术方面的改善能够弥补其他方面的不足,从而帮助政府改善绩效。

2. 程序和步骤

政府标杆管理是促进传统行政组织向学习型组织转变、提高组织绩效的有效途径,但不同的主体实施标杆管理具有不同的具体措施和程序。如何选择一种最佳的标杆管理方式对政府绩效提高的程度和效度有直接影响。即使在企业组织中,标杆管理也存在多种操作方式和程序。例如AT&T的九步骤模式,Zerox公司的五段式、十二步骤模式等。以Zerox公司的标杆管理操作为例,可将标杆管理分为五个阶段和十二个步骤(见表5-2)。

表5-2　Zerox公司的标杆管理模式

五个阶段	十二个步骤
第一阶段:计划	① 决定标杆的标的物
	② 决定比较的对象
	③ 决定收集资料的方法并收集资料

表 5-2（续）

五个阶段	十二个步骤
第二阶段：分析	④ 决定目前的绩效落差
	⑤ 提出未来绩效应有的水准
第三阶段：整合	⑥ 和员工沟通分析结果，使员工接受结果
	⑦ 建立功能目标
第四阶段：行动	⑧ 发展行动方案
	⑨ 执行特定行动并考核进展
	⑩ 重定标杆
第五阶段：成熟	⑪ 成为领导者
	⑫ 将此运作融入工作流程

政府使用标杆管理的程序与企业组织并无二异，关键在于如何选择标杆管理的程序。美国学者基利在《公共部门标杆管理：突破政府绩效的瓶颈》中指出，标杆管理有许多操作方法，但关键步骤有三个。

（1）取得共识。机构列举出正在考虑作出改进和实行标杆管理的重要程序，并对其中的每一项程序作出详细描述，使参与决策的成员对该程序可能带来的结果有一个共同的了解，然后将所列举的程序内容告知主要的利害相关人、程序主管、监督机构及重要的民选官员，他们会对所列举的程序内容予以删减、综合或分解，也可增添新的程序。最终，通过对话沟通，一套清晰明了、为那些积极参与者和对标杆管理高度关注者所理解和支持的程序就产生了。

（2）确定标准。通过对准备状况、战略方面的问题、顾客方面的问题、竞争方面的问题、环境方面的问题及程序特征进行仔细考察，机构就确定了最具关联性和重要性的标准。在与有关方面和选民分享了这些标准后，所列举的内容就被精简到只包括那些受到强有力支持的最重要标准的程度。在决定对哪种做法实行标杆管理时，在标准上达成共识常常是最困难的、当然也是最重要的步骤。

（3）严格实施。政府首先要对照各项标准来评价每一个程序，以确定哪些做法应优先实施；然后提议对标杆管理项目的两三个程序优先提供给授权、监督或赞助部门，以获得批准；最后对照标准严格实施，并建立相应的监督机制和授权机制，从技术和制度上保障标杆管理的实施。

标杆管理通过内部标杆和外部标杆相比较，能够明显地提高政府的服务质量和组织效益。同时，标杆管理在进行标杆比较时，也创造了一种特殊的激励机制，能够相互比较和促进，为政府改善组织绩效创造了良好的条件。在技术操作和制度管理方面，标杆管理不失为一种改进绩效的有效管理方式。也正是因为这一点，标杆管理的引进为政府绩效管理的持续开展创造了良好的环境和技术准备。

（三）政府实施标杆管理需要避免的问题

(1) 把标杆管理等同于简单的比较，尤其是组织与组织之间的比较。标杆管理是要设定一个标杆作为比较对象，然后根据组织自身的情况，包括工作分析、工作程序等进行相互比较，以提高组织自身绩效。由此，标杆管理的首要目标是提高一个机构的绩效，而不是出于比较而相互挑剔。举个简单的例子，某政府确定另外一个类似的机构作为标的物。该政府首先要做的是对本部门自身的绩效情况进行分析，通过具体操作环节的比较，确定在哪些环节上该政府与标的物之间存在差距，从而制订绩效改进计划，并在取得上下一致共识的基础上实施绩效改进计划。标杆管理不是组织之间的简单比较。尤其在政府中，基于优势心理或者部门利益考虑，往往不愿意设定标杆。即使确定了标杆，也会忽视建立在本部门实际绩效情况基础之上的绩效改进。把标杆管理等同于部门间绩效结果的相互比较，忽视形成这种绩效结果的过程分析，也就无法实现组织的绩效改进。对政府而言，首要的观念转变是要克服这种“相互比较”的心理，树立正确的绩效观，重视过程和程序分析，进而在适应本部门实际情况的基础上提高工作绩效和服务水平。

(2) 同时设定多个比较对象，导致操作流程不规范、标准不一。标杆管理作为确定比较标杆、提高组织绩效的管理方式，既有内部标杆又有外部标杆。一般认为，确定何种形式的标杆完全由组织发展的实际状况而定。例如，组织在发展初期，需要吸收一些经验和做法，可以采取外部标杆；组织已进入成熟发展期，需要采取激励和创新的做法，可以采用内部标杆；组织进入发展停滞期，可以通过内外部比较以提高组织绩效和激励组织创新。无论采取何种形式的标杆管理，就组织实施标杆管理的某个时期来说，最好不要同时设定多个比较对象。一方面，不同的比较对象毕竟有不同的比较层面，每个比较部门的具体操作程序也不尽相同。设定多个标的物会混淆操作程序的比较，导致政府自身在比较过程中过于重视每个操作环节，反而忽视了一定的流程。另一方面，不同比较对象有不同的工作标准，当一个实施标杆管理的政府设定多个比较对象时，也就意味着它可能同时确定多项标准，而这些标准之间如何协调和统一则是个难题。标准不一容易给公务员绩效改进的目标和标准带来混乱，不利于组织绩效的持续推进。

(3) 试图在大的范围内寻找一种最佳实践，标杆管理的范围过大。一是政府往往把标杆管理理解为最好、最佳、最优，寄希望于寻找一个与本部门操作相似的、绩效最优的标的物。这种观念的错误之处在于忽略了本部门的实际绩效情况。相互比较是为了找到镜子，有时候即使是绩效情况差的标的物，通过相互比较，实施标杆管理的政府也能够发现问题所在。绩效最优的标杆有自身特殊的优势和环境，如果实施标杆管理的政府缺乏这些环境优势，那么即使每个程序和标准都达到了，也未必能够从总体上提高组织绩效。寻找最佳实践的标杆管理要求政府能够根据自身情况、标的物与该政府的相似度等进行比较，而不是忽略实际、盲目寻找最优秀的标杆。二是政府在引入标杆管理时，很容易扩大范围，试图对整个组织各方面都进行绩效改善。这种错误做法夸大了标杆管理的功能。标杆管理虽然不是一个简单的比较研究，但也只是一种管理方式。标杆管理不是万能的，仅仅是对政府操作、服务方法等方面的规定。扩大标杆管理的范围，不但不能提高绩效，反而会损害绩效。

二、质量管理

(一) 质量管理的含义

质量管理的历史可以追溯到 18 世纪末，主要指工业企业中生产出来产品的质量检验，以提高产品质量为直接目的，是对生产结果的检验。进入 20 世纪，质量管理开始向事前控制转变，注重对产品质量进行预防和控制，质量管理的积极性大大提高了。进入 20 世纪 50 年代，管理科学的发展和生产技术的复杂，使企业质量管理进入新的轨道。当时，美国通用电气公司的费根堡姆和质量管理专家朱兰提出了“全面质量管理”的概念，认为企业全面质量管理的含义至少包括三个方面：① 单靠数理统计方法来控制生产是不够的，还要有组织管理工作；② 产品质量是在质量螺旋前进中形成的,包括市场调查、设计、生产、检验、销售等;③ 质量不能脱离成本。无论从时间上还是从内容上,这三个方面都不是截然分开的,而是一个相互联系、发展与提高的过程。

（二）政府引进质量管理的原因

质量管理有一个较长的发展历史,但引入政府的时间却很短。20 世纪 70 年代,政府逐渐认识到服务对象是顾客(公民),公共行政在机构精简和信息技术冲击的环境中面临深度变革。从政府角度看,社会发展、技术进步及竞争加剧都会使顾客(公民)对政府和非政府的服务质量提出更高要求。企业在激烈市场竞争中为求生存,自发地实施改进服务质量、提高顾客满意度的策略。作为政府,在内外部环境压力下向以顾客为导向逐渐转变。提高政府管理质量,是现代社会发展的客观要求,也是政府走向以顾客为导向的服务和管理的要求。

（三）全面质量管理的内容

全面质量管理以顾客为导向,旨在全面提高政府服务质量和服务水平。政府全面质量管理是指将企业产品生产的全面质量管理的基本观念、工作原则、运筹模式应用于政府机构中,以顾客满意为导向,全面提高政府机构的服务质量和工作效率。全面质量管理来源于工业企业的产品生产,以有形产品的质量管理为主。政府管理不同于工业企业(尤其是制造类企业),主要以无形的公共服务为产出结果。当然,也不排除一些公用设施、公共建筑等有形服务和产出。无论是无形的公共服务还是有形的公用设施建设,政府借鉴和引入全面质量管理都充分体现了现代社会服务行政的要求和提高公众满意度的要求。

1. 质量第一

全面质量管理的核心是"质量",即对质量进行管理,把质量当作组织管理工作的重要组成部分。从组织管理的结构来看,采购管理、财务管理、人事管理等都是正规组织管理必不可少的内容。尽管质量管理不从属于以上任何一种组织管理形式,然而在实践运行中管理者和公众都认识到了质量对组织自身和公众的重要性,现代竞争也逐渐趋向产品质量和服务质量的"质量竞争"。质量关系到组织的前途和命运,也关系到公众的信任。政府全面质量管理虽然不可能像制造业企业一样采取流水线控制、事前控制等专业质量管理和质量测评手段，但提高服务质量（公共设施的质量）始终是政府全面质量管理的首要任务。

2．顾客服务

政府引入商业中的质量概念，意味着公共机构是服务商行，而公众则成了顾客。① 质量除了行业硬性的标准以外，主要以满足顾客需求的能力和程度来衡量。全面质量管理是在产品或服务的形成、传输和使用时，要以顾客的需求为考虑问题的出发点和检查效果的归宿。全面质量管理的引入对政府服务理念造成了巨大冲击。从公民到顾客，从公务员到服务生产者，公民和公务员的角色都在一定程度上获得了转换。为顾客提供满意的服务不仅是政府服务质量检验的标准，而且能够通过质量检验提高政府服务的积极性和主动性。

3．事前预防

最初的质量管理只是对产品的质量检验，是一种对结果的检查和管理，不能改变已形成的结果。全面质量管理改变了事后管理方式，以事前预防和控制为主。全面质量管理理论认为仅靠产品或服务的质量检验不可能真正提高质量水平。只有在生产管理过程中，采取先进、规范、有效的管理方式，将质量问题消灭在萌芽之中才能达到质量管理的目的。全面质量管理将市场调查、设计、生产、检验、销售等过程全部联系起来，注重预防式管理，对每个环节进行科学质量管理，并通过建立一整套质量保证体系来达到防患于未然的目的。这种操作方法对流水线操作的企业具有借鉴作用。从政府角度看，未必适合采用这种操作方法，但“事前控制”对政府政策制定、服务输出等具有借鉴意义。

4．普遍受益

全面质量管理的前提是普遍受益，即通过对产品质量的全面监督，企业内外部的成员都能普遍受益。全面质量管理的受益者包括五个方面：顾客、业主、员工、供应者和社会等。存在的一个误区认为，对质量的全面管理是组织管理者加强监管力度，对被管理者的自由造成了某种损害。但全面质量管理实施的基本理念在于使所有的受益者在受益方面达到长期成

① 哈拉契米．政府业绩与质量测评：问题与经验[M]．张梦中，丁煌，等译．广州：中山大学出版社，2003：191．

功。作为一种现代管理模式，全面质量管理的受益原则具有普遍性和长期性，是着眼于组织和员工长远发展的管理方式。全面质量管理能为政府的长期发展建立一整套机制并能营造有利的文化氛围。

(四) 政府引进全面质量管理的方法

1. 全面质量管理的事前准备工作

全面质量管理来源于企业的生产实践，与公共服务为主的政府有极大的差异。政府引入全面质量管理需要做相应的准备，以克服与制造业企业的差异，从而成功实践全面质量管理。

(1) 创建良好的组织环境。政府的组织环境是一种高度政治化、开放性的环境。创建良好的组织环境是政府引入全面质量管理、保障质量管理实施的重要准备。政府的组织环境包括政治环境、经济环境、社会环境等三个方面。政治环境要求政府机构、管理者为实施全面质量管理提供大力支持；经济环境要求政府有确定的资金来源；社会环境要求政府和社会之间保持良性互动，同公众保持一种密切融洽的关系，以便获得公众的支持、提高服务部门的社会支持率。

(2) 提供良好的技术支持。政府实施全面质量管理意味着将全面引入企业质量管理体系的做法，因此在具体操作上需要注意很多技术问题。除了政府支持和社会支持以外，良好的技术支持直接关系到组织变革的进程。新技术的应用可以推进组织变革，改变公务员的工作方式，甚至会影响组织机构的职责变化和公务员工作积极性的提高。

(3) 构建良好的组织文化。任何组织从诞生之初就自发地形成了某种组织文化。组织文化是指为公众所共有的、非正式的信念和价值观。这些信念和价值观进而构成了雇员与组织之间相互预期的基本准则。组织文化虽然是个较为模糊的概念，但是专家、管理者日益认识到了组织文化对个人和团体行为、绩效的重要影响力。构建良好的组织文化对政府实施全面质量管理、推进组织变革具有指导意义。推广与全面质量管理相关的组织文化，能够在一定程度上减少政府改革的阻力，增进组织共识、推进变革。

做好全面质量管理准备工作是政府实施全面质量管理的前提。当然，全面质量管理毕竟源于商业企业，政府的服务性质与“商业质量”终究有着本质区别。同时，不同的政府有着不同的工作程序和服务标准。如何在政府中建立一套相对统一的质量管理保证体系对政府实施全面质量管理具有指导性意义。美国公共管理学者科恩和布兰德给出了政府实施全面质量管理的步骤(见表 5-3)。

表 5-3　政府实施全面质量管理的步骤

步骤	工作内容
第一步	建立质量改进小组
第二步	确定谁是顾客、顾客需要什么
第三步	和供应商与顾客协作，分析顾客需要
第四步	分析自己的工作：描述、增加、减少

第一步中的建立质量改进小组，在所有步骤中占据重要地位。质量改进计划项目贯穿实施全面质量管理的全部过程(见表 5-4)。

表 5-4　质量改进计划项目列表

序号	质量改进项目
1	计划的目的是要改进哪些工作?
2	谁领导该小组? 谁是该小组的成员?
3	你试图改进的具体工作进程是什么?
4	这项工作现在是如何执行的?
5	该项工作进程的现有执行水平如何?
6	你是否衡量过执行水平? 是如何衡量的?
7	如果更加精确地衡量现有执行水平? 你需要哪些额外的信息或数据?
8	你计划如何收集和获取这些信息?
9	如果你已经收集到了这些信息，你要对它们做哪些处理?
10	改进这项工作进程的主要障碍是什么?
11	确定这些主要障碍中的一种(或者两种)，并提出一种方法来排除它
12	提出一项示范性的计划，并试验工作进行改进 · 你打算在工作进程中进行哪些改变? 该项工作现在做得如何? 该项工作将做什么改变? · 谁负责管理这项试验性计划? 谁作为职员参加? 这项计划将持续多久? 成功的标准是什么? 谁决定是否在整个机构中进行这项改变?

表 5-4（续）

序号	质量改进项目
13	示范计划会把执行水平提高到什么程度？ ·节省的工时、工作日或工作月情况如何？ ·通过质量改进，你是否满足了顾客需要？ ·你的机构或是你的顾客是否节省了费用？ ·你是否提供了更快捷的服务或更高的生产效率？ ·通过减少错误，你是否减少了返工次数？ ·你采取了哪些其他的衡量措施？

2. 全面质量管理的步骤

从政府的实际情况和我国政府改革的进程来看，全面质量管理对我国政府改革有一定的借鉴意义。全面质量管理的具体操作可以分为以下三个步骤。

(1) 统一认识和组织落实。① 高层管理者统一认识和决策。质量保证体系不仅会提高政府的服务质量，树立良好的组织形象，而且在建设质量保证体系的过程中，政府也可以改善管理水平，提高人员素质，为今后的发展打下良好的基础。作为高层管理者，应对质量保证体系的重要性具有深刻的认识，并在此基础上作出相应的决策。② 建立精干的工作班子。精干的工作班子是建设质量保证体系的组织基础，由最高管理层直接领导，代表最高管理者发动、组织、协调、控制和管理质量保证体系的建设工作。工作班子的规模依政府的具体情况而定，成员要精干，具有较高的工作热情和工作能力。③ 制订工作计划。工作计划要全面、明确，具有一定的弹性。④ 教育培训。教育培训贯穿质量保证体系建设的全过程。这一阶段教育培训的任务主要是加深员工对质量保证体系的认识，了解目标和要求，掌握步骤和方法。⑤ 制定质量方针和目标。

(2) 选择要素和展开活动。① 现状调查。遵循已制定的质量方针和目标，对本部门服务的全过程、各方面进行详尽调查，了解现状，发现问题，分析原因，并提出努力和改进的方向。② 选择运作要素。质量保证体系是由若干运作要素支撑的。政府应在调查的基础上，根据自己所要解决的问题来确定运作要素。③ 将要素展开为活动。质量保证体系运作要素只有具体化为各项活动才有实际价值。因而，要根据本部门质量工作规律和选择的运作要素，确定各项具体活动，充分发动有关人员参与并获得他们的支持，以使质量工作能切实地向前推进。

(3) 分解职责和配置资源。① 建立健全组织机构。根据政府现有组织机构状况，遵循质量活动要求，对现有组织机构进行适当调整和重新设计。② 明确并能够正确分解职责。③ 合理配置资源。

（五）政府引进质量管理应注意的问题

1. 保证工作人员参与分析

工作人员参与工作分析具有以下作用：一是为管理部门提出改革意见，二是保证管理人员能够得到关于顾客需求和员工需求的准确信息。同时，这种参与性也是民主的重要形式之一。全面质量管理要求工作人员能够参与管理过程，并按照质量管理的要求推进绩效提高。全面质量管理是全员参与的管理，产品和服务的质量涉及组织内的各个部门和各个成员，每一位成员的工作都直接或间接地影响着产品和服务的质量。因而，为了获得所期望的质量，必须要求组织内所有部门、成员都参与质量管理活动，不断改进和提高质量水平。因此，政府全面质量管理要求开拓参与渠道，通过全面质量管理和民主参与达到绩效和服务质量的全面提高。

2. 保证与顾客协作

全面质量管理是以顾客为导向的管理模式，质量管理不断改进质量的目标是为了满足顾客需求。对顾客需求的分析是全面质量管理得以成功改进组织服务质量的重要保障。作为政府，要保证与顾客建立良好的协作关系则意味着政府的角色发生了重要变化。为使顾客得到满意的产品和服务，不仅要对产品和服务的形成进行质量管理，还要对此以外的各项工作的各个环节进行质量管理。这种全过程的管理模式要求政府需要随时关注公众需要，以公众的满意度作为质量监测和提高的标准。

三、标杆管理、质量管理与绩效管理之间的关系

本章主要论述了政府绩效管理的开发与设计，除了阐述政府绩效管理开发的基础准备以外，运用大量篇幅论述了标杆管理与质量管理的内容。原因在于标杆管理、质量管理与绩效管理之间尽管有着本质差异，但对政府来说直接引入绩效管理则意味着对政府在短期内实施极为重大的变革，

无论从技术上还是从组织心理上，都存在许多障碍，例如管理技术和人员素质等方面都有待跟进。立足于我国发展中国家政府改革的实际，同时顺应市场经济发展对政府改革的需求，绩效管理改革是政府发展的趋势之一。政府绩效管理改革不可能一蹴而就，其开发、设计、共识的达成等需要经历较长的时间。与绩效管理相关的标杆管理和质量管理以改革难度小、改进绩效、为绩效管理提供观念和制度支持的优势放在了绩效管理开发的内容中讲述。

标杆管理是通过相互比较来改善本部门、本组织绩效的管理方式。标杆管理的目的是提高组织绩效，追求卓越。标杆管理不是业绩评估，但为业绩评估提供了一种手段，即相互比较。全面质量管理是将企业产品生产的全面质量管理的基本观念、工作原则、运筹模式应用于政府机构中，以顾客满意为导向，全面提高政府机构的服务质量和工作效率。全面质量管理通过质量保证体系来监测政府的服务质量和绩效改进，以顾客满意为重要衡量标准。绩效管理是一种注重结果的管理，对个人绩效和组织绩效进行综合管理，通过绩效测评、监测、控制和反馈，使整个组织处于高激励、高服务质量的状态。标杆管理、质量管理与绩效管理的关系见图 5-3。

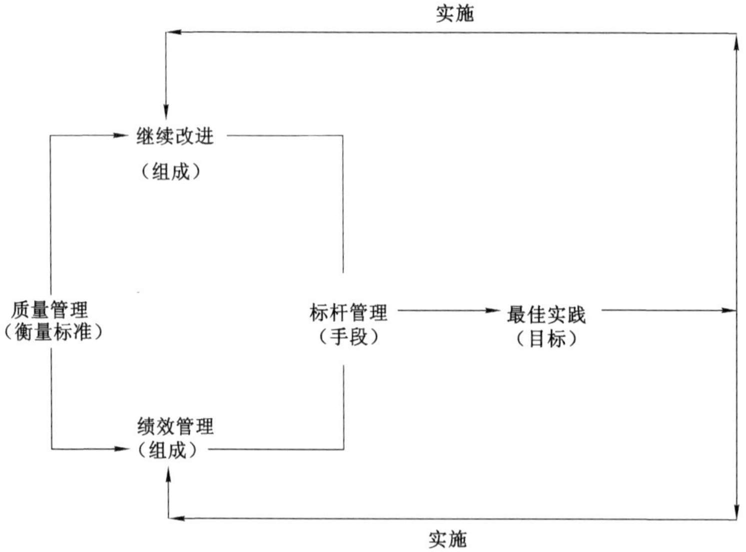

图 5-3　标杆管理、质量管理与绩效管理的关系

图 5-3 表明，标杆管理、质量管理与绩效管理之间存在密切关系。质量管理以质量测评和顾客满意作为绩效管理和绩效改进的衡量标准；绩效管理本身以提高服务质量和顾客满意度为衡量准则；全面质量管理通过质量管理来改进服务质量和组织绩效。标杆管理本身不是业绩评估，但通过组织内部之间和各组织之间的相互比较，包括工作程序、人员素质、绩效结果等方面的比较，以标杆比较的方式持续提高部门绩效可以起到某种激励作用。标杆管理为绩效管理提供了技术手段。通过标杆管理，组织内部人员能够受到某种激励，主动提高个人和组织的绩效及服务水平。标杆管理指向最佳实践，这种最佳实践既是绩效管理所追求的目标，也是组织长期发展所需要实现的目标。

因此，标杆管理、质量管理与绩效管理之间尽管存在极大差异，但三者的目标一致，能够结合起来。标杆管理和质量管理为绩效管理提供了手段和衡量标准，绩效管理是标杆管理和质量管理的归宿以及组织整体战略目标的体现。

通过对标杆管理、质量管理与绩效管理的了解以及三者之间关系的分析可以发现，标杆管理和质量管理在具体操作上同绩效管理相比更具有独立性。绩效管理是组织战略管理的一个方面，涉及组织全面管理。对政府来说，如果准备不充分便直接实施绩效管理，要么将导致组织管理混乱，或是仅停留在简单绩效评估阶段。标杆管理和质量管理一方面相对独立，分别针对政府的服务问题和质量问题进行不同形式的管理；另一方面，两者都是管理的具体操作方法，对政府改革力度和技术要求相对简单，能够在较短时间内实施操作。因此，政府实施绩效管理以及进行绩效管理开发可以借鉴标杆管理和质量管理的做法，逐步推进绩效管理。在理念上，标杆管理和质量管理围绕组织最佳实践的目标，与绩效管理并无冲突。在绩效管理开发和设计的问题上，政府除了掌握绩效管理开发设计的理念与操作步骤以外，非常重要的一点是可以运用标杆管理和质量管理的管理方法，以期逐步推进政府绩效管理，为政府绩效管理开发提供良好的组织环境、技术基础及制度保障。

延伸阅读

探寻预算绩效管理“北京模式” 破解北京成本控制管理密码

全面实施预算绩效管理是深化财税体制改革、建立现代财政制度的重要内容。北京市自2002年启动预算绩效管理试点工作以来，牢固树立过紧日子的思想，不断强化绩效理念和成本意识，加快推进预算绩效管理体系建设。经过几年改革实践，北京市形成了以提升治理能力为目标，以事前绩效评估为引领，以全成本预算绩效管理为基石的预算绩效一体化管理“北京模式”。2019—2021年，北京市全成本预算绩效改革更好地树立了成本控制理念，实现节支超250亿元，在降本增效方面取得了积极成效。

一、把方向、定目标——成本预算绩效管理工作的“火车头”

北京市委市政府主要领导将全成本预算绩效管理工作作为不断提升政府治理能力的有效手段，亲自部署和推动，多次作出重要批示，召开专题会研究重点领域成本绩效管理措施，提出明确要求，为推进改革指明了方向，提供了坚强后盾。2019年，《中共北京市委 北京市人民政府关于全面实施预算绩效管理的实施意见》印发，确立了全方位格局、全过程闭环、全范围覆盖、全成本核算、多主体联动（“四全一多”）的全面预算绩效管理体系建设总体目标。

北京市财政局党组不折不扣落实北京市委、市政府要求，专题研究部署各阶段全成本预算绩效管理改革的领域、方法和目标，建立局长办公会定期通报机制，按计划分批分步有序推进改革工作，形成了全局上下齐抓共管全成本预算绩效管理的工作格局。

二、建规章，明机制——成本预算绩效改革推行的“指挥棒”

北京市不断加强制度顶层设计，将部门全过程业务环节纳入预算绩效管理，建立“1＋1＋N”制度体系框架，形成了以《中共北京市委 北京市人民政府关于全面实施预算绩效管理的实施意见》为核心、以《北京市预算绩效目标管理办法》为统领，涵盖事前绩效评估管理、绩效目标管理、绩效评价管理、绩效评价结果应用、绩效信息公开、绩效考核等预算绩效管理各个环节的9个制度、13类共性指标体系、15个操作规范、25个工作模板、65个绩效目标样表，初步构建起较为完善的预算绩效管理制度体系。在强化制度规范的同时，实行全过程的成本管理和控制，实现了“预算编制核成本、预算执行控成本、预算评价考成本”的全流程绩效管理机制。

在预算编制阶段，以事前绩效评估为抓手，在项目初期立项时注重合理把控项目成本，注重增强项目产出效益，在前端实现“预算支出结构优化、项目投入成本量化”；在预算执行阶段，对预算执行进度和项目绩效目标完成情况实行“双监控”，及时发现项目执行中出现的问题和偏差，督促有关单位及时纠正，保障高效按期实现绩效目标；在项目决算阶段，单位严格依据设定的绩效目标对项目资金使用情况进行成本效益分析，实行绩效评价结果与政策调整和预算安排“双挂钩”。

三、多主体，巧联动——成本预算绩效管理工作的“助推器”

北京市在全成本预算绩效管理中不断完善多主体协同联动机制。一是积极邀请北京市人大代表、政协委员参与事前绩效评估和事后绩效评价工作。二是横向加强相关部门对接。北京市审计部门加强成本绩效审计监督，市发展改革委开展政府性投资项目全过程成本管控，合力破解成本绩效管理改革推进中的瓶颈问题，形成协同共推机制。三是纵向联合各区层层落实。指导督促各区切实履行绩效管理主体责任，加快预算绩效管理体系建设。2020 年开始，常态化推动区级财政运行综合绩效评价，建立定期通报机制，促使各区加强成本管控。四是引入高端智库。建立北京市财政预算绩效管理专家库，充分发挥专业特长开展评估评价，发挥高校等第三方机构独立作用和专业优势。2021 年，北京市财政局与中央财经大学合作，编制出版了《预算绩效管理“北京模式”》一书，系统总结了北京市绩效管理工作的理论基础和实践成果。

四、以事前绩效评估为引领，为预算绩效管理“把关守口”

北京市在全国率先推行以事前绩效评估为引领的全过程预算绩效管理。在资金分配前端引入绩效分析，通过对新增重大事业发展类项目和政策开展事前绩效评估，着重论证项目或政策实施方案的必要性、可行性、效率性、效益性及经济性，从源头上提高预算编制的科学性和精准性。

北京市鼓励项目单位在预算编制时，运用成本效益分析方法对比不同方案成本绩效优劣，在方案论证阶段便开展成本管控。通过项目立项事前评估推动预算安排风险防控前置，实行预算项目随报、随评、随入库管理，做实做细项目储备，对于评估成本不实、措施不严、方案不可行的项目不安排预算并核减单位预算规模，努力实现预算一经批准即可实施。2019—2021年，北京市共完成400余个项目（政策）的事前绩效评估，核减金额超过28亿元，有效节约了财政资金。

五、以成本绩效分析为基石，打造预算绩效管理支撑点

成本绩效分析是开展全成本预算绩效管理的关键环节和核心方法。北京市通过多年探索实践，建立了以成本数据为基础的定额标准体系，完成了覆盖生态保护、城市管理、产业发展、教育教学、乡村建设、医疗卫生等基础设施建设和公共服务等领域的全成本预算绩效分析工作。2021年，《北京市财政局关于开展2021年成本预算绩效分析工作的通知》印发，要求所有纳入北京市政府绩效考核的市级部门结合自身职责，对本行业本领域内的1～2个延续性项目开展成本预算绩效分析。各区各部门分析领域涵盖广泛，包括购买服务类、改造类、运维类、检测类、行政运行类等领域，通过成本绩效分析，各区各部门对本行业本领域的支出标准进行了优化调整和新设，填补了有关领域支出标准的空白。

北京市以公用事业领域为例，通过历史数据纵向比较和同类型企业横向对比，系统梳理历史成本变化情况，深入剖析企业成本结构，评估财政补贴的合理性，指导企业制定降本提质增效目标方案，倒逼企业加快结构调整，提升可持续发展能力。2021年，仅市属公交、地铁、热力、自来水等4家企业就实现了年度降本11亿元。

六、以构建定额标准为路径，确保实现降本增效目标

由点到面、逐步深化全成本预算绩效改革。2018年，北京市选择学前教育、养老机构运营2个项目开展全成本预算绩效分析试点，在全国率先破题。2019年，全成本预算绩效分析试点进一步扩展到城市运行、生态环保、医疗卫生等领域27个项目，形成了89项定额标准并用于年度部门预算编制，明确了全成本预算绩效管理的方法和路径。2020年，北京市推进改革向公用事业、政府投资等重点领域全面拓展延伸，涉及资金占年度支出规模达六成。2021年，北京市组织市级部门开展成本绩效分析，累计梳理形成122项支出定额标准，并已全部用于年度预算编制，强化成本约束。节约财政资金统筹用于支持重大战略、重点改革和重大政策项目落地。

成本预算绩效分析目的是加强财政资源统筹，寻找提升财政资金使用效益的路径和方法，为政策调整和管理改进提供新思路，让政策支持更加

灵活有度，财政资金使用更加有效。下一步，北京市将继续纵深推进预算绩效管理工作常态化，将改革向市级部门、区乡基层和各重点支出领域推进。引导督促区街乡镇开展全成本绩效管理，在行政运行、农林水、教育、文化、经济建设等领域加强成本管控，加快形成"横向到边、纵向到底"的分领域、分行业支出标准体系，不断提高财政资金使用效益，提升财政预算科学化、精细化管理水平。

（资料来源《探寻预算绩效管理"北京模式" 破解北京成本控制管理密码》，载财政部网站 2013 年 2 月 16 日，http://www.mof.gov.cn/zhengwuxinxi/xinwenlianbo/beijingcaizhengxinxilianbo/202204/t20220406_3801145.htm。收入本书时有改动）

思考题：

结合案例材料，谈谈地方政府应如何有效开发设计政府绩效管理体系？

CHAPTER 6

第六章 政府绩效管理的实施与运行

教学重点

政府绩效管理的领导，政府绩效管理的实施，政府绩效管理的监督。

教学难点

政府绩效管理的实施。

学习建议

本章学习的重点包括政府绩效管理的领导，绩效管理的实施及监督。领导是关键，实施是过程，监督是保障。在学习过程中，首先要注重把握政府绩效管理的领导过程；其次要注意掌握政府绩效管理实施的理论知识，并与实际工作相结合，深入理解政府绩效管理的具体实施过程；最后要掌握监督对政府绩效管理的意义以及政府绩效管理监督的方法。

第一节 政府绩效管理的领导

政府绩效管理是一项系统工程，涉及组织、制度和人员等各个方面，故而有人把绩效管理看作组织的战略管理。虽然战略管理与绩效管理分别属于不同的领域有着不同的内容，但是绩效管理从组织战略角度提出了组织整体目标和个人目标相挂钩的操作方法，并提供了一整套激励机制，有助于组织提高工作效率和士气。

政府绩效管理是一个周期过程。绩效管理在持续发展过程中推进着组织绩效改进和组织变革创新。从这个意义上说，绩效管理不是临时应对的应急措施，而是从组织长远发展的角度持续进行的一项改革措施。政府也是如此，绩效管理的实施和运作意味着政府需要长期推进这项工程。政府应提高绩效管理的法律地位，将其置于政府长期改革的战略重点位置。

一、政府组织机构设计

许多早期研究公共行政的学者认为，公共行政的特点在于它与政府管理过程相联系，很多后来者也秉持这一观点。在这一观点看来，公共组织不仅是政府的臂膀，而且在政府管理过程中发挥着重要的作用。公共组织以不同的方式影响公共政策的制定和执行，因而也影响着社会中的价值分配。在实践中，人们已经认识到组织机构不合理是制约政府改革取得成功的重要因素。组织机构是职能实施的载体。它不仅直接影响行政效率的提高还影响着政府职能的实施。有学者认为，组织机构设置是公共行政组织的核心问题，是决定行政效率的关键。组织机构设置是机构改革的重要环节之一，也是解决机构庞杂、效率低下问题的组织保证。

我国政府组织机构设置紧紧围绕政府职能转变探索实行职能有机统一的大部门体制，进一步规范机构设置，优化行政组织结构，完善行政运行机制，加强与整合社会管理和公共服务部门，对议事协调机构及其办事机构进行精简和规范，实现政府机构设置的合理与规范。要充分考虑到机构设置中面临的诸多影响因素循序渐进、稳步实施，必要时还可以根据形势任务的发展变化进一步进行调整。政府机构设置的改革必须系统实施、整体推进、考虑各种因素。

（一）按职能设置机构

政府职能是行政管理体制的核心，也是行政机构赖以存在的基础。政府职能转变是深化行政管理体制和机构改革的核心和关键。要按照经济调节、市场监管、社会管理和公共服务的要求转变职能，明确界定政府、企业、事业和社会中介组织的责任，改变企业与政府主管部门的隶属关系。

机构设置要紧紧围绕政府职能来设定，减少专业经济管理部门，加强服务建设，减少非业务部门，把社会性和后勤性部门转移出去。按照相同或相近的职能交由一个部门承担的原则调整政府机构设置，科学界定部门职责分工，避免部门之间运行的职能交叉，建立起办事高效、运转协调、行为规范的行政管理体系。在机构设置方面，除中央有要求上下对口外，各级政府可以从实际出发，因地制宜地设置一些符合本地发展的部门。按照各级政府管辖的面积、人口、经济发展水平及国家规定的标准等确定机构编制数量。

（二）优化政府组织结构

组织结构理论认为，一个合理的组织结构应包括决策 、执行、监督和参谋咨询等四个系统。决策精干高效、执行迅速有力、监督严格公正和咨询参谋精准等四个系统相互独立又相互配合，共同构成一个科学合理的组织结构。目前，我国政府机构设置中，政府首脑机关制定区域内各种措施，发布各种命令，各职能部门执行上级部门和政府的各种命令，行政监察和审计等机构负责监督和检查，政策研究室、统计局和各部门办公室负责信息的收集和反馈。但是，个别政府存在决策迟缓、执行软弱、监督不力、参谋信息不够准确等问题，各系统之间职责交叉、沟通不畅、协调困难。因此，改革政府组织结构，按照结构优化、形态扁平、职能合理和人员精干的要求设置政府机构是解决这一问题的有效措施。首先，要明确政府职能，合理划分四个系统之间的权责关系。党委不应参与政府的行政决策。党委负责党内事务的管理，并对重大决策提出建议。政府决策机构要精干，各职能部门之间的职责分工明确，权责一致，需要几个部门联合办理的事务要明确第一负责部门。参谋和咨询机构最好独立于决策机构之外，客观准确地为决策和执行部门收集和反馈区域内的各种信息。监督机构独立不受政府决策机关的影响。其次，政府机构设置应扁平化，减少政府层级、增大管理幅度。政府及各部门少设副职，减少部门内设科室数量和非业务科室数量。再次，规范临时机构设置。临时机构的设立要有明确的规定且要遵守法律规定的程序，并向社会公开其目的、职责、人员编制和设立的期限等。可以考虑只设置几个综合性机构来承担各种临时机构的职责，避免临时机构林立的状况。最后，各机构人员均要精干。人是组织的第一要素，公务员素质的高低对政府机构设置的影响很大。高素质的公务员可以扩大管理幅度，增强协调，减少人员编制数量，提高行政效率。政府还应加强对公务员的培训和教育，转变公务员观念，使其树立现代行政观念。

（三）逐步确立机构设置评估的理念

政府机构设置评估是检验政府机构设置改革成效的重要内容。目前关于政府机构设置的全面评估式微。一些研究仅限于专门机构的评估，例如教育机构、卫生机构等。开展政府机构设置的评估，可以总结政府机构设置的经验，增进政府机构设置的科学性、规范性，促进政府职能有效实施，提高政府绩效；可以有效减少机构设置不合理等现象，为充分发挥政府职能和提高政府绩效提供组织保证。对政府机构设置的评估可以由专家、政府工作人员、公众代表等组成的评估组进行或者聘请相关专家和专门机构进行。具体评估工作可以从以下几个方面开展。第一，政府机构设置的数量、领导职数、人员编制数目、临时机构数量、事业单位数量、事业单位人员编制数目等是否符合法定标准。第二，政府机构职能及政府各部门内设科室业务是否交叉。第三，政府提供公共服务的部门数量、专业经济管理机构、综合协调机构、执法机构等占机构总数的百分比。第四，各部门的内设机构数量、岗位设置数量、后勤机构数量是否标准以及业务科室和非业务科室占部门科室总数的百分比。第五，政府内部层级是否合理。第六，机构改革后政府部门及人员数量、事业单位及人员数量与机构改革前的对比（要剔除新进人员人数）。这些评估工作是可以量化的，比较容易进行。对于政府职能配置是否合理等难以量化的部分，尚需深入研究。

二、人员配备及其考核

绩效管理在组织中承担着评价、监督和激励的功能。对员工开展绩效管理，不仅能使个人确定成长的方向，找到现存的不足，明确与组织要求的差距，获得组织的支持；而且能使组织掌握制定薪酬、培训、晋升、奖惩等各项人事政策的客观依据；还能使员工与组织加强沟通交流，促进两者关系融洽，从而有效引导员工作出利于组织发展的行为。绩效管理可以增强组织的运行效率，提高员工的职业技能，推动组织的良性发展，最终使组织和员工受益。组织开展绩效管理是一个系统工程，除了做好机构组织设置工作以外，还需要做好人员配备工作。

（一）绩效考核的主体

1. 主管考核

组织对中低层员工的绩效考核，95%是由员工的主管来进行的，即直线领导是考核员工的直接主管。组织认为，好的主管比其他任何人更了解下属的工作和行为表现，因此主管在绩效考核中最有发言权。但有些组织已经认识到这种考核方式的缺陷。例如，许多主管感到难以对每个下属的独特贡献作出考核，有些主管则抱怨自己被迫在员工的职业生涯中扮演“上帝”的角色。另外，在20世纪90年代，由于许多组织开始引入自我管理团队、电子通信和其他组织手段，这就拉大了主管与下属之间的距离，因此，员工的直接主管对员工的绩效考核不一定可靠。尽管主管考核有诸多不足之处，但在实际工作中，主管考核往往是最普遍、最不可缺少的。

2. 自我考核

自我考核是指让员工考核自己的工作绩效，与自我管理和授权观念是一致的，而且这通常是目标管理的一个重要组成部分。自我考核法得到了员工的高度评价，有助于消除员工对考核过程的抵触，能有效地刺激员工和主管就工作绩效问题展开讨论。这种方法的考核结果易被夸大，且难免存在自我偏见，而且自我考核结果也往往与上级的考核结果不一致。这是因为问题较多，自我考核更适用于员工的自我开发计划，而不是为评价而评价。

3. 同事考核

同事考核是最可靠的考核资料来源之一。第一，同事之间的行动密切相关，日常接触使他们对与自己一起工作的同事绩效有一个全面的认识。第二，同事考核提供了许多独立的判断。一方面，一个上司只能对下属提出一种考核意见，而同事则能提出多种考核意见，把这些意见加以综合和平均肯定比单一评价更可靠；另一方面，同事之间不存在因相互考核而产生偏袒的现象。

4. 下属考核

下属考核一般不常采用，但是这种考核方法与诚实、透明以及向员工授权等诸多价值观是一致的。下属考核能够提供关于管理者行为的准确翔实的信息，因为考核者与被考核者的接触比较频繁。这种考核方式存在的明显问题是，员工害怕因为给主管的评价太低而使管理者对他们施加不利影响，所以考核容易失真。如果想得到准确的考核结果，在考核中应采取匿名形式。

在如今的工作环境中，团队合作越来越普遍，这对人力资源管理提出的挑战之一是：尽管存在着较大的难度，但员工考核系统将朝着强调同事考核和下属考核的必要性方向发展。越强调团队合作，就要越重视"同他人合作"以及其他特定的同团队有关的个人行为。然而，在一个较大规模的组织之中，除了上级考核之外的任何考核方式都将导致冲突。调整的办法是，在强调同事和下属考核方式发挥作用的同时，保留上级的分配权和正式的考核判断形式。

5. 公众考核

公共部门的顾客是公众。公众对公共部门员工进行考核不失为一种好办法。虽然公众不能完全了解工作的标准和要求，但是他们能够从服务对象角度出发，对公共部门员工是否有效提供了服务、服务是否满意、服务要素是否欠缺等提供有用的考核信息。公众根据自己的期望、经验及感受考核员工会更加务实、公正。但是，公众考核在具体操作上存在一定的难度，由于公众不是组织的员工因此在考核上比较费力费时，而且考核成本也较大。另外，这种考核只适用于公共部门中与公众接触最密切的员工。

（二）绩效考核的基本流程

1. 准备阶段

绩效考核是一个复杂的过程，绩效考核的准备阶段为接下来的工作铺路。准备的效果好坏直接影响整个考核的成败。绩效考核实施前主要做以下几个方面的准备工作。① 制订考核计划。考核计划包括考核目的和目标、考核时间、考核对象、考核范围、考核方法等。② 确定考核主体。主管、自我、同事、下属、公众等五种考核主体都可以成为考核人员，但要成立考核小组，确定负责人和组成成员。③ 培训考核主体。在正式的绩效考核实施之前，要对所有考核者进行一次培训。培训的目的是使考核者了解绩效考核的目的、作用和原则，了解绩效考核的内容，掌握绩效考核的操作方法和沟通技巧，识别和预防绩效考核中的误差。④ 公布考核信息。让组织与员工就绩效考核问题在思想上达成共识，使被考核者有充分的思想准备，积极参与绩效考核。

2. 衡量绩效

任何绩效衡量如果要发挥效用，必须符合以下三个基本要求：第一，衡量工作必须与绩效标准密切相关；第二，对于某一样本的衡量必须足以代表整个母体；第三，衡量必须明确、具体且有效。除此之外，这一阶段尤其需要注意绩效标准的建构。一般而言，绩效标准在上一轮绩效考核后就已制定出来，通常是员工的工作计划、工作目标或工作任务书。在本次绩效考核中，必须将员工上次绩效考核后制定的绩效改进计划等作为绩效标准，并参照这些标准对员工进行考核。

根据公共组织的情况，各部门的绩效考核工作既可以并行实施，也可以按顺序实施。在第一次实施时，建议按顺序实施，以便人力资源部门进行监督、指导。最好自上而下地实施绩效考核，这样便于目标的制定和压力的传递。绩效考核可以先从自我考核开始，然后员工互评，最后由上级进行考核并撰写评语。上述工作完成后，进入绩效反馈面谈阶段。

3. 绩效反馈面谈

绩效反馈面谈是绩效考核中非常重要的环节。在实际工作中，很多组织忽视了反馈面谈，从而影响了绩效考核的最终效果。绩效反馈面谈的主要任务是让被考核者认可考核结果，客观地认识自己并且改进工作，这也正是进行绩效考核的根本目的。绩效反馈面谈让被考核者有一个申辩说明或补充的机会，让其了解自身表现与组织期望之间的符合程度，改善被考核者与组织的关系。

绩效反馈面谈一般由考核者和被考核者单独进行，沟通的程序建议采用“三明治法”，即首先对被考核者的工作成绩进行肯定，对被考核者的表现达成双方一致的看法；其次提出一些不足，指出员工有待改进的地方；最后再对被考核者进行一番鼓励，使其认识到自己的闪光点，从而对员工起到积极的激励作用。因为人往往有一种自卫本能阻挡其接收不愿听的信息，所以为了提升考核反馈效果，反馈面谈必须注意技巧。

4. 制订绩效改进计划

前面三个阶段只能发现问题，第四个阶段是绩效考核中重要的一环，是解决问题的阶段。上级与下属一起制订下属的绩效改进计划。绩效考核在肯定成绩的同时，更重要的是让员工知道自己的缺失，以便通过培训、指导、检讨加以改进，从而提升绩效。绩效改进计划是员工在以后的工作中参照的一系列新绩效标准。

我国公务员年度绩效考核程序是：先由个人总结，再由主管在听取公众意见的基础上写出评语、提出考核等次的意见，经考核委员会或者评估小组审核后，由部门负责人确定考核等次。考核结果要以书面形式通告个人，听取个人意见。考核结果要存入个人档案，作为公务员奖惩、培训、辞退及调整职务级别和工资的依据。

第二节 政府绩效管理的实施

政府实施绩效管理的基础以及绩效管理的开发与设计，最终目的是在政府中组织实施绩效管理。绩效管理是一项系统工程，很可能导致组织的大规模变化。因此，即使建立了绩效管理系统，事先做了充分准备(包括信息收集、取得共识、组织准备和技术准备等)，也不能认为它就会顺利地运行。比如在“政府绩效管理的开发与设计”一章中，就提到运用标杆管理或者全面质量管理的方法，在政府组织实施范围相对较小、变革幅度较小的改革。但无论怎样，绩效管理对政府而言都意味着全方位的变革。标杆管理和全面质量管理为绩效管理提供了一种思路。事实上，标杆管理、全面质量管理和绩效管理是每一个组织的三个层面，任何组织都需要进行这些方面的管理。绩效管理作为系统的战略管理，对组织各个方面都会产生较大幅度的变化。政府管理者在实施绩效管理时，应充分考虑到绩效管理为政府带来的巨大成本及其他方面的影响力。本节从政府绩效管理实施的角度出发，讲述政府绩效管理实施中的几个重要问题，而不是对绩效管理实施程序的重复阐述。

一、绩效管理的试实施

绩效管理作为一项系统工程会引起政府组织的大规模变化，因此即使做了充分的绩效管理准备、开发了完整的绩效管理系统，政府也很难在短期内正式组织实施绩效管理。如果把绩效管理视为可以在短期内通过权威组织实施的工作，那么政府绩效管理就会变得毫无意义，甚至会成为政府机构“业绩式”的操作方案，绩效管理也就无法发挥全方位促进绩效、提高服务水平的作用。很多人把绩效管理理解为目标管理，认为只要设定某个既定目标，绩效管理就能够顺着这个目标持续展开活动。绩效管理并不是目标管理。绩效管理实施过程中受到许多因素的影响，会造成某种目标偏离。如果政府想要获得绩效管理的成果或者获取绩效管理的长期收益，那么，就可以采用“试验”的方法，在政府中试实施绩效管理。试验所获得的结果可以用来观察政府实施绩效管理的真实效果和可能遇到的问题。

绩效管理的试实施从本质上看，体现了社会科学领域注重观察实际的做法。政府实施变革的过程中，往往会忽视这种实验法。实验法被广泛运用于自然科学领域，因为在自然科学领域实验的结果是明确的、可延伸的。在社会科学领域，实施实验的不同对象有各种具体因素，所导致的实验结果通常是不一致的。换言之，在两个情况几乎相同的地方得出的实验结果可能截然不同。规避实验差异并推广实验结果是一项很难协调的工作。尤其在政府，实验法还受到来自官僚、部门利益、管理者素质等诸多因素的影响。从政府绩效管理看，一方面，绩效管理源自企业管理，含有可实验操作的因素；另一方面，绩效管理本身是个逐步推进的工作，需要逐步实施，而不能短期内在政府内部迅速、全面实施。试实施是政府绩效管理实施的第一个阶段。

（一）试实施的对象选择

政府绩效管理实施的第一阶段是进行绩效管理试实施，即处于一个实验阶段。实验阶段的首要任务是确定实验对象。政府绩效管理将会为政府带来巨大的影响。实验地点或者实验部门的选择不仅能够反映政府对绩效管理的重视程度而且会影响到实验结果。谨慎选择实验部门，创造绩效管理试实施的有效结果，从而使政府能够有效利用实验结果去总结经验和发现问题。在选择实验对象时要遵循实验规模适当和实验对象典型两个原则。

（1）实验规模适当。政府绩效管理的试实施受到实验规模的限制，既不能过于庞大，也不能过小。实验规模过于庞大会造成工作困难，很难概括最后的实验结果，从而为管理人员和操作人员带来工作压力；规模过小，可能无法包纳所有的实验情况，会造成实验结果不符合实际。因此，适当的实验规模是政府选择实验对象的原则之一。国家的政府绩效管理试实施往往不会在某个具体部门进行，而是笼统地在地方政府实验，其实可以选择某个具体部门进行试实施，以便更好地获得结果和发现问题。例如，地方政府各个部门都实施效能革命，虽然能观察到各个部门的实施效果，但部门之间的对比性却消失了，从而缺乏实验结果的实用性。

(2) 实验对象典型。一般情况下，政府绩效管理的试实施不提倡所有部门都参与，而是就某个政府部门实施绩效管理，并予以观察和总结。所以，选择典型的实验对象要具有一定的代表性，能够代表其他单位。这样，实验结果才能更容易为别的单位所接受，别的单位也能通过观察实验部门对照自己部门的情况，使其具有可比性。选择典型的实验对象要注意两点：一是要全面了解实验对象的各种情况，例如该部门的工作程序、组织制度、管理人员队伍、团队气氛等；二是掌握别的部门对所选实验对象的看法。例如其他单位是否认为该实验对象是一个有代表性的实验地点，如果别的单位反对，就会影响最后的实验结果，也会影响今后绩效管理在其他部门的相继实施。

(二) 试实施的程序

图 6-1 初步给出了绩效管理试实施的程序，包括确定实验对象、沟通协调以便取得共识、实施以及实施过程中的各类人员培训问题。绩效管理试实施与绩效管理正式实施的步骤一样。

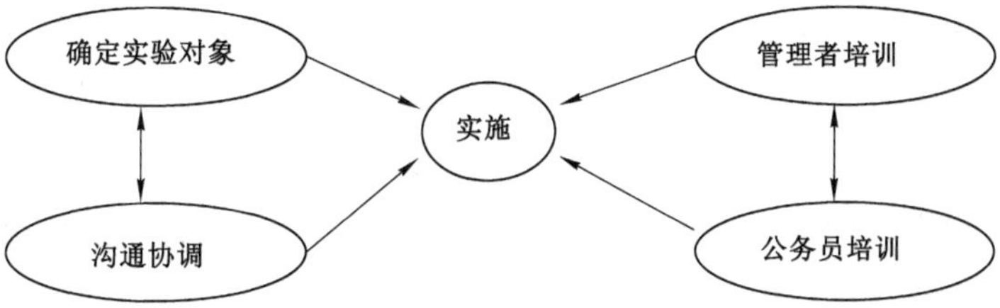

图 6-1　绩效管理试实施的程序

第一，需要明确的是，绩效管理试实施与绩效管理的具体实施步骤是相似的，但也存在不同的地方。绩效管理试实施以实验目的为主，主要考察政府实施绩效管理的可行性和可能产生的问题，并观察政府实施绩效管理的效果，为今后推广绩效管理做现实示范。政府实施绩效管理是前所未有的改革，从企业组织到政府，绩效管理不是简单的转换和运用。因此，政府绩效管理试实施意味着要克服许多困难，其中首要的是管理者和公务员观念和素质的改变。在具体操作程序上，政府和企业组织一样，同样遵循绩效管理的既定操作程序，以提高组织绩效和个人绩效为目标，确定绩效评估体系，促进组织整体绩效和公务员个人工作积极性、服务水平的提高。政府毕竟与企业组织不同，公共服务产出、绩效衡量以及机构特点等都约束着绩效管理的具体实施。在这种情况下，政府绩效管理试实施需要做一些配套工作，包括管理者培训和公务员培训等。

第二，对政府绩效管理实验部门的管理者实施相应的培训，提高管理者对绩效管理的认同度，并为绩效管理成功实施创造更多的条件。绩效管理引入政府是一项新的变革，在政府实验对象从未涉及绩效管理的前提下，如果保证绩效管理能够像企业组织一样顺利进行，那么需要对管理者即绩效管理的操作者进行科学培训。美国的公共管理学家摩根指出，高层管理者的能力可以驾驭21世纪政府管理改革的浪潮。在《驾驭变革的浪潮》中，摩根提出了一套识别方案。该方案主要包括能力思维、战略驱动型能力以及管理教育等三个方面。其中，能力思维包括解读环境、转折点分析、远景规划、其他识别能力等。识别能力包括前瞻性地看待未来发展的能力；前进的时候是“向前看”而不是通过“后视镜”的能力；意识到各级组织中领导艺术和愿景的重要性的能力，把员工看作关键性资源并将知识、信息、创造力、人际关系技巧以及企业家精神看作和传统的土地、劳动力、资本一样重要的能力；营造鼓励创造力、学习和创新的企业文化的能力；用扁平式的、“去中心化”的、自组织的结构来取代组织层级结构的能力；把信息技术作为一支变革力量来创造新产品、提供服务，来支持一个灵活的、创新的组织中必备的“去中心化”的、扁平式结构的能力；通过全局能力的培养来重塑环境，帮助动员来自社会不同部门的关键参与者一起处理共同问题的能力等。可见，绩效管理对管理者能力的要求之高已经突破了传统管理的界限。那么在绩效管理实验过程中，如何保证管理者素质跟上绩效管理进度呢？这就意味着必须向管理者提供培训，提高管理层与绩效管理相关的能力素质。

第三，对政府绩效管理实验部门的公务员实施相应的培训，提高他们对绩效管理的认识，以积极主动的姿态参与绩效管理。绩效管理本身是一项激励机制，激励公务员个人为实现个人绩效目标和组织绩效目标而主动提高工作效率和服务态度。但同时也应该看到，绩效管理的效果不是一蹴而就的，而是一个逐步推进的过程。政府绩效管理实验部门也是如此，故需要对公务员进行相应的培训，提高他们对绩效管理的认识，例如对授权的认识、对绩效测评的认识、对绩效目标的认同等。

第四，对管理者进行绩效管理培训的内容主要包括：① 目标设定和工作计划的制订以及绩效评估手段的确定，不仅包括单纯的技术（例如良好目标的特点），还应包括激励及有关人际关系技巧；② 对工作环境的管理——协助寻找消除现有制约的方法；③ 对能力、行为尺度的理解——组织中使用的特殊能力或行为尺度；④ 收集绩效信息、进行绩效衡量；⑤ 提供反馈，接受反馈并对反馈作出反应；⑥ 检查、明确绩效产生的原因——区分系统因素和个人因素；⑦ 进行指导；⑧ 讨论雇员的发展；⑨ 进行非正式的绩效检查和正式的绩效检查；⑩ 对奖励制度进行管理。

第五，对雇员进行绩效管理培训的内容主要包括：① 参与目标（工作目标和开发目标）设定；② 对能力、行为（在组织中使用的特殊能力、行为）的理解；③ 自我检查、自我评价；④ 自我管理行为；⑤ 提供自下而上的反馈；⑥ 接受反馈。

（三）试实施的注意问题

试实施的过程中需要注意一些问题，以确保实验的顺利进行和实验结果的有效性。

（1）注意实验对象的接受程度。绩效管理会带来政府组织的大规模变化，不是所有部门都能自愿成为绩效管理实验的对象。倘若某个政府符合实验对象选择的原则，而该政府又不愿意成为实验对象，这就需要上一级政府或者管理人员做好沟通工作。若强制实施实验，不仅会招来抵抗，也会影响实验结果的有效性。实验对象的合作态度和共识在很大程度上会影响实验的最终结果。因此，上一级组织和管理人员应该注意实验对象的接受程度。最好事先能够做好访谈、问卷之类的调查，以取得实验对象内部的共识。

（2）取得除实验对象以外的其他单位的支持和认同。有时候，尽管根据实验原则确定了实验对象，也获得了实验对象自身的认可，而其他单位有可能并不认为该部门是一个有代表性的实验地点。即使绩效管理试实施在实验单位获得了成功，也发现了一些问题，但其他单位并不认同这个结果；或者认为这个结果仅仅是对实验部门有效，对其他单位并不一定有效。因此，获得除实验对象以外的其他单位的支持和认同，直接影响到今后绩效管理的广泛实施。较好的做法是通过民主评议来确定实验对象或者在确定实验对象后做一定的调查工作，争取赢得除实验对象以外的其他单位的支持和认同，以减少绩效管理实施的阻力和障碍。

（3）注意高层管理者的支持。绩效管理是组织的一项重大变革，其试实施对组织同样有着一定的破坏作用。因此，实验部门高层管理者的支持是实验能否顺利进行的重要保证之一。如果没有高层管理者的支持，那么很有可能在尚未得出任何结论之前就不半途而废了。高层管理者的支持是组织凝聚力的重要组成部分，也是组织改革顺利进行的保证。尤其在政府部门中，高层管理者的大力支持会直接影响到组织改革的效率和成果。因此，政府绩效管理试实施应获得高层管理者的支持，以利于绩效管理在实验部门的有力展开。

二、建立绩效框架

绩效管理以结果为导向，注重绩效测评和绩效结果。政府绩效管理对政府来说意味着改革，对政府的组织结构、管理制度、人员素质以及团队氛围都会产生不同程度的影响。尽管企业组织与政府的绩效管理实施在具体操作上有相似之处，但实际上，政府绩效管理实施仍存在一定的特殊性。如何辨别这种特殊性呢？可从政府绩效管理为政府带来的组织结构变化和观念变化入手，分析政府绩效管理实施的一个重要问题，即建立绩效框架。

（一）职能分离的工具：绩效框架

职能分离，就是将决策与服从决策进行分离，即“掌舵者”与“划桨者”相分离。职能分离是西方国家行政改革趋势之一，也是政府绩效管理实施过程中的必然要求。绩效管理对政府的组织结构和管理者素质提出了新的要求，传统的政府职能部门无法适应市场化改革的竞争需要，缺乏灵活性、激励性，无法达到绩效管理的要求。因此，西方国家政府再造运动的重要内容是以职能调整为中心，将政府“掌舵”与“划桨”分离，在政府的非商业化部门引入竞争机制，以增强政府的服务效率和服务水平。例如，新西兰将决策与执行分离，区分了政策部门与公共服务部门，对不同组织的不同职责进行不同的规定。在公共服务部门中实行企业式绩效管理，注重结果和绩效评估，并重新定位政府各部门的职责，使政府内部管理更富有责任意识。美国联邦航空管理局的绩效改革、英国的“下一步行动”等，都是政府业务机构从大型政府机构中分离出来的典型实践活动。通过职能分离，政府的执行机构有更多的权力和责任行使公共服务职能，从而使政府从繁杂的公共事务中逐渐得以脱身。以英国为例，传统的公务员在数量上逐渐减少，原有公务员大多在专门的执行机构工作，不再享有公务员专有的工资待遇和级别。职能分离的优点在于能够帮助政府管理层从复杂的公共事务中脱离出来，从而提高政府的整体效率；获得授权和具有更多自主性的执行机构也可以通过职能分离充分展示自己的能力，提高本部门的工作效率和服务质量。

绩效框架，即绩效合同、绩效协议。绩效框架是一种职能分离的工具，将具有明显不同使命的划桨职能分属不同的组织，并用书面协议规定这些组织的目标、预期结果、绩效后果及管理灵活性等。因此，绩效框架也称“灵活绩效框架”。出现绩效框架的原因在于随着绩效管理的实施，政府的组织结构发生了变化。一些执行机构逐渐从政府中分离出来或者新成立了一些执行机构。如何管理这些执行机构呢？一方面，执行机构需要大量的自主权，能够自由地支配资源、实施新的管理方式，并按照绩效管理的要求实施管理；另一方面，这些执行机构的工作对象仍然是公共事务，受到公共资源、服务责任等方面的约束，需要对公众负责。组织的职能分离并不是新兴的管理思想，但如何对实行职能分离的政府进行有效管理却是20世纪90年代以后绩效管理和授权管理关注的目的所在。通过设置绩效框架，明确了执行机构与决策机构各自的职责，并能够保证执行机构在实现公共责任的基础上顺利完成预定的绩效目标。

（二）绩效框架的建立

美国的奥斯本和普拉斯特里克概括了灵活绩效框架的构成（见表6-1）。

制定绩效框架是绩效管理在政府成功实施的一个重要措施。绩效框架为职能分离的政府更好地管理和提高效率创造了新的管理制度和管理方法。在实际操作中，制定绩效框架时需要注意以下五个方面的问题。

表 6-1 灵活绩效框架的构成

战略构成	分战略构成	备注
核心战略	职能分离	—
	改进目标	—
	准备行动	机构改组等
后果战略	绩效目标	可以是质量或者效率方面的目标
	绩效合同	确保灵活性
	绩效奖金	根据绩效结果获得奖酬
	定期绩效评审	年度或者季度
	其他后果	精神补偿等
控制战略	组织授权	绩效框架的重要管理制度基础

第一,职能分离的作用得到了肯定,但职能分离成功与否主要取决于高层领导的支持。政府职能分离源于200多年前,直到现在仍不是机构改革的关键点。这里存在多方面的原因,例如管理职能分离部门的管理制度不完善、高层管理人员对职能分离的心理预期不同、公务员被职能分离后权威被弱化等。英国实施"下一步行动"受到大规模的抵制表明,政府的职能分离是个很难的技术管理问题和社会问题。任何改革都需要领导的支持才能不断破除障碍,政府实施职能分离需要一个长期的过程,在这一过程中始终需要领导的大力支持和推进。

第二,充分授权、改革行政管理体制,将控制权交给职能分离机构,使这些机构具有充分的自主权和管理权。绩效框架的控制战略是组织授权,赋予执行机构以更多的自主权力。从政府组织管理的角度看,组织授权并不是分权,不是在预算、人事和采购等重要制度上彻底放权,而是通过签订绩效合同,使执行机构能够在不偏离绩效目标的前提下自主管理。绩效管理本身具有企业管理的性质,政府引入绩效管理不是生搬硬套,而是要吸收企业绩效管理的一些方法和理念。实行职能分离的执行机构从某种程度上刚好符合实施绩效管理的要求,为政府成功实施绩效管理找到了立足点。与此同时,如果没有充分的组织授权,这些执行机构如同虚设,也就无法实施有效的绩效管理。

第三,通过书面形式的绩效协议,明确了决策机构和执行机构各自的责任和目标。绩效协议既有法律规定的具体承诺,又保证了一定的灵活性。灵活绩效框架中的绩效协议类似于企业之间的合同。例如，政府分离出某个执行机构，通过书面绩效协议的形式来规定该执行机构的工作任务、职责要求、预期目标、奖惩以及相关方面的要求。对该执行机构来说，通过绩效协议和组织授权，不仅明确了绩效目标，同时获得了自主权和工作积极性。这也在很大程度上体现了绩效管理任务分解和激励机制的要求。

第四，在执行机构内部建立预警机制或风险管理机制。美国社会思想家托夫勒在《未来的冲击》中指出，由于不去预先考虑未来的问题和机会，人们正从危机走向危机。所以，危机的预警在政府管理中是十分必要的，直接关系到政府对社会突发事件的处理能力和人们对政府的信任度。健全的预警机制不仅能够及时预防灾难的发生、减少损失，而且即使在突发事件发生后也能按照预定计划有条不紊地处理，从而减少社会混乱、维护社会秩序。美国行政学家奥斯本和盖布勒提出了"有预见性的政府——预防而不是治疗"的治理范式。政府执行机构是从政府组织中分离出来的，在获得自主权的同时，也应立足对可预见风险的管理，建立相应的风险管理机构。

第五，建立对执行机构的有效监督机制。虽然执行机构在资金使用、资源利用、人事管理、制度建立等方面享有一定的自主权，并在逐渐向企业化管理和市场化管理转变，但是执行机构仍然具有政府的性质。例如在英国，虽然大部分公务员不再享有公务员的级别待遇和特权，但他们面临共同的责任——公共责任，要对公众负责并提供公众所需要的公共服务。因此，执行机构除了通过签订绩效协议对决策部门负责、接受决策部门的监督以外，还需要建立顾客参与机制，提供顾客所需要的服务，接受顾客监督，对顾客负责。一方面执行机构绩效协议的绩效目标及其所提供的公共服务必须是公众所需要的；另一方面执行机构的工作过程及其绩效衡量需要公众的监督。充分考虑公众对执行机构的作用，在执行机构内部建立较为顺畅的顾客参与机制，使执行机构绩效管理能够体现顾客导向、市场需求等因素。

三、沟通协调机制

组织的内外部沟通对绩效管理实施具有相当大的作用，直接影响到绩效管理实施的有效性。绩效管理的实施原则主要有参与原则、以人为本原则等。强调民主参与、注重组织内部和外部人员在绩效指标制定、绩效目标认同等方面的作用是绩效管理得以成功实施和提高个人效率的前提之一。政府本身具有某种特殊性,例如追求民主、强调公民参与、维护公平等。这意味着政府绩效管理实施不仅在一般管理层次上需要为提高组织效率而进行相互沟通,而且根据政府的性质也迫切需要沟通协调机制的建立和完善。

(一) 政府沟通的类型

根据沟通的方向,政府的沟通可以分为自上而下的沟通、自下而上的沟通以及双向沟通。

(1) 自上而下的沟通在绩效管理中占据重要地位,是组织决策、绩效目标制定、绩效指标确定以及绩效评估的重要机制。自上而下的沟通主要表现出上级部门对绩效管理的态度,可以了解高层领导对绩效管理所持的态度,从而影响到公务员参与绩效目标制定的积极性。

(2) 自下而上的沟通可以是个人参与的沟通,也可以是下级部门或者外部专业机构参与的沟通。从理论上,自下而上的沟通可以反映公务员参与绩效管理的积极性和态度。政府自下而上的沟通受到制度因素、部门利益等因素作用,有时不能发挥应有的作用。在实际操作中,大部分公务员都不愿意或者不会去主动向上沟通反映情况或者表达意愿。

(3) 双向沟通区别于自上而下的沟通和自下而上的沟通,以上级和下级之间相互的沟通协调为主,克服了自上而下的沟通和自下而上的沟通所存在的单向沟通的弊端,有助于更好地了解情况和相互沟通。

(二) 政府沟通的作用

政府的主要职能是制定公共政策。政府实施绩效管理、提高政府效能的目的之一是提高制定公共政策的能力,也包括提高政府服务质量和服务水平。通过建立沟通机制,绩效管理与公共政策效能之间可以相互协调、相互作用。

以公共行政能力为核心、以绩效为基础,现代政府的新公共管理运动对现代政府管理起了重大作用。尽管有来自各方面对市场化的批判,但绩效引导的政府管理体制的盛行却是不可忽略的现实。政策制定是政治事务的主要表现，一切具体政治行为最终都表现为公共政策的制定与执行。因此，政府管理在很大程度上有赖于政策制定的有效性。传统的公共政策理论更多地关注公共政策质量，通过质量评定来衡量公共行政能力，从而忽略了公共政策自身蕴涵的互动效能、对政治沟通的作用。强调政府管理的绩效性，就是要强调现代公共政策的效能，并以政治沟通为主导，强调民主、协商的公共政策，以确保政府管理的有效性和政府公众之间的顺利沟通。

关于公共政策的定义，一直以来都没有统一的说法。美国政治学者伊斯顿认为，公共政策是对全社会的价值进行权威的分配。从政治功能上讲，这个定义涵盖了包括利益等资源在内的分配体系，有助于理解现代社会政治过程(政策过程)中的各种利益因素。对于利益价值的关注迫使人们在公共政策制定过程中有必要协调各利益相关者的利益和政府与公众之间的关系。因此，也有学者把现代公共政策界定为自上而下的政策制定，并通过一定的模式把上层的价值观念转化为公共政策。这种自上而下的政策制定过程强调同步传递沟通的重要性，包括民意制造、政策制定合法化、利益集团活动等。政策制定执行的同步沟通不仅能够整合利益、体现政治生活合法化，而且极大地促进了政府与公众之间的良性沟通，从而提高了公共政策的质量。

提出公共政策效能的概念不是仅为了适应政府绩效管理改革，而是为了在一个沟通的环境中实现公共政策执行的有效性而提出的一个动态概念。公共政策效能，即公共政策的有效性，是指公共政策以政治沟通为主要手段，通过政策制定、政策执行、政策评估等政策手段所能达到的预期目标的程度。这个概念包含了两层意思：第一，公共政策的有效性是政策制定的终极目标。能否实现政策预期目标是衡量政策有效性的重要依据。如果偏离政策预期目标，就不能说这项政策是真正有效的。这里需要指出的是，政策目标能够根据实际政策执行而适当修改，但前提是必须有修改依据；第二，公共政策的有效性要以政治沟通为依托。“自上而下的民意”是指公共政策的每个阶段都需要以政治沟通为导向，通过政府与公众之间良性的互动来修正政策、提高政策执行的有效性，从而保障政府管理的合法性和有效性。

(1) 公共政策的经济效能。公共政策对利益价值资源的分配直接涉及经济效益，大到一个国家的社会经济发展，小到地区经济发展程度和个人经济收入状况。公共政策的利益分配功能使公共政策的经济效能日益受到关注，例如工业政策、财税政策、住房政策等。这类政策不仅经济效能居于首位，而且有效性也必须以经济指标来衡量。

（2）公共政策的社会效能。公共政策的对象是公众，如果不能实现公平和民主，那么公共政策也就失去了基本的效能。有些政策可以通过民意测验衡量其公正性，像社会保障之类的政策因涉及代际公平等问题，往往需要很长时间才能论证其合理性。所以，公共政策的社会效能既是众所关注的问题，也是难以解决的一个效能层面。

（3）公共政策的政治效能。政府管理过程即公共政策过程。把公共政策等同于政治过程并不意味着决策过程的科学民主化。公共政策过程的科学民主化有助于提高政府管理的有效性，但政治作用的强化往往很难受公共政策科学的牵制，反而会使公共政策的政治化因素逐渐提升。因此，强调政治沟通这一中性因素有利于公共政策效能的提高，也有利于政府决策的科学民主化。

公共政策效能的概念中首先包含了政治沟通的手段性作用，以政治沟通为依托，实现公共政策动态的有效性，这是政府决策科学民主化的重要途径，也是公共政策效能提高的关键所在。因此，政治沟通的过程与公共政策效能的提高有密切的关系，其相互间的作用也需要进行分析。

（三）影响公共政策效能的政治沟通因素

鉴于对公共政策效能和政治沟通相互关系的理解，在实践过程中，各国政府也在政府改革的运动中加强政治沟通在促进民主科学决策方面的作用。大部分政府决策充分考虑到公民参与的作用，并为公民参与政府决策过程创造了畅通的渠道和空间。但即使在这些公民参与较多的政府决策中，政治沟通还是被工具化了。由于对公共政策效能界定和评价没有明确的标准，政治沟通只是作为民主决策的一个工具贯穿决策过程。政治沟通应能够直接导向公共政策效能，公共政策效能以沟通为导向，能促进民主科学决策的发展。

就公共政策效能提高的相关性因素以及对适应性决策和政治沟通模型的分析来看，可以将影响公共政策效能的政治沟通因素归纳为政治主体因素、传播渠道因素和政治环境因素三类。

1. 政治主体因素

政治主体包括所有的政治参与者，例如政府及工作人员、公众、专家、传播媒体、第三部门等。将社会纳入整个政治参与系统是民主政治的要求，也是政治沟通的基本要求。在公共政策的决策过程中，保证公众的意见能够随时反映到政策系统中，是适应性决策的重要前提。无论是发现政策问题还是政策的执行及评估，首先要保证各个政治主体能够以平等的姿态参与政策系统。以政府为主导的公共决策系统一直影响着公共决策的有效性和公平性。随着公共政策效能要求的提出，一方面要求政府与公众需求的互动；另一方面也对政府间的平衡互动提出了高要求。公众或者媒体在信息资源的掌握量、合法性方面缺乏优势。公众参与政治沟通的积极性受到素质、渠道等因素的影响，媒体参与政治沟通的渠道受到合法性因素的影响，第三部门因为自身的缺陷无法独立出来。

2. 传播渠道因素

传播渠道即政治沟通渠道，不仅直接影响到政治沟通的可能性和效能，而且影响到公共政策的效能。传播渠道在公共政策制定中具有不可忽视的地位和作用。一般而言，传播渠道主要是指传媒、网络、第三部门等，其中传媒是主要的传播渠道。从现代意义看，传媒与政治是紧密联结在一起的。尽管传媒是单向的沟通渠道，但随着传媒业的发展，它和社会、政府有着紧密的联系。无论是政府和公众之间还是政府和政府之间，传媒都发挥着无可比拟的沟通作用，包括信息的沟通、意见的表达等。当然，政治沟通的渠道绝不仅仅是传媒和网络，更需要关注的是政府自身所提供的传播渠道。只有这类性质的传播渠道才能做到真正的互动，才能通过适应性决策实现回应型政府。实行民主听证会、信访制度等都取得了良好的效果。政府在提供传播渠道方面更具有优势和可行性，更能促进合法的互动，从而有助于政治沟通水平的提高和公共政策效能的提升。

3. 政治环境因素

政治环境因素可以概括为物质环境、心理环境、文化环境、舆论环境、国际环境等。物质环境不仅表现为一个国家的国内生产总值，也表现为国家贫富差距以及在一个国家内中产阶级所占比例。物质环境的稳定为政治沟通的发生提供了最基本的可能性。心理环境既是社会的政治习惯、政治态度、地域政治文化，也是社会对政治的预期。文化环境包括一个国家的国民素质和文化心理，是各个地域文化政治的一种表现。不同的文化背景下政治参与有着不同的需求和强度。舆论环境对政治沟通具有关键性的意义。中立、平等的舆论媒体建设是当前世界各个民主国家所力求达到的目标，公共舆论中的技术和态度对政治沟通具有直接作用，从而对公共政策也具有“最直接的引导作用”。国际环境因素往往是隐性的但又往往是具有深远影响的。以西方发达国家的公共管理运动为例，它不仅导致了世界范围内政府绩效管理的新革命，而且对一个国家的政治环境和政治沟通产生了强大的冲击。对管理效率的要求提出了公共政策效能，对公共政策效能的要求则提出了政治沟通。

为了更好地促进公众参与公共政策以提高公共政策效能，一方面应以公众为主导建立多方位、多方面的沟通方式和沟通主体，保证更多人参与沟通；另一方面应以政府为主导建立政府主导型的合法性沟通方式和沟通制度，鼓励更多人参与决策。

第三节 政府绩效管理的监督

一、监督与控制：绩效管理预期目标的实现

（一）监督与控制的概念

对实际情况进行监督是为了保证绩效管理向“最佳实践”和预期目标的方向顺利发展。管理学领域将监督视为一种控制机制，即控制。当然，监督和控制是两个不同的概念。监督是组织机构观察其运作情况，使组织机构运作保持相对上下沟通顺畅、能够完成预期目标，并防止出现腐败、人浮于事等现象。控制可以被定义为监视各项活动以保证它们按计划进行并纠正各种重要偏差的过程。所有的管理者都应当承担控制的职责，即便所管理部门是完全按照计划运作着。一般情况下，政府比较注重监督，企业比较注重控制。这是因为，监督并不一定十分追求绩效，控制则要求企业能够按照预期的定量目标进行，例如企业月利润、月营业收入等。通过量化的方式可以控制企业管理的各个层面，包括产品质量控制、人力资源

培训计划等。政府以公共服务输出为主，其服务产出不同于企业的产品，可能是无形的公共产出，例如为社会带来公平、维护正义等（法院审议案件就属于这种性质），也可能是跨度很久、受益长久的公共服务设施，例如学校投资、道路建设等。在这种情况下，政府更加注重如何防止出现腐败、机构臃肿、效率低下、服务态度差等问题。绩效管理的引进打破了传统政府的界限，开始对政府的效率、服务进行量化管理和标准管理，使政府的效率和服务向科学管理的方向转变。这也意味着政府的监督机制出现了新的变化，不再是笼统意义上的监督，而是从监督走向控制，以保证绩效管理不偏离组织目标，并及时纠正绩效管理实施过程中出现的错误或问题。因此，政府绩效管理监督控制机制是绩效管理实施的重要内容之一。

（二）监督控制过程

监督控制过程包括衡量实际绩效、将实际绩效与标准进行比较、采取管理行动来纠正偏差或不适当的标准等。当然，这三个步骤之前还包括一个假定前提，即存在对行动和绩效进行衡量的标准，而且这套标准可以度量实际行动。标准是通过组织的计划职能来实现的，例如采用目标管理方法。根据定义可知，目标是明确的、可证实的和可度量的。在这种情况下，目标是比较和衡量工作过程的标准。如果不采用目标管理方法，则标准是管理者使用的具体衡量指标。标准必须从计划中产生，计划必须先于控制。

1. 建立标准

计划是控制的依据，因此控制过程的第一步是制订计划。可以根据计划的内容、计划的方法了解组织中各项工作的每个步骤以及应该完成的工作目标，从而制定一套工作标准。标准是评定工作成绩的尺度，是从整个计划工作方案中挑选出来对工作成效进行评判的关键点。组织预先设定标准能够为管理人员日后操作提供方便，这些标准如同“标杆”一样，使管理人员和工作人员都能对照标准衡量工作过程和工作实绩，进而实施奖惩。因此，建立标准对任何组织监督控制实施都具有指导性意义。政府尚缺乏工作标准的确立，虽然有类似的工作计划或工作目标，但还没有上升到可以衡量、监督控制的层次。

标准是多种多样的，其中最好的标准是可考核的目标。不论是用定量形式表示,还是用定性形式表示,一般在管理得当的目标管理系统中都要确定可考核的目标。人们所负责达到的最后成果是衡量完成计划的最好评定尺度,因而工作的最后成果可以作为控制的最佳标准。标准可以用量化的数据来表示,也可以用可考核的定性形式或者其他任何能清楚反映工作成绩的方式来表示。政府建立标准可以结合考核指标和考核目标,明确衡量的对象和尺度,从而使标准具有可操作性和可控性。

2. 衡量

美国管理学教授罗宾斯对根据标准衡量实际绩效提出了两个问题:一是如何衡量;二是衡量什么?就如何衡量这个问题看,罗宾斯认为至少有四种方法可以用来衡量实际工作绩效,包括个人观察、统计报告、口头汇报和书面报告等收集信息的形式。

(1) 个人观察提供了关于实际工作的最直接和最深入的第一手资料。这种观察可以包含非常广泛的内容,因为任何实际工作的过程都是可以观察到的。通过观察得到的信息不同于阅读报告得到的信息。

(2) 现在各组织中广泛地使用了计算机,因此管理者越来越依靠统计报告来衡量实际工作情况。这种报告不仅包括计算机输出的文字,还包括多种图形、图表等。尽管统计数据可以清楚有效地显示各种数据之间的关系,但它对实际工作提供的信息是有限的。统计报告只能提供关键的数据,忽略了其他重要因素。

(3) 信息也可以通过口头汇报的形式获得,例如各种会议、一对一的谈话或电话交谈等。这种方式的优缺点与个人观察的方式相似。值得注意的是尽管信息是经过过滤的,但它毕竟是一种快捷的、有反馈的,同时可以通过语音语调和词汇本身来传达的。过去,口头收集信息的一个主要缺点是不便于存档和以后重新使用。但随着科学技术的进步,口头汇报很容易录制下来,并可在以后使用,就像书面文字能够永久保存一样。

(4) 实际工作情况也可以通过书面报告来衡量。与统计报告相比,书面报告显得要慢一些;与口头汇报相比,书面报告显得要正式一些。书面报告常常比口头汇报的形式更精确和全面。此外,书面报告更易于分类存档和查找。

上述四种形式不同于信息收集方式,这里主要针对绩效信息进行衡量。罗宾斯认为将这四种形式结合起来之后,就可以大大增加信息的来源并提高信息的可信程度。

就衡量内容看，罗宾斯认为这是一个比如何衡量更关键的问题，衡量什么将会在很大程度上决定组织中的员工追求什么，从而影响到组织绩效、员工绩效以及组织文化的形成。在政府中，公务员的个人绩效很难用量化的尺度来衡量，这就涉及管理人员衡量什么的问题，是衡量公务员的工作过程、工作态度还是衡量出勤率呢？衡量不同的内容会带来截然不同的效果，也影响到政府绩效管理监督的理念和操作的成效。因此，作为政府管理人员，首先必须明确自己要衡量的内容，否则绩效管理就会沦于空话，监督控制将无法发挥反馈、纠错的作用，公务员的绩效也就无法提高。

3．比较

通过比较可以确定实际工作绩效与标准之间的偏差。这个环节其实是“衡量”与“采取管理行动”之间的中间环节。只有进行比较，管理人员才能了解实际工作绩效与标准之间是否存在偏差并明确采取管理行动的必要性。当然，比较的环节不存在技术问题，主要是根据标准比较实际工作绩效，实际工作绩效经过“衡量”环节已测试出来了。这样，管理人员的职责是对照比较，确定相互之间的偏差。需要注意的是，管理人员的个人因素对比较环节的影响。尽量避免管理人员个人心理和素质对比较偏差的影响，保持客观中立的态度，以便形成客观、公正、公平的比较结果。在政府尤其要注意这点，否则就不能获得公务员的信任，甚至影响到工作实绩以及今后绩效管理的持续实施。另外，在任何活动中都可能存在偏差，不可能要求组织的所有活动都按照计划行事。所以，组织应该规定一个允许出现偏差的范围，以便管理人员把握方向和进程。

4．采取行动

通过比较了解偏差后，管理者下一步应决定要采取的具体行动：纠正偏差、修订标准或是什么也不做。一般认为，纠正偏差主要是对负偏差进行查找和纠正，即纠正工作中的缺陷和问题。如果反映组织机构实际情况的标准已拟定出来，而且确实是按这些标准来评定工作成效的，那么就能对组织机构中的负偏差迅速作出改正。纠正偏差的主要任务是按照既定的相对较好的标准对组织中存在的问题进行纠正和采取改正措施，使其指向正确的组织目标。但有时也会出现一个问题，事先制定的标准不一定是正确的或者说是偏离实际的，即负偏差。如果出现这种情况就要修订标准。纠正计划工作中出现的偏差正是以这样的看法为依据,把控制看作整个管理系统的一个组成部分。控制人员在管理系统中与其他管理职能结合在一起,主管人员可以用重新制订计划或修改目标的方法来纠正偏差(运用计划工作中的改变航道的原则)。主管人员可以利用组织手段重新委派任务或明确职责,以纠正发生的偏差;也可以用增加人员,更好地选拔和培训主管人员,或者可以用全部重新任命人员——解雇的办法来纠正偏差;还可以通过改进指导和领导工作,对工作职责解释得更明确或更有效地领导工作,来纠正偏差。

通过对政府监督控制过程的分析可以发现,整个监督控制机制都以组织的最佳实践、预期目标的实现为导向。不管在政府还是在企业组织,监督控制机制是实现组织目标的一种手段,也是衡量个人绩效、建立奖惩机制的重要基础之一。

二、影响政府绩效管理监督的因素

从政府绩效管理监督控制机制来看,主要是由主管部门和管理人员来实施监督和控制。作为绩效管理本身,其监督主体是多样的,包括上级监督、部门之间监督、自我监督诊断等。不同的监督主体表明绩效管理是多层次、多方位的管理,对管理人员素质、公务员自身的素质以及公务员积极性、创造性的发挥都有严格的要求。那么,在政府中,要切实发挥绩效管理监督的作用以保证绩效管理顺利实施又受到哪些因素的影响呢?通过分析这些影响因素,我们可以主动排除监督管理过程中的障碍,从而促进绩效管理向提高个人绩效、组织绩效的方向发展。

(一)确定科学合理的标准

计划优于控制。计划的目的在于确定科学合理的标准。没有统一、科学、合理的标准,就不能衡量比较工作实绩,也就失去了纠偏的基准。缺乏科学的标准体系,管理人员的纠偏工作往往会陷于主观判断。管理人员的主观判断受到自身知识素质、能力、性格等多重因素的影响,并不具有科学性,也不容易为工作人员所信服。因此,确定科学合理的标准是影响政府绩效管理监督的重要因素之一。政府的服务产出和工作过程本身缺乏一定的标准和衡量机制,但这并不是说政府就没有了具体的衡量标准,例如财务预算、日常开支、绩效目标等都可以作为监督标准的一部分,关键仍在于通过民主评议和高层支持来共同确定政府较为合理的标准，使其为大家所共同接受，并为之努力。

（二）管理人员的素质

大部分的监督控制工作都由主管部门来完成。例如，标准制定、衡量、比较等工作都需要管理人员发挥相当的作用。因此，管理人员的素质受到了严峻考验。很多政府会借助专家来完成一些技术工作。但需要指出的是，专家对公务员的影响较小，除了提供技术咨询服务以外，公务员个人绩效的发挥主要还是受到本部门管理人员态度、管理手段等方面的影响。一个较好的组织氛围有助于公务员提高绩效和发挥创造性。故而，政府绩效管理监督控制实施，最终还是需要通过提高管理人员素质来实现。管理人员的素质包括技术素质、能力素质、性格素质等。管理人员在监督过程中需要始终保持客观中立的态度，追求公正、公平。

（三）组织机构的制度支持

政府绩效管理的监督控制机制不同于企业组织。企业的组织机构和组织制度相对容易接纳自上而下的监督，监督渠道比较畅通。政府的组织机构和组织制度给相互监督和自上而下的监督造成了一定的障碍。因此，政府绩效管理监督顺利实施需要政府提供制度支持，包括高层领导的支持，以便及时扫除制度障碍，保证信息顺畅沟通，从而有助于绩效管理监督和组织目标顺利实现。

延伸阅读

深圳市“民意直通车”项目：谁在创造着政府绩效？

一、背景

政府绩效管理是现代政府运作的核心环节，旨在通过科学的管理方法和工具提升公共服务的质量与效率，以更好地响应公众的需求和期望。我国各地政府积极探索创新绩效管理模式，不断尝试新方法以增强政府的公信力和服务能力。深圳市，作为中国改革开放的先锋城市，凭借其经济发展的快速进步和社会管理的不断创新，一直在全国范围内扮演着引领者的角色。面对市民日益增长的参与需求和复杂多变的城市管理挑战，深圳市政府于2019年启动了“民意直通车”项目。该项目通过构建一个便捷、透明的民意反馈系统，旨在加强市民与政府之间的互动沟通，全面提升政府绩效。

“民意直通车”项目的启动背景可以追溯到深圳市政府对城市管理中遇到的诸多问题的综合分析。深圳市作为全国经济特区，汇集了大量的人口和多样化的经济活动，城市治理的复杂性日益增加。传统的政府服务反馈机制存在信息滞后、渠道单一、反馈处理效率低等问题，无法满足市民的需求。因此，深圳市政府决定通过信息化手段，建立一个高效、透明的民意反馈平台，以更好地收集、分析和处理市民的意见和建议，从而提高政府的决策科学性和公共服务质量。

二、项目概述

“民意直通车”项目的核心目标是建立一个集成化、高效的信息化平台，涵盖从市民反馈收集、数据分析到问题处理的全流程管理。该项目不仅包括在线民意反馈系统，还集成了实时数据分析功能、问题分类处理机制以及反馈跟踪模块，力求解决市民与政府之间的信息不对称问题，使政府的决策过程更加公开透明，政策制定更加科学合理。

具体来说，该项目建立的整体思路有以下四个。① 多渠道反馈：通过整合多种信息化手段(包括官方网站、移动应用、微信小程序等)，方便市民随时随地提交意见和建议。② 实时数据分析：引入大数据分析技术，对海量的市民反馈进行自动分类和趋势分析，帮助政府及时了解市民的关注热点和需求变化。③ 问题分类处理：系统能够根据反馈内容的性质和紧急程度，自动将问题分发给相关政府部门，提高问题处理的精准性和效率。④ 反馈跟踪：建立透明的反馈跟踪机制，市民可以实时查看其提交问题的处理进展和结果，增强政府工作的透明度。通过这些重要环节，项目旨在构建一个开放、便捷的市民参与平台，提高政府的回应能力和服务水平。

三、项目实施过程

(一) 前期准备

在项目启动之前，深圳市政府进行了系统的前期准备工作，包括广泛的需求调研、问题分析以及方案制定等。调研工作涵盖了全市范围内不同群体的市民，收集了他们对政府服务的评价、建议以及在日常生活中遇到的各种问题。调研发现，市民对于政府服务的反馈主要集中在环境保护、城市基础设施建设、交通管理、公共安全等领域，现有的反馈渠道存在响应速度慢、处理透明度低等问题，这些都成为项目设计的重要参考依据。

基于调研结果，深圳市政府制定了详细的项目实施方案。该方案明确了项目的目标、功能模块、技术需求、实施步骤等，确保项目实施有条不紊。在方案制定过程中，政府还邀请了多位技术专家、社会学家、公共管理专家参与，确保项目设计既符合技术规范，又能满足市民的实际需求。

（二）平台建设

在"民意直通车"平台建设阶段，深圳市政府与多家技术领先的本地信息技术企业合作，进行了平台的设计、开发和测试。项目团队通过多次需求讨论、用户测试和功能迭代，确保平台界面设计简洁友好，功能设置符合市民的使用习惯和体验期望。

平台建设包括以下四个关键步骤。① 需求分析与规划：详细分析市民的使用习惯和政府处理流程，制定平台的总体设计框架。② 系统开发与测试：技术团队开发平台的核心功能模块，包括反馈提交、数据分析、问题分类处理、进展跟踪等功能，并进行多轮测试以保证系统的稳定性和可靠性。③ 用户体验优化：通过模拟用户使用场景，优化平台的界面设计和操作流程，确保系统的易用性和用户体验。④ 技术支持与维护：配置高性能的服务器集群，采用先进的云计算和大数据分析技术，确保平台能够应对高并发访问和大规模数据处理的需求。最终，"民意直通车"平台上线，为市民提供了一个便捷、透明的反馈渠道，提升了市民参与城市管理的积极性。

（三）数据收集与分析

数据收集与分析是"民意直通车"项目的核心环节。平台通过整合线上线下多种反馈渠道，收集市民的意见和建议。市民可以通过官方网站、手机应用、微信公众号、短信、电话等方式提交反馈。平台支持多种数据格式，包括文字、图片、视频等，确保反馈信息的全面性和多样性。

数据收集后，系统会根据关键词、地域、时间等维度对数据进行自动分类和整理。数据分析模块采用了先进的自然语言处理和机器学习算法，能够对海量反馈数据进行深度分析。例如，系统可以自动识别出高频问题、热点问题，并生成趋势分析报告，为政府决策提供数据支持。此外，系统还具备实时监测和预警功能,可以及时发现市民关注的紧急问题,例如突发事件、公共安全隐患等,从而帮助政府提前采取应对措施,减少问题的影响。

(四)反馈处理与响应

在问题被分类和分发之后,各相关政府部门接收到系统自动推送的问题反馈。每个部门都有专门团队负责问题的处理和响应,他们会根据反馈的具体内容,制订处理计划,并及时向市民反馈处理进展和结果。

为确保问题处理的高效性,深圳市政府制定了严格的响应时间和处理流程。例如,对于紧急问题,要求在24小时内给出初步回应;对于一般性问题,则需要在一周内完成处理,并向市民反馈结果。各部门的处理进度和结果会在系统中实时更新,市民可以通过平台随时查看自己反馈问题的处理状态,确保问题得到及时解决。此外,深圳市政府还通过定期举办市民听证会、公开座谈会等线下活动,针对一些复杂问题或重大政策进行深入探讨。这些活动不仅增强了政府的透明度,也提高了市民的参与感和信任度。

(五)第三方评估

为确保"民意直通车"项目的公正性和有效性,深圳市政府引入了独立的第三方评估机制。评估机构包括专业咨询公司、学术机构,他们负责对项目的各个环节进行全面评估,包括系统的技术性能测试、市民反馈的处理效果、市民满意度调查等。

评估机构每季度向政府提交评估报告,内容涵盖系统的运行情况、问题处理的效率、各部门的响应情况、市民的满意度等。评估报告不仅为政府提供了项目改进的依据,也通过公开发布提高了政府工作的透明度和市民的参与度。

年度评估报告总结全年的项目运行情况,列出主要问题和改进建议。例如,评估报告可能指出某个部门在处理市民反馈方面存在响应不及时的问题,建议改进流程或增加资源支持。通过持续的评估和改进,项目得以不断优化,部门整体绩效得以提升。

四、关键角色

在"民意直通车"项目中,市民、政府部门、信息技术企业、第三方评估机构等各个角色的参与和协同是项目成功的关键。

（一）市民

市民是项目的主要参与者和受益者。通过便捷的反馈渠道，市民可以随时随地表达自己的意见和建议，直接参与城市治理。市民的广泛参与不仅提高了反馈信息的质量，也增强了他们的归属感和参与感，提升了市民对政府工作的信任和支持。市民不仅是信息的提供者，还是问题的监督者。通过“民意直通车”项目，市民可以实时跟踪自己所提交问题的处理进展，提出进一步的意见和建议。这种互动机制不仅提高了政府的工作透明度，也增强了市民的参与感和信任度。

（二）政府部门

政府部门是反馈的接收者和处理者。他们的主要任务是接收系统分发的问题反馈，制定处理方案，并及时向市民反馈处理结果。政府部门的工作效率和响应速度直接影响市民的满意度和项目的成功。政府部门需要确保反馈处理的及时性和有效性，对于一些复杂的问题，还需要进行部门间的协作和沟通。深圳市政府对各部门的处理情况进行定期考核，确保问题得到有效解决，并通过绩效评估推动各部门提高工作效率。

（三）信息技术企业

信息技术企业为项目提供了技术支持，是平台建设和维护的重要参与者。这些企业负责系统的开发、测试、部署及后续的技术支持和更新。通过与深圳市政府的合作，技术企业不断优化平台功能，提升系统性能，确保平台在高并发情况下稳定运行。信息技术企业还在平台的用户体验设计、数据安全保障等方面提供了专业建议，确保平台能够满足市民的需求，并在使用过程中提供良好的体验。

（四）第三方评估机构

独立的第三方评估机构通过客观评估，为项目提供了公正的反馈和改进建议。评估机构不仅关注系统的技术性能，还对市民的满意度、反馈处理的透明度等方面进行综合评估。通过定期的评估报告，评估机构帮助政府了解项目的运行情况和存在的问题，并提出改进建议。这些评估不仅提高了项目的透明度，也为项目的持续改进提供了科学依据。

五、成果与挑战

（一）成果

第一，提高了政府绩效透明度。“民意直通车”项目通过构建一个开放透明的反馈平台，使市民能够实时了解自己提交问题的处理进展，增加了政府工作的透明度。市民可以通过系统查看问题的处理过程和结果，增强了对政府工作的信任。

第二，加强了市民参与感。项目为市民提供了便捷的反馈渠道，使他们能够直接参与城市治理。市民的参与不仅提高了反馈信息的质量，也增强了他们的归属感和参与感，提升了对政府的信任和支持。

第三，提升了政府响应速度。通过系统化的反馈处理机制，政府部门能够快速响应市民的意见和建议，减少了反馈处理的时间，提高了工作效率。系统的自动分发和分类功能，使问题能够迅速定位到相关部门，大大提高了政府响应速度。

（二）挑战

第一，数据安全与隐私保护。在大规模的数据收集和处理过程中，如何保护市民的个人隐私和数据安全是一个重要挑战。项目需要制定严格的数据安全管理措施，防止数据泄露和滥用，确保市民的信息得到充分保护。

第二，反馈质量的管理。在大量的市民反馈中，如何筛选出有价值的信息，防止虚假反馈和无效建议影响决策也是项目面临的挑战。系统需要具备有效的信息筛选和评估机制，确保反馈的有效性。

第三，部门间协调。不同部门对反馈处理的响应速度和方式可能存在差异，如何协调各部门的工作，确保问题得到有效解决，也需要持续的努力。市政府需要制定有效的协调机制，推动各部门的合作和沟通，提高整体的响应效率。

六、结语

“民意直通车”项目是深圳市在政府绩效管理方面的一次成功探索。通过构建一个便捷透明的民意反馈平台，项目有效提升了政府的服务能力和公信力。在这个过程中，市民的广泛参与是政府绩效创造的基础，政府部门的高效响应是绩效提升的核心，技术企业和评估机构的支持为项目的成功提供了保障。这一案例展示了多方合作在提升政府绩效中的重要作用，为其他城市和地区的政府绩效管理提供了宝贵的经验和启示。

（资料来源 樊怡君：《深圳“民意速办”助力为民服务提质增效》，载央广网 2024 年 6 月 23 日，https://sz.cnr.cn/gstjsz/20240623/t20240623_

526760480.shtml。收入本书时有改动）

思考题：

1. 如何确保市民反馈的真实性与有效性？
2. 如何在数据隐私与信息公开之间取得平衡？

CHAPTER 7

第七章

国外政府绩效管理的实践

教学重点

掌握绩效管理在西方新公共管理运动中的运用；结合我国情况，思考西方国家的行政改革对我国的借鉴意义。

教学难点

比较分析西方国家的政府绩效管理与我国的政府职能改革。

学习建议

通过了解西方国家的绩效管理实践，思考绩效管理对于公共管理的影响。思考绩效管理是否适合在我国政府中开展？如何开展？

第一节　英国政府绩效管理的实践

一、改革措施

人们普遍认为，英国是当代西方行政改革的先驱。在 20 世纪 70 年代以前，英国的公共行政体制仍建立在韦伯的官僚制理论基础上，保持着传统行政模式的主要特征：坚持议会主权、部长责任制和政治中立的三大原则，整个社会管理体制权力集中、层次分明、制度严格、责权明确、官员称职、政令畅通。然而到了20世纪70年代后期，一系列新的因素汇成了对官僚制的强大冲击。政府形成了庞大的机构，公共服务部门几乎为政府所垄断，各级官员和公务员只是执行上级的命令、抑制了积极性和创造性，政府工作效率低下。

在经济衰退和相应的社会紧张压力下，关于政府在经济和社会服务事务中的一致看法，在1979年撒切尔保守党政府上台后被打破。从1979年起，撒切尔夫人执政伊始即对传统公共行政体制进行了一系列以新公共管理为主题的较为彻底的改革运动。以缩减政府管理范围、规模和提高政府效率为目标，从撒切尔政府到梅杰政府，保守党执政间持续推进了管理文化和高效政府管理体制的建立，并围绕效率战略不断推进绩效管理策略，实现了逐步由官僚文化向管理型文化的转变。例如雷纳评审、部长管理信息系统、财政管理新方案、“下一步”行动方案、公民宪章运动、竞争求质量运动等重大改革。这段时期的政策发展及应用开始转向重新肯定市场规则，重塑、削减政府的基本职能，个人自主安排生活方式、为家庭承担责任的观念也出现于政治讨论中。公共行政体制改革之后，所有的公营企业都被私有化并按照市场规则来进行管理。至于传统的福利国家领域，只有医疗保健和教育还被保留在政府的职责范围内。从英国行政改革特点看，改革性质是一种“适应性改良”，但其改革范围之大、之全面，对整个行政体制改革产生了深远积极的影响。

（一）雷纳评审

雷纳评审是以雷纳勋爵为主要负责人的评审小组，召集政府的高级公务员、学术界和顾问公司的专家来作为评审员，严格规定绩效评审的基本内容和程序，对政府各部门的日常工作进行评审。在评审工作中，这些评审员具有相当大的自主权。

雷纳评审的性质是以解决问题为导向的经验式调查。它着重于经济和效率，采用问题诊断的方式，从政府的日常工作中寻找出导致效率不佳的各种因素，包括工作任务、工作方法和工作程序，以降低政府的运营成本，提高政府的经济效率。

1. 评审程序

雷纳评审严格规定评审的程序和内容，充分体现绩效评估的科学性和规范性。

(1) 选择评审对象

评审对象完全由各个部门根据需要自己选择,然后上报雷纳批准。评审对象可以是一个具体的工作部门或特定部门某方面的工作,也可以是某方面的工作程序,还可以是工作的某个侧面或环节。评审对象确定之后,一般派一个评审员到有关部门协调指导,但大量具体的工作还要由本部门的公务员承担。

(2) 对现有活动的质疑

在给评审员的工作指导说明中,雷纳明确提出对现有活动的质疑是评审的起点。这些质疑问题包括:① 为什么要从事正在从事的工作? ② 为什么要按照目前的方式从事这些工作? ③ 怎样才能使这些工作更富有成效且降低成本?

(3) 推动争论或辩论

在完成实地调查之后,评审员把发现的问题和改革建议写成报告递交给内阁办公厅效率小组备份,同时递交给被评审单位的负责人,了解被评审单位的反应并征求批评和建议。一般情况下,被评审单位负责人把报告分发给下属科室负责人,要求其就报告的内容发表看法和意见,并做好准备在预定的时间就报告的内容展开有组织的讨论和辩论。当然,也存在被评审单位负责人认为评审员的结论太离谱,因而对评审报告不予理睬的情况。出现这种情况时,评审员有权把报告直接交给主管部长审阅以促使主管把自己的不同意见公开化,进而围绕评审报告展开交锋。

(4) 形成共识

评审员和被评审单位有关人员就评审报告充分协商、讨论并形成某种共识。对被评审单位的改革措施建议完全根据评审对象的特点和评审中发现的问题而定,排除人为因素的干扰,以实事求是的精神推动各方面工作的改进。

(5) 实施改革措施

雷纳评审小组的重要职责是利用个人影响,敦促被评审单位在评审员离开后改革措施能够得到落实。如果有必要,评审小组甚至可能出面要求相关部门的常务次官或政务次官就改革措施的推行情况提交报告。这无疑是个有效的事后监督控制机制,能够推动改革措施的顺利进行,使被评审单位在推进改革措施方面更有责任心。

2. 评价:就事论事式改革方式

雷纳评审历时十多年时间,评审活动数百项,涉及多个部门和不同的管理服务工作,通过大规模调研的方式,发现了许多问题的症结,对提高政府的经济和效率水平发挥了重大作用。从总体看,雷纳评审活动的成效是显著的。据统计,从1979年到1985年的6年里,雷纳评审小组共进行了266项调查,发现并确定了6亿英镑(1英镑≈9.2元人民币)的年度开支领域和6 700万英镑的一次性节支领域。截至1986年年底,评审共支出了500万英镑,而它所带来的直接经济效益却高达9.5亿英镑。然而,雷纳评审仅仅是一种就事论事式改革方式,并没有从根本上改善政府的效率。

(1) 改革活动主要是在政府内部进行,对具体部门、具体工作环节中出现的低效问题提出针对性的改进建议。因此,一方面因仅仅是内部管理的调整就不易引起公众的反感,也更容易为政府部门接受;另一方面,因局限于政府部门调整、方法程序改进等,没有触及对传统行政模式的调整和变革,改革的力度并不大。

(2) 改革活动主要采用问题诊断的方式进行,就政府当前存在的问题提出具体的改革措施和方案,缺乏从部门全局角度来全方位设计战略规划和制定整体的改革方案。因此,就问题而解决问题的雷纳评审对政府改革的深入并没有很大贡献。

(3) 评审活动采用自愿的方式参加,并没有以法规形式强制推行。这当然有助于避免评审过程中发生冲突,但也为评审部门根据自己需要和部门利益来选择评审对象钻了空子。同时,评审的大量具体工作也由被评审部门的公务员来承担,自己对自己进行评审。因此,能否发现真正的问题以及评审的效益如何都受到大量质疑。

(4) 强调运用成本-收益的方法来定量分析政府的产出和效率,没有从提高公务员个人绩效和服务水平的角度来考虑问题,因而还没有从传统行政效率上升到以人为本的绩效观念。

(二) 部长管理信息系统

部长管理信息系统是1980年环境大臣赫素尔廷在环境部内部建立的管理机制和技术,后来因其显著的效果在政府各个部门得到了广泛推广。

部长管理信息系统的目的是使“高层领导能随时了解到：部里正在做一些什么事情？谁负责这些事情？谁制定的目标？这些目标是什么？对目标是否实施了有效的监测和控制？”部长管理信息系统的基本因素是对政府信息的收集，而这在传统公共行政部门中显然是从未有过的。至此，部长管理信息系统成为英国行政改革的重要举措之一，也为后来系统的绩效管理奠定了信息收集的基础。

1. 实施步骤

部长管理信息系统的实施主要包括三个步骤。三个步骤一般每年重复一次，称为部长管理信息系统的一个周期。

第一步，每一个科的负责人向部长交一份工作陈述。工作陈述包括工作内容、所用人员、工作程序、工作所要达到的目标等。如果有可能还要提出绩效指标，用以具体测定工作成绩。

第二步，部长审核各科的工作陈述。这一审核工作包括部门总目标与各科目标的整合。审核工作以目标要求和客观情况进行资源配置，然后就目标、资源、绩效指标等与各科进行讨论，达成共识。

第三步，协议的执行阶段。各科按既定计划进行工作并定期向部长汇报进展情况。汇报的内容包括工作陈述所列各项的状况及具体数字。部长根据这些完整、全面的信息及时作出目标、资源分配等方面的调整，并在综合对比的基础上，找出各科工作上的薄弱环节并督促相关部门改进。

2. 评价：对绩效信息的管理

部长管理信息系统充分收集政府各部门的绩效目标、绩效指标、绩效实绩的数据，较大程度上学习了企业绩效管理的经验和做法，以全面改善政府绩效为目标，体现了现代绩效管理的理念，是融合目标管理、绩效评价等现代管理方法和技术而设计的信息收集和处理系统，也是一种推进政府绩效的管理工具。因此，人们对部长管理信息系统的评价比较高。

(1) 部长介入政策执行领域和部门内部管理工作，增强了对政策执行过程的监测和有效控制，能帮助政府部门根据执行情况和客观效果及时进行必要的政策调整。

(2) 因为利用现代化信息技术并制定了信息收集的相关规范，所以能够及时、全面、系统、规范地收集各部门和各单位的绩效信息，避免了传统层级上报存在的隐瞒现象，有利于进行综合分析和不同单位之间的比较分析。

(3) 收集了较为准确的组织绩效目标，对政府使用资源的情况有较为清晰的了解，有助于按实现目标的需要进行合理的资源配置，从而有利于减少资源浪费、提高政府效率。

(4) 在部长和科级之间建立了直接、规范的信息沟通渠道，实现了政府内部管理的一定机制，促进内部管理由集权管理向参与管理转变，不仅有利于提高公务员的工作积极性，而且有利于组织向弹性方向转变。

(5) 初步建立了目标责任制度、绩效评估制度、全面的信息反馈机制等，体现了绩效管理的绩效考核导向、责任导向和信息导向，为进一步分权和授权创造了条件。

(6) 以定量的方式确定组织总目标，注重对总目标和科目标的考核，这在一定程度上为组织目标向个人绩效目标的分解创造了技术条件。

部长管理信息系统通过建立一个全面的管理信息系统并以其战略性和持续性在绩效管理与目标管理、管理信息系统之间建立起了有机的联系，为绩效管理在政府的全面实践奠定了基础。

(三) 财务管理新方案

政府财政改革一直是改善政府效率、控制行政成本的重点。1982 年 5 月英国财政部公布了财务管理新方案，实行对中央政府财政资源的有效配置和监控。

1. 主要内容

(1) 高层管理系统

高层管理系统是部长管理信息系统的扩大和延伸。通过政府各部建立一个系统、完整、规范的信息系统，能够向高层提供评估和控制所需要的全面信息，而且能为下面各层主管提供做好工作所需的信息，即建立一个全方位的信息网络。

(2) 目标陈述

目标陈述包括目标的界定、多重目标的排序、目标具体化而形成的可测定的指标等。

(3) 绩效评估

绩效评估包括经济、效率、效益等三个方面内容，分别涉及成本与投入、投入与产出、产出与客观效果之间的关系。绩效评估的具体步骤是：把经济、效率、效益分化为大量的绩效指标，围绕这些指标收集全面的信息，进行纵向对比、横向对比、实际表现与工作目标之间的对比，找出差距，挖掘改进的潜力。适当的时候运用现代技术方法对绩效指标的数据作整合分析，得出特定的总体绩效指数，作为制订计划和决策的基础。

(4) 分权与权力下放

财务管理新方案主张财务分权，即把部属一些执行性的、从事量的处理工作以及一些任务单一、工作程序化且分散在不同地域的单位建成独立的核算中心。这些核算中心实行经理负责制，其内部组织结构、编制、人员录用条件、工资级别等完全由经理根据情况来定。

2. 评价：建立管理者个人责任机制

财务管理新方案是部长管理信息系统的延伸，使政府的负责人能够明确自己的目标和衡量绩效的方法，了解自己部门可使用资源的责任及应该担负的责任等。因此，财务管理新方案对政府管理产生了诸多方面的积极影响：① 各部门负责人明确各自的绩效目标、可使用的资源、可支配的信息，从而也明确了各自应该承担的责任。财务管理新方案建立了在绩效基础上的责任机制，摒弃了传统公共行政体制下道德层面的责任要求。以具体的绩效指标和实绩来作为个人责任实现的基础，使政府管理者的责任有了现实归属，为绩效管理落实责任机制创造了制度条件。② 更多地吸纳了市场因素，在财务管理方面通过分权和权力下放以及内部管理机制（实行经理负责制），激励了政府及时根据市场需求降低成本、提高效率，也有利于激励实行经理负责制的财政部门公务员积极创造条件提高服务质量和发挥工作积极性。

当然，财务管理新方案还局限在现有政府体制内的改革，对外部效益等问题并没有进行相应的改革。例如：① 实行经理负责制后，政府如何处理好政治与管理的关系；② 财务管理新方案的重点在于对行政成本和政府规模的控制，公务员个人绩效层面还缺少许多衡量机制和激励机制，忽视公务员个人绩效对整个政府提高绩效、提升服务水平都会是巨大的损失；③ 单纯的信息数据不能说明复杂的社会公共事务问题，容易造成政府决策失效；④ 缺少外在压力敦促政府改进工作绩效，同时也缺乏有效的外部控制机制；⑤ 建立庞大而准确的绩效信息系统存在技术障碍等。

（四）“下一步”行动方案

1988 年，伊布斯领导的效率小组提交的《改进政府管理：下一步行动》报告（又称《伊布斯报告》），被视为英国公共服务改革的一个重要转折点。

1. 具体建议

“下一步”行动方案的前三个部分总结了英国前几次改革的情况和问题，在第四部分和第五部分则对下一步的改革提出了具体建议和行动计划。

（1）设立执行机构，将公共服务的提供和执行职能从掌管它们的集中决策部门中分离出来。这样，可以减轻部长和高级文官的超负荷工作问题，使他们不再陷于日常事务，集中精力于政策发展和部门战略管理。

（2）赋予执行机构更大的灵活性和自主性，包括内部组织结构、财务管理、人力资源管理与开发等方面。相对独立的执行机构有利于发挥管理者的主动性和创造性，在政策执行和服务提供方面有利于实现效益最大化和资金价值。

（3）各部大臣通过与这些执行机构签订绩效合同使其对服务结果负责。通过引入绩效预算，使部长和执行机构的责任关系更加明确。

2. 评价：对政府人力资源的开发

“下一步”行动方案提出的建议标志着政府内部管理机制发生了根本性的变化，职责的明确细分、注重公务员的个人绩效和潜能开发意味着企业绩效管理的理念开始在政府机构中有步骤地逐渐扩散和付诸实施。

（1）通过设立执行机构，分离政治与管理两大职能。执行机构执行公共事务管理职能，与政治在一定程度上相分离，有利于在执行机构内部实行企业式的绩效管理。

（2）通过执行机构与部长签订绩效合同这一方式来承担责任，一方面使执行机构的管理有更大的自主权，另一方面也明确了执行机构的责任和绩效目标，起到监督和激励作用。

（3）对公务员制度进行了较大改革。设立执行机构后，公务员队伍也相应地分成了两组。核心部的公务员仍是传统意义上的公务员，占所有公务员的比例将逐渐减少；执行机构的工作人员不再实行传统的文官制度，而是实行企业化的人事管理制度。

"下一步"行动方案是当代英国政府改革的重要转折点，对公务员制度的改革提出了新颖的看法。"下一步"行动方案在实践中遭遇了许多阻力，不可否认的是，"下一步"行动方案取得了良好的效果。从以规则为本到以结果为本、从隶属关系到契约关系、从过程控制到结果控制、从集权到分权，"下一步"行动方案为政府绩效管理在政府的运用扫除了组织机构和制度障碍，通过执行机构的设置有效地将企业管理和公共管理相结合，创造了政府管理的新局面，也推进了政府人力资源管理向更具战略性的方向发展。

（五）公民宪章运动

20 世纪 90 年代以前，英国行政改革取得了较好的效果。这些改革主要针对政府行政成本，试图提高政府经济效率。但在追求经济和效率的同时，如果牺牲公共服务的质量，那么政府就有可能失去公民的支持。因此，提高政府各部门效率、改进政府服务质量和服务形象成为新一轮改革的目的。1991 年撒切尔首相的继任者梅杰发起了一场公民宪章运动，成为英国推进行政改革的重要标志之一。

1. 基本内容

公民宪章运动体现为以制定宪章的形式把政府服务（主要是垄断行业）的内容、标准、责任等公开，接受公众的监督，实现提高服务水平和服务质量的目的。公民宪章的基本内容包括对公民的承诺和践诺机制。

（1）明确的服务标准及服务承诺。明确的服务标准及服务承诺包括服务效率、质量等方面的具体要求和公务员与公众打交道时的行为准则等。各部门、各机构的服务标准和承诺相当具体，例如警察部门对报警后应在多长时间内派人赶到现场、医院对病人等待就诊的时间限制、铁路部门火车的正点率以及其他部门对前来办事人员所作出的时间许诺等。顾客有权依据各部门、各机构以及提供公共服务的企业所制定的服务宪章的有关标准得到自己所需要的服务。

（2）透明度与完善的监督机制。公民宪章要求有关公共服务的信息必须公开、透明，包括服务的内容和运营状况、特定服务项目的开支与成本状况、受理机关和承担服务的具体机构、后者的服务水平和质量等方面的信息。透明度的增加使得公共服务置于公众的监督之下，从而保证了政府、机构以及与公共服务相关企业所提供的公共服务的质量。在事后补偿方面建立起了方便有效的公民投诉受理机制，包括明确的补偿标准、便捷的受理程序、方便的投诉渠道等，必要时可设宪章电话专线。例如乘客因列车误点或因取消班次而受到损失时，有权得到适当补偿。

(3) 顾客选择。公民宪章要求公共服务应在尽可能的情况下为服务的接受者提供可供选择的机会。例如，在医疗和教育方面，病人可以选择自己满意的诊所，孩子的家长可以选择自己喜欢的学校。在与服务对象协商的基础上，应向公众提供选择服务机构的机会，充分发挥内部竞争的作用以提高服务水平和质量。

(4) 礼貌服务。公民宪章要求公共服务的提供者必须礼貌对待公民，一视同仁地向公民提供服务，尊重公民的隐私权、文化、宗教信仰和人格尊严。例如"病人服务宪章"规定，要保证尊重病人隐私、尊严和宗教信仰等。

(5) 资金的价值。公民宪章的原则之一是：政府提供的公共服务的质量必须与公民所支付的价值相当。为实现这一原则，公民宪章特别强调了"扩大政府服务竞争范围是保证服务质量改善的根本"这一思想。公民宪章这一举动意在促使更多的私营部门参与提供公共服务的竞争，使公共服务能高质量地满足公众的需要。

2. 评价：对服务的公开承诺

政府服务是政府区别于私人部门的重要所在，如何在提高政府效率的同时有效地提升政府服务质量直接关系到公众对政府的支持。传统行政观念趋向通过内部控制来增强公务员提高服务质量的责任感，公民宪章运动的重大意义在于走出了这个困境，通过公开承诺的方式，在缺乏竞争的垄断性公共服务部门中引入激励机制，使公众对政府实施监督，从而敦促公务员提高绩效，提升政府服务形象。

当然，公民宪章运动在实施过程中，也存在许多问题。例如，各行各业如何制定适度的服务标准、公共服务的供给可供公众选择和监督机会仍非常有限、缺乏践诺的强制性惩罚机制等。同时，公民宪章运动在学术上也引起了许多争议，例如用"顾客"替代"公民"，对传统意义上的民主造成了强烈冲击。

但是，不可否认，公民宪章运动在提高公共服务质量和公民满意度方面起到了积极作用。许多国家纷纷效仿该项制度的做法。公民宪章运动对服务的公开承诺，使垄断性部门逐渐意识到公众的压力，体现了责任政府和服务政府向具体操作层面实现的趋势，也为市场化的绩效管理进一步在这些政府实施提供了可能性。

（六）竞争求质量运动

公民宪章运动实施后，梅杰政府发表了《竞争求质量》白皮书，提出将市场和竞争机制引入公共服务的提供，标志着市场竞争机制正式引入公共管理，确立了政府竞争机制的制度化。

1. 提出了“市场检验”的重要概念

《竞争求质量》白皮书指出，市场检验是对内部和外部服务承担者进行比较以检验资金价值的过程。在市场检验中，把由内部承担活动向竞争者开放，不论最后的结果是合同出租还是继续由内部承担，市场检验都能够保证公共服务以最佳的方式提供，以实现公共资金的最大价值。

市场检验包括确定活动的范围和性质、建立服务水平和质量标准、进行竞争招标并作出选择、进行协商并确定具体细节、确定检测和评价步骤等。市场检验主要回答以下几个问题：目前所从事的活动是否确有必要？这些活动和任务是否可以通过私有化的方式来提供？只有在明确了这些活动是政府义不容辞的责任且无法实现私有化的前提下，才进行市场检验。

市场检验与竞争招标制有本质差异：第一，市场检验要求除目前正在承担某项活动的单位外，还应有另外一个内部单位参与竞争；第二，参与竞争投标的内部单位必须提供完整的成本信息，而不是简单的总成本。内部单位的成本可以和外部竞争者的成本进行分类，进而确认需要改进的领域。

2. 评价：确立市场竞争原则

市场检验并没有提出具体的竞争方式和操作方法，而是提供了市场竞争的基本原则和政府市场竞争的理念。竞争机制、合同出租制、战略性合同出租制作为市场检验的具体体现方式，充分体现了通过市场检验来实现资金最大价值的理念。

市场检验规定了公私竞争的原则，将竞争规则制度化，使市场竞争以正式制度的形态参与公共管理，有效地激励了政府积极提高服务质量和服务水平，并降低了行政成本。市场检验原则在一定程度上加快了企业化绩效管理成功引进政府的进程。

1997 年布莱尔政府上台后，为英国的政治理念和治理纲领注入了新的血液。1999 年，布莱尔政府推出了“从竞争政府走向合作政府”，旨在打造一个注重结果导向、顾客导向、合作与有效的信息时代政府。但从总体看，英国行政改革仍延续着提高政府效率和服务质量的改革趋势，为世界其他国家行政改革树立了典范。

二、对英国绩效管理策略的综合评价

英国的行政改革以其市场化改革措施的完整性、改革力度的彻底性以及改革进程的延续性得到了世界各国的广泛公认，对西方各国的行政改革产生了深远影响，成了行政改革的先驱。

英国行政改革始终贯穿绩效管理的理念和实践。在行政改革中逐渐深入执行绩效管理，不仅提高了政府效率和服务质量，也对公务员个人绩效如何提高进行了针对性管理，有助于激发公务员的责任意识和创新精神。

（一）影响深远

1. 管理理念的转变

首先是从行政管制到顾客服务的管理理念转变。尤其在梅杰政府时期，提出了“顾客中心论”的观点，对行政主客体关系的重塑是一场传统官僚理念的革新，标志着政府在由单纯提高政府绩效向如何为社会提供有效率的服务转变。其次是由管制性、计划性向市场化、私有化的管理理念转变。政府引入市场化、私有化管理方式在 20 世纪 90 年代已形成共识，通过公私合营或者项目外包以及在政府内部实行企业管理方式，以便有效地提高行政效率和服务水平。

2. 管理者素质的转变

政府引入企业绩效管理，实行市场、参与、弹性的管理，对管理者的专业知识技能提出了相应的挑战。以资历为管理基础的传统观念在现代行政管理中逐渐受到排斥。企业绩效管理本身是以专业技术管理为基础的一种管理，政府要吸收运用绩效管理，意味着要获得预算编制、项目管理、营销、人力资源管理、绩效评估、质量管理等相应的技能。

3. 管理方式的转变

政府的市场化管理改革，要求摒弃传统的管理方式，实行新的管理方式。这些管理方式的转变主要体现在：第一，在各种变革中包括从强调投入和预算转为关注产出；第二，从程序性管理转为激励主动性管理；第三，从控制到授权，从垄断到竞争，从标准化服务到个性化、以顾客为导向的服务；第四，从以组织为中心的服务到以顾客为中心的服务。

（二）可借鉴性强

英国政府的绩效管理改革具有自身特点，也提供了多方面可借鉴的做法和经验。

第一，以提高政府效率、降低行政成本为行政改革起点，是一种结果导向的管理模式。从早期的雷纳评审和部长管理信息系统直至后期的竞争求质量运动，都显示出英国政府追求行政效率的迫切愿望。提高政府效率既是政府减少成本、有效使用资源的前提，也是获得公众支持的前提。英国的行政改革，始终把绩效管理置于提高政府效率的高度，在控制成本和减少雇员方面取得了显著成效。

第二，对市场需求的积极回应成为英国绩效管理改革行之有效的改革措施。政府对市场需求信息的捕捉和运用是政府政策保持合法性和支持率的基础。英国行政改革在回应市场需求方面进行了极为现实、有效的改革。一方面，在政府内部引入市场化管理方式，要求管理者对市场作出回应。例如，管理者应明白自己在做些什么，找到自己在市场中的位置，在市场竞争中进行战略调适，对成本有很清晰的认识等。另一方面，在政府管理社会事务方面引入市场竞争机制，运用市场检验的方式实行合同出租制、战略性合同出租制等市场竞争机制，对垄断性公共事务进行有效管理，以回应公众对公共事务高效运营的要求，并提供一套监督机制（例如公民宪章）。

第三，通过签订合同、服务承诺等方式建立可操作的责任政府模式，提高公众对政府的支持率和信任感。传统行政观念趋向用内部控制来增强公务员提高服务质量的责任感，英国政府绩效管理则逐渐使用可操作的管理工具来规范公务员的责任意识和服务行政。公开服务承诺和签订市场合同，既为公众提供了可以检验、监督的渠道和标准，也使公务员对自己的行为和准则有明确的未来预期，可以敦促公务员提高绩效，有利于责任政府的现实构建。

第四，充分运用绩效管理的核心工具——绩效评估，体现绩效评估在绩效管理中的核心作用。部长管理信息系统和财务管理新方案建立了一整套绩效评估指标体系。对绩效评估的重视是英国绩效管理改革取得成功的重要技术基础。在绩效信息系统开发上的大量投资和绩效产出的比例表明，政府建立有效的绩效评估指标体系是有现实可能性的。这也为公共管理者确定资金和资源的使用情况获得了有利的数据证明，从而为下一步合理、负责地使用资金和资源在管理上提供了切实可行的方法。

第五，开始注重政府人力资源开发，这体现了绩效管理对个人绩效和个人价值的关注，是管理主义的回归。绩效管理建立在对个人绩效衡量和个人绩效与组织绩效关联的基础上，管理主义关注个人在管理中潜能的开发。英国政府绩效管理在改革中后期开始强调对政府人力资源开发的重要性以及公务员激励机制对提高政府绩效和服务水平的重要性。“下一步”行动方案的提出标志着政府绩效管理的个人绩效理念开始在政府有步骤地付诸实施。

第六，政府外部权威和内部权威面临外部机制和内部机制的挑战，并在一定程度上因为分权和授权而降低。适当的分权和授权不会从根本上改变政府的权威地位，只是政府很难仅仅依赖官僚权力来实现管理社会公共事务的目的。政府应在公众参与和内部机构参与的基础上来获得公共政策的合法性和管理的有效性。分权和授权是民主政治发展的要求，也是政府弹性管理、灵活应对市场需求的要求。

第七，以提高政府服务质量、赢得顾客满意度为目标是一种顾客导向的管理模式。企业绩效管理以满足市场需求和顾客需求为衡量组织存在的标准，英国政府绩效管理最成功或者说最彻底引入绩效管理的做法是强调顾客导向在政府的运用，真正实现了政府市场化有效运行，大大提高了政府为满足顾客需求而主动提供优质服务和提升服务效率的可能性。

第二节　美国政府绩效管理的实践

一、改革背景

美国公共行政改革的背景与英国截然不同。英国是个传统的官僚制国家，而美国的官僚政治本身具有更多的高效因素，重视改善政府绩效是美国官僚政治得以持续存在的基础。那么，美国公共行政改革究竟是在怎样的条件下推动的呢？美国公共行政改革的背景主要有以下五点。

第一，美国的政治制度基础。在国家结构形式上，美国实行联邦制，确立了邦联分权的原则。中央政府的决策能够通过邦联制得到贯彻和执行，拥有较多自主权的州政府及其他地方政府能够实行适应各州具体情况、相对独立的政策。联邦政府与州政府关系的松散是美国行政体制的重要特征，这也为地方政府突破中央政府管制，实行小范围企业管理式行政改革创造了条件。在政党制度上，美国政党组织比较松散，地方政府改革几乎不会受到政党的控制和影响。在政治结构上，美国的三权分立制度确立了国会、司法、行政三者之间彼此牵制的权力格局，保证了行政体制改革不易侵害公民权利，也加强了对官僚体制的管理，使官僚权力不至于被滥用。

第二，美国官僚政治本身对高效政府的积极要求，加快了绩效管理引入官僚政治的步伐。与英国对官僚政治的社会背景不同，美国官僚政治起步相对较晚，加上三权分立机制的牵制，有助于实现较为理想的官僚制。官僚制是一种被设计出来执行公共政策的理性体系或组织结构。通过清晰的等级管理，能够保证决策由上至下得以执行。官僚制对科学管理和高效组织的重视不亚于企业组织对经济效益的重视。美国的三权分立机制保证了司法机关能够牵制行政部门权力滥用，从而使官僚制在更广阔意义上发挥积极作用。因此，美国的官僚制传统在某种意义上传承了对政府绩效的认识，对高效政府的需求是官僚制存在的理由之一。“高效政府即是好政府”，官僚制对绩效的理念为美国在不改变体制的情况下引入绩效管理创造了制度条件和观念条件。

第三，国内和国际市场竞争环境的变化使美国政府开始考虑变革。一方面，美国政府面临公众对公共服务需求增加、政府功能扩大和财政支出紧张的矛盾。财政赤字和巨额国债使政府逐渐意识到对政府进行改革的紧迫性。另一方面，市场化价值在全球得到了肯定。英国市场化改革率先取得了显著成绩，其他国家也纷纷实行了市场化改革和引入企业式绩效管理。对市场化价值的认同和政府本身对改革的自我期望为美国政府向绩效管理战略改革创造了环境。

第四，民主因素对美国官僚制提出了挑战。民主政治制度的逐步完善和发展，使公民参与政治生活的环境也发生了变化。公民期望能够直接参与公共服务过程，希望对政治家制定政策实施压力。这样，传统官僚垄断控制有可能被打破。官僚制的非人性化管理以及忽视政府个人价值的做法妨碍了组织内部参与和外部参与，因此对官僚管理进行适当改革这一举措推进了绩效管理引入政府的进程。

美国政府引入绩效管理工具既是现实压力推动的结果，也是诸多改革优势促成的直接结果。因此，美国政府绩效管理策略更具自主性和地方性，这也形成了美国行政改革的重要特色。

二、美国绩效管理战略的实践

20 世纪 80 年代以来，美国政府开始逐步实施市场化导向的绩效管理改革战略，内容涉及社会福利政策、公共服务输出、政府管制、分权等各个方面。以下对美国实施绩效管理改革的两个法案以及美国地方政府绩效管理的实践进行简要介绍。

（一）《政府绩效与结果法案》

1993 年，面对公众要求强化对政府进行监督和提高政府工作效率的压力，美国第 103 届国会通过了《政府绩效与结果法案》，并将之作为国家财政预算改革的举措之一。同年，该法案经克林顿签署正式成为一项法律。

根据这项法律的要求，美国所有的联邦机构部门都要制定一个至少包括未来 5 年工作目标的战略规划、将战略目标分解成年度目标的年度执行计划、对年度计划执行结果进行评价的年度计划执行情况等三份报告的总体战略规划。这三份报告提交给国会相应专门委员会、美国审计总局、管理与预算局。管理与预算局根据各机构的规划制定情况以及工作绩效的评估情况分配财政预算。《政府绩效与结果法案》试图通过把每年的财政拨款同工作绩效相联系的方式来增强对联邦政府支持项目的计划和管理，增强联邦机构工作绩效的可评估性、提高政府的工作效率，增强公众对联邦政府的信心。

1.《政府绩效与结果法案》的主要框架

《政府绩效与结果法案》规定相关机构应根据各自具体情况制定战略规划、年度绩效计划和年度绩效报告(见表 7-1)。

表 7-1 《政府绩效与结果法案》的主要框架

立法目的		① 通过系统地要求联邦政府机构对工作结果承担责任来提升美国民众对联邦政府能力的信心 ② 从一系列试点项目开始，先设定工作目标并围绕这些目标进行绩效测量，然后对进程作出公开报告 ③ 将新的关注焦点集中于结果、服务质量以及顾客满意度方面，以此来改进联邦政府的工作效益与公共责任 ④ 通过要求联邦管理人员制定实现工作目标的规划、提供工作结果和服务质量的信息来帮助政府改进服务质量 ⑤ 通过提供更为客观的有关法定目标的信息以及联邦工作及经费使用效果和效率的信息来改进国会的决策水平 ⑥ 改进联邦的内部管理效率
主要内容	战略规划(5 年)	① 对机关使命的全面陈述 ② 总的目的和目标，包括与结果有关的目的和目标 ③ 描述如何达成目的和目标，包括描述达到目标所需要的管理过程、技能和技术、人力、信息、资本和其他资源等 ④ 描述绩效目标，包括在计划之中进行描述 ⑤ 确认对目标的实现可能产生重要影响的主要外部因素和不可控制因素 ⑥ 描述计划的评估
	年度绩效计划(年初)	① 建立绩效目标以界定计划活动实现的绩效水平 ② 用客观的、量化的、可衡量的形式表述目标 ③ 简要描述实现计划目标所要求的运作过程、技能和技术、人力、财力、信息等其他资源 ④ 建立绩效指标，以此衡量或评价每一个计划活动的相关产出、服务水平和结果 ⑤ 为比较实际的计划结果和已确定的绩效目标提供基础 ⑥ 描述用以证明和确认可衡量的价值手段
主要内容	年度绩效报告(年终)	① 陈述绩效计划中确立的绩效指标，同时要将实际达成的绩效目标与计划中表达的绩效目标相比较 ② 如果绩效目标是用替代的形式加以说明，这一计划的结果应依据这种特殊要求加以描述，包括绩效是否能满足最低限度要求的、有效的或成功的计划标准 ③ 评估财政年度绩效目标的实现程度，根据达标的绩效来评估本财政年度的绩效计划，解释和描述绩效目标未能实现的原因

战略规划阐明了机构的目的，制定了机构未来5年内的议事日程表，是制定年度目标和绩效计划的基础。整个战略规划的制定应围绕该机构的总体目标，综合体现政府职责、职能。战略规划体现了政府公开、合作、责任的特征，可以看作公共组织的总体目标。

年度绩效计划是《政府绩效与结果法案》中的核心组成部分，是战略规划目标的分解，是围绕战略规划而制订出来的年度计划。年度绩效计划主要由管理与预算局局长监督实施。与普通年度计划不同的是，年度绩效计划着重于该年度的绩效水平和绩效目标，而不是对政府该年度所有事务的计划。通过确定该年度要实现的绩效目标，制定翔实的绩效指标以及利用资源的情况，为该机构该年度的绩效考核奠定可靠的基础。

年度绩效报告是每个机构在一个财政年度后向总统和国会提交的一份前一财政年度的绩效报告。年度绩效报告对衡量该机构实际达成的绩效目标与计划中表达的绩效目标的差异以及如何改进工作都具有现实意义。

2. 评价：绩效管理法治化

《政府绩效与结果法案》对美国联邦机构绩效管理的程序、方法和考核都进行了严格规定。作为一项要求全部行政机构都要服从的法律，《政府绩效与结果法案》实践了绩效管理的具体制度和管理方法，并将这些操作方法上升到了法律的高度，这是其他国家引入绩效管理前所未有的做法。绩效管理法治化，硬性规定了各个机构必须制订各自的绩效计划和撰写绩效报告。绩效报告实则为一种绩效考核方式。各个机构要对其事先制订的绩效计划负责，具体实施后导致的绩效差异由机构自己负责解释，从而有利于落实责任制。整个《政府绩效与结果法案》是一套绩效管理实施的方案，从确定战略目标到年度绩效计划，再到年度绩效考核，凡是组织内部与绩效相关的资源使用情况、绩效考核指标都被列入绩效计划；使用绩效预算方法来代替传统预算，把政府成本预算建立在绩效管理基础上，有助于建立成本预算的责任。

当然，《政府绩效与结果法案》也存在一定问题。例如，各个机构开发符合自身特点的绩效框架需要信息和技术支持；仅定义两种类型的绩效测量方法（产出和结果）能否衡量各个机构所有的绩效（包括那些不可测量的对象以及未来的绩效预期）；公共服务支出的结果在该年度能否测量；各个机构负责人的管理作风和领导素质问题等。

从总体上看,《政府绩效与结果法案》对绩效管理的具体方法毕竟作出了大胆尝试,使政府运用绩效管理更具合法性和可操作性,并在法律层面上规定了绩效管理的程序和方法,大大提高了政府对绩效管理运用的责任意识和法治意识。

(二)国家绩效评审委员会与《戈尔报告》

《政府绩效与结果法案》颁布的同年3月,克林顿总统宣布成立国家绩效评审委员会,任命副总统戈尔主持该委员会的工作,负责统筹联邦政府的再造工作。国家绩效评审委员会于同年9月制定了第一份报告——《从繁文缛节到结果导向:创造一个花钱少、工作好的政府》(又称《戈尔报告》)。该报告成了美国推行政府绩效评估措施的纲领性报告,有力地推动了绩效评估在政府管理中的具体运用。

1. 国家绩效评审委员会的主要职责

国家绩效评审委员会负责统筹推动联邦政府的再造工作,在全国范围内组织绩效评鉴。为此,国家绩效评审委员会设立了专门的绩效评估研究组,定期发布研究报告,总结绩效评估情况并提供技术上的指导。从机构性质和主要职能来看,国家绩效评审委员会既是推动政府再造的统筹机构,也是监督政府实施绩效管理的专业技术机构。

在实际操作中,除国家绩效评审委员会还包括以下联邦政府机关负责执行政府绩效管理。① 管理与预算局,负责协助总统编制预算和财政计划、评估影响公众的各项政府管制和规章并改善相应的管理、为政府签订契约时的各项大原则和程序以及政府财务管理制度提供指导。② 人事管理局,负责联邦雇员的甄选、培训、晋升以及公务员的退休、保险等工作。③ 总务局,总管政府办公室的建造和维修、物品采购、资料处理和电信系统的管理。④ 财务管理局,负责改进政府财务交易的管理、维持中央账目系统并定期提供财务状况报告以及对政府各种收支凭据进行管理。⑤ 政府伦理局,为预防公务员"利益冲突"提供指导。⑥ 首席财务官会议,定期对各机关财务管理的各种活动进行协调或提供咨询。⑦ 总统廉洁与效率委员会,负责机关之间和机关内有关贪污、欺诈和权力滥用的调查与审计等工作。

2.《戈尔报告》的改革建议与措施

《戈尔报告》是国家绩效评审委员会及其他联邦机构第一次实施国家绩效评审委员会的结果。《戈尔报告》提出的建议和措施可以归纳为以下四个方面。

(1) 公共福利政策改革,开始逐渐压缩福利项目,收缩政府的社会职能。1996 年,克林顿政府甚至进行了"终结福利"的福利政策改革。

(2) 放松规制,采用竞争市场中所提供的收费多样性和质量选择。一方面,在电信、银行等领域进行了广泛的放松规制改革;另一方面,对政府内部的人事、采购、预算制度等放松规制。

(3) 创建顾客服务标准。通过合同出租、公私合作、用者付费和凭单制度实现公共服务市场化,并建立了顾客服务标准,以此来衡量公共服务的绩效水平和服务质量。

(4) 政府间分权,放松对地方和州政府的规制,强调社区的作用。1993 年联邦政府设立了社区事务委员会,负责整合社区资源和发挥社区的积极作用。

3. 评价:绩效管理专业化

国家绩效评审委员会的成立,实践了《政府绩效与结果法案》的理念;在全国范围内建立统一的专业绩效管理小组,有助于指导各个部门开展绩效管理工作。企业绩效管理本身是结合专业技术的一种管理方法,对管理者的专业素质有较高的要求。政府迅速引进绩效管理,要想充分发挥绩效管理作用,则建立专业机构统筹是最行之有效的办法。专业机构的建立既提高了绩效管理技术方法运作的可能性,也有力防止了管理者和有关机构的"策略性行为"。美国政府绩效管理专业化建立在法治化基础上。绩效管理在美国的成功实践很大程度上也归功于美国政府将其从法律层面到实践层面的逐步推进。

(三) 美国地方政府绩效管理的实践

美国行政改革的特色在于地方和州政府在绩效管理改革中体现出来的积极性和创新性,地方政府自发的行政改革表现出绩效管理真正的价值和成效。

美国地方政府的特点是形式多样、差别巨大。在美国,州以下的政府称为地方政府；州以下一般划分为郡和市，下设教区或镇；另外，还设有特别行政区、学区。① 县(郡)政府是立法、行政的合一，其主要行政管理机关是县(郡)委员会。县(郡)政府的职能一般较为简单，主要是对征税财产进行估价、征收财产税、进行土地登记、办理选举、维修公路等。20 世纪以后，县(郡)政府的职能有所扩张，还负责公用事业、社会福利、分区开发等工作。② 市政府，既是州政府的代理，又是市政的自治体，是市民自愿结成的法人团体。市政府的职能主要有公共安全、公共卫生、环境保护、公共交通、公共教育、财政及市场管理等。市政府的组织形式大致有四类：市长-市议会制、市经理制、委员会制、大都会区制等。③ 镇政府，镇的规模一般比县(郡)和市政府要小，但在行政上并不从属于所在的县或市，镇政府的主要职能是办理镇里的选举、济贫、修路、管小市场、排污供水等事宜。④ 特别管理区，只执行某一专项职能，最常执行的特别职能是防火、供水、排水、土壤保护、河流管理等。另有专门管理公共教育的学区。为了满足不同利益团体同时提出的要求而产生了大量的地方自治单位，它们履行着各种不同类型的服务。美国地方自治的特色为不同形式的地方政府在提供关键性公共服务方面创造了条件。常见的公共服务，例如警察与消防，教育，公共交通、街道与高速公路、机场、海港，排污与固体垃圾的收集处理，公共保健与意愿，公共福利，公园与娱乐，住房与城市修葺，土地控制，供水等公共服务。这些公共服务直接影响着每位公民的日常生活。尽管地方政府的这种差异性和多样性会导致混乱和公共服务重复生产，从而造成低效率。大量实践表明，地方政府在提供公共服务和推进大城市建设的过程中表现出更多的积极性和有效性。美国政治经济学家奥斯特洛姆夫妇对警察服务进行的研究表明，最小规模提供的公共服务同最大规模的部门提供的公共服务相等或更好。例如，在有 5 个或更少警官的部门中，主管通常也是巡逻力量之一，而在其他较大规模的部门中，主管往往不会出去巡逻，只是保持监督。因此，地方自治为公民提供了最直接、最有效的公共服务。同时，美国宪法赋予地方政府的权力使地方政府在制度创新和绩效提高方面更具有自主性和创新性。绩效管理在美国地方政府公共服务提供领域率先获得了突破，成为美国绩效管理改革的亮点之一。

1. 印第安纳波利斯市的“创造绩效的结果导向战略”

1992 年 1 月，印第安纳波利斯市宣布开始将小部分的市政街道维修项目进行招标。到 1996 年，印第安纳波利斯市已经进行了 64 次公私部门之间的竞争，将 27 个不同服务部门价值 5 亿美元的工程招标出去。印第安纳波利斯市长认为，政府低效率和低效能的最佳解药是大量的竞争。

印第安纳波利斯市引入市场竞争的改革具有两个特点。① 避免减少由于竞标而带来的冲突。公共机构的雇员也有参与竞标的机会和权利，还可以和私人部门合作竞标。这样就大大减少了政府对竞标的抵抗和排斥。② 潜在“无解雇”政策的作用(见表 7-2)。市政府与工会并没有签订“无解雇政策”，但政府在改革中实际并不需要进行解雇，公共雇员通过这项改革反而增加了工资和福利待遇。

表 7-2　无解雇政策

序号	政策内容
1	对雇员进行再培训，并将他们安置于其他的政府职位
2	建立“职位库”，将虚位以待的职位向失业雇员开放
3	要求私人承包商优先录用失业的公共雇员
4	要求私人承包商提供同等的工资与福利
5	支持那些即将得到养老金的失业人员获得养老金，但要求私人承包商承担这笔费用
6	帮助管理者实行其组织的私有化
7	提供解职合同所规定的一切利益或提前退休的激励
8	提供新职介绍服务

就地方政府行政改革而言，印第安纳波利斯市引入市场竞争的改革是彻底的、颇具影响力的。通过竞争，改进了政府提高绩效的动机。垄断权力体制下，政府提高绩效的动机往往是消极的，公私部门合同竞争的方法直接创造了以绩效为目标的结果导向策略。印第安纳波利斯市将经济风险和奖励作为一种杠杆，在公务员付出的努力和结果之间赋予了一种利害关系。换言之，公务员要想获得竞标，就需要设计更能节省成本、更能有效产出的方案，否则就不能获得竞标，也就不能获得经济收益。即使获得竞标，也存在一种监督和调节机制。例如，这个竞标工程没做好的话，就有可能被终止合同，也就无法拿到下个竞标工程。以合同来规定公共雇员的行为，以经济风险来调节公共雇员对结果的预期，从而有效执行了“创造绩效的结果导向战略”。

对绩效指标的设计和考核是绩效管理的核心,印第安纳波利斯市放弃难以考核的绩效测评,利用竞争和风险的杠杆作用,执行了创造绩效的结果导向战略。

2. 密苏里州马克·吐温林区的"授权改革"

美国国家森林服务局因长期沿用旧的规则进行组织管理,已演变成一个"墨守成规、为规则所束缚"的官僚机构。这种问题也蔓延到下面的组织机构。密苏里州马克·吐温林区同样面临组织效能低下、等级森严的矛盾。1985 年,通过一系列的申请,马克·吐温林区获得了摆脱森林服务局规则约束的机会。即只要依据法律和达到森林管理计划所规定的预期绩效,就可以按照林区自己的意志进行治理。

马克·吐温林区的授权改革使其成为地方行政改革的典范。授权改革具有两个特色:① 每个林区都有各自的预算权,灵活性较大。② 每个林区都形成了自我管理的团队,彼此间不需要批准和牵制。

这种授权改革改变了传统公共行政控制的方式,放弃了以组织等级为基础的监管方式,把管理建立在绩效计划和共同期望的基础上。传统行政体制下,分权和授权都依赖于由上至下的管理,下级机构拥有的自主权力并不会很大。马克·吐温林区的"授权改革"具有企业管理的显著特征,工作团队的建立和预算管理的独立使下级部门的自主性和创造性大大提高。相对于传统以权威为基础的行政管理,这种授权管理建立了信任,开始注重公共雇员的个人绩效和工作积极性,真正实践了绩效管理的人本思想以及个人目标与组织目标挂钩的管理方法。奥斯本认为,公务员对官僚制度的厌恶使授权改革成为建立信任的、合作的工作团队成为可能,他们更愿意享受工作带来的乐趣,而不是官僚控制带来的抑制。马克·吐温林区的授权改革创造了官僚组织管理的新氛围,也为渐进的绩效管理改革如何创造组织文化树立了典范。

三、对美国绩效管理战略的综合评价

美国公共行政改革是以绩效管理战略实施为目标的改革运动,从立法到实施,美国的绩效管理战略都具有显著的特点。

第一,通过立法确定了公共行政部门绩效管理改革的目标和措施,严格规定了联邦政府制定绩效管理战略和实施绩效管理的程序和责任。《政

府绩效与结果法案》对美国联邦机构绩效管理的程序、方法和考核都进行了规定，把绩效管理方法纳入法治体系，使绩效管理成为联邦政府必须行使的责任。

第二，建立专门的组织机构来负责绩效管理的实施，确保绩效管理在技术层面上能够较好地贯彻实施。国家绩效评审委员会的成立为绩效管理实施提供了良好的组织基础和技术基础。一方面，国家绩效评审委员会是全国绩效管理战略实施的统筹部门；另一方面，国家绩效评审委员会拥有专业的绩效管理技术手段，可以提供相关的技术咨询，解决绩效管理技术方面的难题。国家绩效评审委员会集监督与咨询于一体，保障了联邦政府绩效管理的有效实施。

第三，地方政府在推动绩效管理过程中发挥着积极作用，不断创新政府绩效管理的方法和途径。联邦制的特点使美国地方政府对行政改革更敏感。授权改革、组织文化战略改革、结果导向改革等，这些创新的改革方式均在州政府和地方政府中做了大胆尝试。美国的政治体制减少了地方政府在推进创新绩效管理过程中的阻力，提供了改革借鉴经验。

第四，注重对信息技术的应用。美国信息产业的发展为绩效管理在政府的运用提供了基本技术条件。大量信息技术的运用，使国家绩效评审委员会能够通过良好的技术手段获得准确的绩效信息、形成有效的绩效测量方式，从而达到对绩效信息的监督和控制，有助于绩效管理向专业化管理方向推进。

第五，更加注重市场化因素。美国官僚体制对政府高效的要求以及市场竞争体制的健全，使市场化改革在美国取得了良好的效果。无论是联邦政府还是州政府，都致力于推进市场化改革，以市场竞争来促进政府管理的高绩效和高质量。地方政府引进市场化改革的愿望更强烈，一些州政府的实践大大促进了公众对市场化改革的支持。通过市场化改革，政府的服务效率和服务质量得到广泛提高，政府形象也得到了大力改善。

第六，实行了绩效管理改革附加的保障措施。为防止绩效管理改革带来的"策略性行为"以及对绩效管理的排斥和反对，各级政府均实行了一些保障措施。绩效管理改革幅度之大足以影响到全体公务员的现状，"无解雇政策"的实施一定程度上保障了改革能够持续进行，从而有利于绩效管理改革大范围地实施和进行。

与英国相比，美国实施政府绩效管理的环境和条件更为优越。尤其是地方政府的创新改革，为世界上其他国家的改革提供了较好的借鉴。同时，美国政府绩效管理也更富有连续性，在全社会赢得了较为一致的认同。

第三节　其他国家政府绩效管理的实践

一、日本的民营化改革

新公共管理运动是一场涉及西方国家的大范围政府改革浪潮，对各国政府行政改革都产生了积极而深远的影响。例如，日本的"市场化、民营化、自由化改革"、新西兰的"新公共管理改革"、澳大利亚的"绩效改革"等。各国改革措施和改革幅度因具体情况而异，但都从整体上构成了以绩效管理为导向的行政体制改革。

（一）改革背景及进程

天皇制的政治体制对整个日本社会、经济、政治都产生了重要影响。日本行政改革受传统政治体制影响较大，过多的规制和保守的政治思想使改革的力度和幅度受到牵制。另外，因为日本民主政治发展较晚，所以行政体制改革更多的是由政府率先意识到，而不是像别的国家那样由社会驱动而发生。

进入20世纪90年代以后，日本的社会经济环境和政治体制都发生了重大变化。"泡沫经济"的失败、经济危机的深化和自民党"一党制"时代的结束、世界经济全球化的挑战，都使日本政府深刻认识到加快行政体制变革的重要性。因此，日本政府从重视生存、重视国际化的角度推动了行政改革，从而形成了行政改革的"第四股潮流"，对日本行政体制改革实践产生了积极的影响。

（二）改革措施

日本行政改革在市场化、民营化和自治化方面都取得了明显的成果，其中以民营化改革最为瞩目。

20世纪80年代，以日本电信电话公司、日本烟草专卖公司和日本国有铁道公司为代表的三大国有企业开始了私有化进程，标志着日本民营化改革正式启动。三大企业民营化改革以提高效率、引入竞争、适应地方需要为目的，改组分割成许多小公司，减少了政府管理职能，得到了政府和社会的有力支持，从而成为日本民营化改革的典范，也提供了不少经验借鉴。

1997 年，日本行政改革委员会提交了最终报告，提出了民营化改革的具体方案。① 对中央政府经营管理的邮政、国有林地事业进行改革，引进现代企业制度，扩大经营管理自主权，加大部分业务对民间企业的开放力度。② 对公共事业机构进行整理、分类，对不能民营化和委托给民间部门的公共事务，引进独立行政法人制度，为下一步的民营化打好基础。在讨论引进独立行政法人制度时，把撤销不必要的公共事业机构、推进民营化等作为改革的重要前提，将那些不宜民营化的公共事业机构作为独立行政法人化改革的对象。被列入民营化改革对象的有航海训练所、航空大学校、家畜改良中心、粮食检验业务等十多个机构和业务。③ 推进特殊法人的改革，就其存在的必要性进行研究分析，并在此基础上进行民营化或缩小规模乃至撤销。

（三）简要评述

“绩效不佳的政府服务和国有企业中的效率低下有相同的表现形式，正是这些症状导致了政府对民营化的呼唤和其他深层次改革”这是学者们对日本民营化改革的一般评价。由于政府无效率、质量低下、缺乏管理技能和权威，因此引入民营化将是行政体制绩效改革的出路之一。民营企业在绩效管理、提高质量和服务水平方面无疑被认为是积极有效的。日本政治体制的保守因素使政府引入全面绩效管理的可能性大大降低，而民营化改革为绩效管理创造了良好的条件，至少在观念上确立了政府提高绩效和服务水平的目标和理念。从总体来看，日本民营化改革有以下几个特点和作用。

第一，民营化改革的目的在于推动竞争，发挥市场机制的作用。即使以天皇制为政治统治基础，政府在全球市场竞争环境中也逐渐意识到市场机制的作用及其推动竞争的重要性。打破传统行政体制的束缚，把大型国有企业全面推向市场竞争，使其能够适应市场需求的变化，进而提高其组织绩效。

第二，民营化改革促进了国有企业和政府主动进行技术革新、提高社会服务水平和质量。民营化改革的三大企业都是社会公共服务领域的重点。通过民营化改革，扩大了企业自主权。出于竞争压力和社会需求，企业或部门能够主动发挥积极性，努力提高组织绩效和社会服务水平。

第三，政府在民营化改革中居于主导地位，整个民营化改革由政府驱动。一方面，保证了大型国有企业能够顺利进行体制转型，有助于解决民营化改革过程中产生的各种利益协调问题；另一方面，政府驱动的民营化改革也比较容易忽视社会意愿和市场需求。

第四，通过民营化改革，政府减少了管理活动，也减少了许多经济管制，为政府管理创造了宽松的环境。民营化改革为行政机构脱离烦琐的行政事务创造了条件，有助于机构精简和高效，为下一轮行政改革从政府外部转向政府内部奠定了基础。

日本行政改革在具体管理手段和方法上还没有真正实践绩效管理，但其在民营化和市场化方面的改革充分实践了绩效管理的理念，有助于政府对自身管理机构、管理人员、组织目标进行重新定位。日本在行政绩效方面的改革实践可为我国行政体制改革提供一些借鉴。

二、新西兰的“大革新”

新西兰的行政改革在当代西方行政改革中占据着十分重要的地位。以法律为保障，新西兰的行政改革延续了20多年，取得了较好的效果，被誉为“新公共管理”改革的典范。

（一）改革背景

从20世纪80年代中期开始，新西兰政府逐渐提倡要放松对经济的管制，结束政府对大部分经济的直接控制与干预，并建议进行政府官僚体制改革。1984年，新西兰新任财政部部长道格拉斯提出，政府不必管理诸多事务。政府的作用是创造一种环境，让所代表的人民出来管理和经营相关事务。至此，道格拉斯成为新西兰政府再造运动的领袖，其促进行政改革向新方向发展的改革措施被称为“大革新”。“大革新”为新西兰行政改革和社会经济带来了新的活力。

（二）改革措施

1.“休克疗法”

“休克疗法”主要针对国民经济发展问题，从根本意义上看还没有涉及传统官僚制改革，主要在以下几个领域进行改革：① 对一些主要产业（包括金融、交通和能源等）放松管制；② 取消对农业和工业的大多数公共补贴；③ 取消对外商投资的控制；④ 取消载入税法的所有补贴；⑤ 制定对政府抚恤金的发放进行经济情况调查的制度；⑥ 为低收入阶层提供资金用于私房或公房的相关开支，但不再为其提供国有住房。

在“休克疗法”过程中，政府结束了长达几十年的公共补贴和管制制度，修订了社会福利计划，降低了保护国内产业的关税，取消工资与价格控制，降低税率，扩大课税基础。新西兰大规模的“休克疗法”缩减了政府财政支出规模，为今后行政改革向市场化改革转变创造了极为有利的条件。

2. “大革新”——国有企业的公司化改造

新西兰政府充分认识到国有企业改革不仅是政府管理体制改革的首要环节，而且对政府减少干预和机构精简有重要意义。1986 年 5 月，新西兰政府以“减少政府直接干预，引入市场竞争机制”为中心，对政府的各所属部门以及政府直接管辖的商业实体和企业，进行了全面彻底的结构调整。通过明确权责关系、建立审计以及监督制度、国有企业与政府企业相分离、实行全面的责任管理等方法来实现企业的公司化改组。

“1987 年 4 月 1 日”，被国会通过立法定为政府机构公司化运动的“大革新日”，从此新西兰政府全面展开了对国有企业的公司化改造。在“大革新日”，新西兰九家大型国有企业正式宣布成立。至此，国有企业第一次脱离政府、面临市场竞争的压力。一方面，国有企业同私人企业一样，都以追求商业利润为目标，国有企业也参与市场竞争，不再受国家的任何保护；另一方面，政府也实行对国有企业的严格监督，通过《国有企业法》，保证了国有企业改革一直在法律范围内持续进行。这场公司化运动至少减少了 50%的公务员，对新西兰整个社会经济、政府管理都产生了深远影响。在改革初期，国有企业的收入增加了 15%，利润翻了 4 倍，获得了较好的经济效益。新西兰也因此成为国有企业改革的成功典范。

3. 政府机构改革

随着“休克疗法”和国有企业改革的顺利推进，新西兰政府加大了对自身机构的调整和改革。

(1) 对核心职能部门的改革

从 1988 年开始，新西兰试图将竞争机制引入政府，以提高政府公共服务的效率和质量，并进行了大规模的改革。一是决策与执行分离，区分了政策部门与公共服务部门，对不同组织的不同职责进行不同的规定，在公共服务部门中实行企业式绩效管理，注重结果和绩效评估；二是公共服务的出资、购买与供应分离，采用公共服务付费制，促进了政府市场化改革；三是服务供应者之间相互竞争，以顾客为导向，充分实践了绩效管理以顾客和市场为导向的理念，有助于提高政府的服务水平；四是重新定位政府各部门的职责，使政府内部管理更富有责任意识。

（2）改革政府管理机制

新西兰行政改革的重要特色在于对政府内部管理机制进行了改革和创新，趋向于提高政府自身工作实绩。1988—1989年，新西兰在政府各部门管理机制改革中引入了绩效管理的理念，成功地实施了改革。具体做法有：一是将政策制定与政策执行职能分离开来，使用政府内部企业化管理，创造更高的效率；二是签订绩效协议，部长对各部门的绩效目标有明确的了解；三是实行合同制，根据绩效协议签订合同，脱离传统的常任制，激励公务员提高绩效；四是各部门对组织内资源可以自主调配，减少不必要的申请程序，提高了效率，这也是对传统官僚体制的一种解制；五是设置了一些激励机制，鼓励各部门管理走向公开、公正。

（三）简要评述

奥斯本认为新西兰的“大革新”是以实施核心战略为显著特征的改革运动。从国有企业改革到政府机构改革，新西兰行政体制改革始终以核心部门的改革为重要改革对象，并围绕政府核心目标进行改革，保障了由上至下改革运动的持续成功进行。

第一，政府有明确的核心目标。新西兰行政体制改革全面围绕政府核心目标——提高政府绩效、精简机构、提升公共服务水平、促进经济增长。以此核心为改革目标，凡是不利于提高政府绩效和服务水平的制度、机构、职能部门都予以撤销。新西兰行政改革的彻底性也正是体现在这一层面上。大规模的“休克疗法”和深入的国有企业改革，即使面临50%的雇员被解雇，只要能够缩减政府规模和提高政府绩效水平，政府也会全力地支持和推进。

第二，以立法来推动行政体制改革。新西兰行政体制改革的持续进行以及受到的阻力小，都与政府在立法层面上确立行政体制改革的目标和进程有直接关系。从《国有企业法》和《国家部门法案》到《公共财政法案》，新西兰行政体制改革的进程始终以立法来推动，从而保证了行政体制改革有法可依，大大减少了改革的阻力，也有力地防止了改革过程中的不良行为，起到了监督作用。

第三，高层政治领导人的重视和推进。道格拉斯在新西兰行政体制改革中发挥了重要作用。同其他国家改革一样，新西兰行政改革也受到来自各方面的异议和反对。对此，道格拉斯发挥了工党领袖的作用，坚持主张大幅度缩减政府规模，得到了政府各部部长的支持，从而为持续推进行政体制改革提供了有利的政治环境。

第四，通过绩效协议建立新的合作伙伴关系，创造了政府内部管理的新局面。通过签订绩效协议的方式，部长和各部门之间的权责关系发生了根本性变化。强调分权、责任关系、结果管理、顾客导向，绩效协议带来了新的改革理念，预示着传统官僚模式金字塔形的权力结构已发生了根本性改变，充分体现了现代政府管理的平等契约关系。

当然，尽管新西兰行政改革取得了显著成绩，但也同时面临着许多问题。例如：改革配套措施的完善、解雇大量公务员产生的社会问题、如何创新制度等。这些问题的存在严重影响了行政体制改革向纵深方向发展。因此，新西兰行政改革还亟待完善和推进。

三、澳大利亚的“绩效改革”

澳大利亚的行政改革在新公共管理运动中被称为稳健改革。行政改革中的公务员制度改革和人力资源管理均以绩效管理改革为显著特点，这是澳大利亚行政体制改革的重要特色，也是我国绩效管理改革值得借鉴的地方之一。

（一）改革背景及改革进程

20 世纪 70 年代以来，澳大利亚对经济结构进行了战略性调整，确立了充分就业、物价稳定、国际收支平衡、缩小贫富差距和可持续发展等五大经济政策，国民经济得到了健康快速的发展。在公共行政管理领域，澳大利亚主要沿袭了英美模式。到 20 世纪 80 年代初，传统的等级和集权化行政管理模式产生的一系列弊病开始显现并被予以重视。1983 年，第一届新工党政府推行“重构总理控制力和增加政府对政府决策和优先权的责任机制”的改革，标志着澳大利亚公共服务改革的开始。1984 年，《公共服务改革法案》设立了高级公务员执行委员会，为 1987 年机构改革后公共服务水平的提高和机构灵活性的增加奠定了基础。

在工党执政期间，具体的改革措施如下：① 1983 年，实行财政管理改革方案。该方案包括推行公共服务的公司化管理和严格的程序化预算，并增加委托管理的绩效评估内容，目的是建构一种强调产出和结果的新管理系统。② 1984 年，公布政府改革方案，创建高级公务员执行委员会。该委员会的一个重要目标是使高级公务员系统更具开放性和竞争性。③ 1987 年，中央机构的大部制改革，整个中央政府的 27 个部重新合并组合，变为 18 个大部。这一次机构改革撤销了相当数量的部委。④ 20 世纪 80 年代末至 90 年代初，开始将一系列的公共资产私有化。例如，航空公司和联邦银行等。⑤ 1993 年，《布尔报告》(国家竞争政策)出台。这些政策建议主要来自政府联合协议，目的是寻求政府和私人部门竞争的共性。⑥ 1997 年，公布公务员条例，主要内容是削减高级公务员的特权，出台财政管理和会计法案，推行权责会计计划；战略目标是到 2000 年基本实现现金制政府会计制向权责会计制转变。

(二) 改革措施

澳大利亚行政改革比较稳健，实现了改革与稳定的协调发展，因而被世界各国所推崇。澳大利亚在财政改革、优化政府职能等方面进行了广泛改革，并取得了良好的效果。其中，最具有特色的改革措施是在公务员制度改革和人力资源方面的绩效改革。绩效改革深入贯彻了绩效管理的理念，值得许多国家在政府人事管理方面学习和借鉴。

1. 公务员制度改革

20 世纪 80 年代的新公共管理理念为公务员制度改革创造了有利的变革条件：追求变化而不是稳定，注重结果而不是过程，注重水平而不是依据职位。

1981 年，澳大利亚政府提出了公务员制度改革的方针和目标：① 把部分政府拥有的企业出售给私人经营；② 把政府的某些部门职能并入私人企业；③ 充分发挥地方政府的作用，将一些可以由州政府管理的部门划归州政府；④ 继续审议某些政府的作用，以做进一步的改变。

1983年,工党在议会选举中击败了自由党,工党领袖霍克出任联邦总理。霍克在执政的第二年采取了一项更大规模的精简计划。一方面把政府某些部门或职能并入私人企业,实行商业化管理,国家不给或很少给经费,以减少公务员人数;另一方面进行机构精简,将原来的27个政府机构减少到18个,文职人员委员会由原来的800多人精简为130人,大量的具体管理职能下放给相关的部门。

2. 人力资源管理

澳大利亚建立了公共服务委员会,对公务员的录用、晋升、辞退、流动和退休进行统一管理。公共服务委员会的宗旨是对政府人力资源管理进行最佳管理,以便为公众提供较好的服务。作为改革的一部分,公共服务委员会有一套完整的企业管理式框架,对如何使用、激励公务员具有重要作用。

例如,在录用和晋升的运作方面,公共服务委员会完全遵循公开、公平的竞争规则。公共服务委员会对录用的所有政策负责;等级录用的实际操作方面由雇佣、教育和培训部处理;对于低级行政官员的升迁和交流工作授权给各部和机构,较高职位的空缺将会予以公告;所有等级结构、工资支付、酬劳安排以及雇佣条件的制定都授权给工业政策部。澳大利亚公共服务官僚层级的安排设定了一套标准,对于政府主要机构中的每一个层级都规定所需的条件。

(三)简要评述

澳大利亚行政改革以企业化管理为内在理念,强调竞争与市场导向,利用加强集权、监督、责任制的办法来改善行政绩效,是以绩效改革为重要特色的行政改革。

第一,合理的政府定位。澳大利亚政府虽然也承担规范市场、管理社会事务等职能,但从实质上讲,其功能定位还是在"服务"两个字上。一方面,由于政府承担的责任与其职能是相对应的,即有限责任而非无限责任,因而有更多的时间和精力放到提供服务上;另一方面,由于市场在社会经济事务中起到了主导性作用,因此政府在许多方面不作为、少作为反而对市场发育起到了保护和促进作用。

第二,有效的内部监督机制。在澳大利亚,来自政府外部的监督主要有法律监督、舆论监督、群众监督等;来自内部的监督主要有行政申诉、行政仲裁、“冤情大使”三种。有效的内部监督机制为行政体制改革向市场化积极发展提供了制度基础和准备,保证了改革过程中带来的不利因素能够及时得到解决。

第三,注重行政绩效。澳大利亚行政改革是以绩效改革为重要特色的行政改革,始终围绕政府绩效的提高,战略目标相当明确。从转变公务员的管理模式、机构调整到绩效评估组织的建立,都以提高行政绩效为目标。在实际操作中,澳大利亚实践了绩效管理的理念,逐步推进了行政绩效的提高。

延伸阅读

美国联邦政府高级公务员绩效考核体系及借鉴

公务员绩效考核是对公务员进行管理的基础,是提高公务员绩效水平和改善政府行政能力的必要条件。高级公务员作为公务员队伍的重要组成部分,主要职责是指导本部门工作、管理和实施行动方案、监督下属工作并在一定程度上负责制定和执行政策。作为世界上较早实行公务员功绩考核制的国家之一,美国的公务员绩效考核体系日趋成熟与完善。探索美国高级公务员绩效考核的做法,对于完善我国领导干部的绩效评价体系具有一定的参考价值。

一、美国联邦政府高级公务员的基本情况

美国国会1978年通过的《公务员改革法》明确提出要建立高级公务员序列,实施单独管理。美国联邦政府公务员共分18个职等(GS-1至GS-18),其中GS-16、GS-17和GS-18这三个职等的公务员被划入高级公务员的范畴。在美国联邦政府高级公务员的管理体系中,有四种任命方式和两种职位类型,不同的任命方式决定了高级公务员能够填补的职位类型。①职业任命。职业任命要求高级公务员必须经过一套严格的择优选拔流程选拔出来,而且其资格能力必须通过专门成立的资格审查委员会的认可,这类高级公务员通常被称为职业高级公务员。据统计,美国职业高级公务员人数占高级公务员总人数的90%。②非职业任命。非职业任命是一种非竞争性的任命方式,由美国人事管理总署根据具体情况作出任命决定。通过非职业任命方式产生的高级公务员人数不能超过所在机构高级公务员总人数的25%。从联邦政府层面来看，只有10%的职位空缺可以通过非职业任命的方式来填补。③ 有限期任命。有限期任命通常是为了完成某项具体工作或项目而采取的任命方式，任期可根据工作的特点来调整，但不能超过3年。④ 紧急任命。紧急任命是为了处理某些不可预期的、突发的状况而采取的任命方式，任期最长为18个月。两种职位类型包括职业保留职位和一般职位。其中，职业保留职位的设立是为了保持高级公务员队伍的稳定性和工作的延续性，确保公众对联邦政府的信任。职业保留职位的空缺必须由职业高级公务员填补。一般职位是指除了职业保留职位以外的职位，可以由非职业任命、有限期任命和紧急任命方式产生的高级公务员来填补。

二、美国联邦政府高级公务员绩效考核的依据

美国联邦政府高级公务员考核主要依据1978年出台的《公务员改革法》、1993年出台的《政府绩效与结果法案》和2010年出台的《政府绩效与结果法案修正案》。这三项法案共同构成了美国联邦政府高级公务员绩效考核的重要基础和主要参考依据。《公务员改革法》除了规定要建立高级公务员队伍以外，还规定了联邦政府每个机构应该建立公务员考核体系，并将绩效考核结果作为公务员培训、晋升、降级和薪酬等决策的依据。《政府绩效与结果法案》规定了各机构要通过提交战略规划、年度绩效计划和年度绩效报告等方式来进一步对绩效进行管理，各机构公务员的考核也要在战略规划、年度绩效计划和年度绩效报告的框架下展开。《政府绩效与结果法案修正案》规定各机构要设立绩效改进官对机构的绩效进行系统管理，其中包括对机构内部公务员的管理。2012年1月，美国人事管理总署与美国行政管理和预算局联合推出了高级公务员的绩效考核系统。该系统从绩效考核的内容、过程、标准等方面为各机构提供了一个标准化的框架来实施高级公务员的绩效管理，其目的在于通过富有效率的管理来实现组织的战略目标。

三、美国联邦政府高级公务员的绩效考核体系

经过多年的发展，美国联邦政府高级公务员已经形成了一套较为全面的绩效考核体系。本文在分析该体系时，从考核内容、考核主体、考核周期、考核方法以及考核结果应用等五个方面进行系统阐述。

（一）考核内容

美国联邦政府高级公务员的考核内容要在遵循美国人事管理总署与美国行政管理和预算局设计的统一框架的基础上体现所在机构的特点，力求达到共性和个性有效结合。具体来说，美国联邦政府高级公务员的考核内容分为五个关键要素。① 领导变革。领导变革主要是从能否建立并实施体现组织使命、核心价值观、战略的组织愿景，能否准确预测和把握环境变化的情况并据此作出相应的调整等角度对高级公务员进行考核。② 领导人员。领导人员的考核标准主要是能否设计并实施能最大限度地挖掘下属潜能的策略、确保下属绩效计划与组织使命、目标相一致等。③ 运营管理。运营管理主要考核的是高级公务员能否运用有效的管理工具与手段对财务、人力资源等进行管理，从而赢得公众的信任并推动组织使命的完成。④ 建立联盟。建立联盟的考核标准是能否与组织内外部的利益相关者建立良好的关系、获得足够的支持等。⑤ 结果驱动。结果驱动是考核高级公务员是否完成了既定的目标与任务，尤其是与所在机构的使命、愿景和战略目标相关的、具体的目标与任务。在确定考核内容后，各机构可根据实际为每个关键要素分配权重以体现重要程度，但必须遵循以下三条原则：第一，分配给结果驱动关键要素的权重不得低于20%；第二，分配给其他各关键要素的权重最低可以为5%；第三，分配给任何单一关键要素的权重不得高于分配给结果驱动要素的权重。

（二）考核主体

美国联邦政府高级公务员的考核在其所在机构内部完成。考核主体主要有上级和绩效审查委员会。上级主要是对高级公务员的绩效进行初步考核，并将考核结果反馈给被考核者。如果高级公务员对初步考核结果有异议，可以在将考核结果上交绩效审查委员会之前申请更高层次的审查。更高层次的审查虽然不能改变初步考核的等级，但却可以向绩效审查委员会提出改变原来考核等级的建议。为了保证绩效考核的一致性和客观性，各机构必须成立绩效审查委员会来对每一位高级公务员的初步考核结果进行必要的附加审查，并就其绩效考核的总体评级、津贴和薪酬调整等情况向委任高级公务员的领导提出书面建议，形成年度考核结果。

（三）考核周期

美国联邦政府高级公务员绩效考核是对年度绩效情况作出的总体评

价。各机构的考核周期一般从当年的10月1日起至第二年的9月30日。另外，由于绩效结果无法在短时间体现出来，高级公务员考核系统规定了90天的最短考核周期。如果已经掌握了足够多的资料，那么在达到最短绩效考核周期的要求后，各机构可以随时考核高级公务员的绩效。同时，由于新任职的高级公务员需要一定的时间了解和适应工作，高级公务员考核系统规定在职业高级公务员履新的120天内，不得对其进行绩效考核。此外，每个高级公务员必须在绩效考核周期内至少接受一次绩效回顾，并会被告知如何更好地执行绩效计划。

（四）考核方法

在对高级公务员关键要素进行考核的过程中主要采用行为锚定法。这种考核方法为每一个等级的绩效界定了标准行为，在考核时比较简便易行。美国联邦政府高级公务员考核系统给出了五个绩效等级：一级（不称职）、二级（基本称职）、三级（完全称职）、四级（非常称职）、五级（杰出）。考核主体在对高级公务员进行考核评价时需要将其表现与行为标准进行仔细对比，确定每个关键要素的等级，并匹配相应的分值。其中，五级为5分，四级为4分，三级为3分，二级为2分，一级为0分。在计算高级公务员的考核总得分时按照以下方法：如果该高级公务员在某关键绩效要素被评为一级（不称职），则总体考核亦为一级（不称职）。如果没有任何关键要素被评为一级，则需要将每一关键要素的得分乘以分配给该要素的权重并加总，得出该高级公务员的初步考核总分。初步考核总分需要按照以下规则转换为相对应的考核等级，475～500分对应五级，400～474分对应四级，300～399分对应三级，200～299分对应二级，200分以下对应一级。

（五）考核结果应用

高级公务员的绩效考核结果主要用于调整薪酬、授予奖励、确定培训需求以及调整职位等方面。在调整薪酬方面，各机构要建立起基于个人绩效表现和（或）对组织绩效的贡献程度、符合自身特色的绩效薪酬体系。该绩效薪酬体系既有对基本工资的调整，也有一次性的绩效奖励。在授予奖励方面，与高级公务员绩效考核结果有关的奖项有两种。① 总统奖。总统奖每年由美国总统签发给绩效表现优异、踏实勤奋、持续追求卓越以及拥有杰出领导力的高级公务员。总统奖分为杰出奖和一等奖。杰出奖获得者将得到其年薪35%的一次性奖励，一等奖获得者则会得到其年薪

20%的一次性奖励。② 绩效奖。绩效奖由各机构的绩效审查委员会向机构首长推荐，由机构首长决定获奖者。绩效奖的奖金一般介于年薪的5%～20%，具体数额由各机构根据年度预算来确定。在确定培训需求方面，各机构要以绩效考核结果为依据，分析高级公务员绩效不佳的原因，并确定在哪些方面需要加强培训，同时为高级公务员提供所需培训的资料和课程。在调整职位方面，如果高级公务员的绩效考核结果欠佳，相关机构必须采取以下措施：第一，重新安排、调动或解聘最终评级为一级的高级公务员；第二，解聘三年期间内至少两次最终评级低于三级（两次二级或二级和一级各一次）的高级公务员；第三，解聘五年内两次最终评级为一级的高级公务员。如果被解聘的高级公务员对处理结果存有异议，可以以涉及非法歧视或考核程序不合理等理由向美国特别检察官委员会提起申诉，并有权在解聘之日起的15日之内请求绩效考核制度保护委员会举行非正式的听证会。

四、启示与借鉴

科学有效的绩效考核体系为美国联邦政府建设高效率、高素质的高级公务员队伍作出了卓越贡献，促进了美国的政治稳定和经济繁荣。当前，我国领导干部的绩效考核体系尚不健全，绩效考核结果有失客观，绩效考核效果欠佳，绩效考核定位不明，严重制约了公务员绩效考核的作用发挥。梳理和分析美国联邦政府高级公务员绩效考核方面的做法和经验，对于完善我国领导干部的绩效考核体系有一定的启示与借鉴作用。

（资料来源 方振邦，侯纯辉，陈曦：《美国联邦政府高级公务员绩效考核体系及借鉴》，载人民网2016年5月3日，http://theory.people.com.cn/n1/2016/0503/c217905－28321630.html。收入本书时有改动）

思考题：

1. 美国联邦政府高级公务员绩效考核体系在设置上有何优势？

2. 美国联邦政府高级公务员绩效考核体系设置能够给我国绩效管理提供怎样的启示？

第八章

CHAPTER 8

我国政府绩效管理改革的实践与创新

教学重点

理解政府绩效评估的困境；掌握政府绩效管理工作中存在的主要问题，把握政府绩效管理的价值追求。

教学难点

理解政府绩效评估的困境，正确制定政府绩效管理的对策。

学习建议

理解和明确我国政府绩效评估的困境、存在的问题，并提出相应的对策建议。了解政府绩效评估与政府职能改革的内在逻辑关系。

第一节　我国政府绩效管理的实践与探索

我国政府绩效管理相对于西方国家而言，虽起步较晚，但是在并不长的时间里，通过借鉴国外先进的理念和经验，结合自身特点和实践，政府绩效管理研究与实践在我国有了较快的发展，一些地方政府探索创立了可供借鉴的管理模式，并开展了一系列卓有成效的绩效管理工作。本节重点介绍我国政府绩效管理的发展历程以及应用类型和方法。

一、我国政府绩效管理的发展历程

为建立“办事高效、运转协调、行为规范”的行政管理体系，我国正持续推进行政管理体制改革，在变革观念、转变职能、调整组织结构的同时，也通过借鉴和引进国际主流的新机制、新技术和新工具来提高政府绩效。作为人力资源管理的一个重要职能，绩效管埋由于在帮助政府部门提高行政效率、改善服务水平和促进工作落实等方面具有显著功效，于 20 世纪 80 年代起逐渐走上中国政府管理的舞台。在各级政府的持续努力和社会各界的共同关注下，我国的政府绩效管理无论是在理论研究还是在实际应用中，都取得了丰硕的成果，在政府管理中发挥着日益重要的作用。纵观这些年的探索与实践历程，我国政府绩效管理走过了一条持续自我发展和自我完善之路，并在各个阶段摸索并创立了一系列特色鲜明、行之有效的管理模式。

（一）以行政效率为核心的政府绩效管理实践

改革开放以来，我国各级政府对政府行政效率和治理水平均给予了高度关注。1980 年，邓小平在《党和国家领导制度的改革》等一系列讲话中指出了长期以来留下的“机构臃肿，人浮于事，办事拖拉，不讲效率”等弊病，强调通过开展机构改革和行政管理体制改革解决活力、效率、积极性等问题。为此，我国于 1982 年进行了改革开放以后的第一次政府机构改革，试图通过大幅度精简政府机构和人员编制来提高政府部门的工作效率。此时，我国政府绩效管理刚刚起步，受当时社会背景和宏观政策的影响，主要以提高行政效率为导向。为了配合机构改革并巩固改革成果，劳动人事部于 1982 年下发了《关于建立国家行政机关工作人员岗位责任制的通知》，1984 年，中共中央组织部与劳动人事部联合下发了《关于逐步推行机关工作岗位责任制的通知》。这两个通知的出台与贯彻实施，促使岗位责任制在政府机关中逐步建立。随后，在“目标管理”思想的影响下，我国政府部门的岗位责任制逐渐发展为目标管理责任制，并迅速在全国范围内推广开来。除了目标管理责任制，效能监察是这一时期另一种具有代表性的绩效管理方式。行政监察机关的基本职能既包括效能监察，又包括廉政监察。效能监察是一种通过外部主体对政府内部管理效能进行监督检查的方式，从效能监察入手，目的在于把监督的关口前移，加强事前、事中监督，做到防范在先，使纪检监察工作紧贴改革和经济建设中心，更好地为经济建设服务。以提高行政效率为导向的政府绩效管理模式，促使政府部门关注自身的管理方式和行政效率，对于政府更新观念、转变职能等具有深远的意义。这种绩效管理方式实际上是一种组织内部的管理模式，忽视了政府行为的结果和社会影响，难以兼顾政府的“公共性”这一根本属性。

（二）以服务质量为核心的政府绩效管理实践

20 世纪 90 年代是我国行政管理体制改革的深入阶段，各级政府在不断提高行政效率的同时，也开始注重服务质量的提升。这一时期，许多政府组织和部门的管理者逐步形成绩效管理的意识，将绩效管理作为改善内部管理水平、提高外部服务质量的重要手段。同时，受西方管理理念的影响，我国政府绩效管理的关注点也逐渐从内部转向外部、从效率转向结果，并将服务质量作为衡量自身绩效的重要内容。

我国一些地方政府组织和部门于 20 世纪 90 年代初期开始了对社会服务承诺制的探索。1994 年 6 月，山东省烟台市政府率先试行社会服务承诺制。1996 年 7 月，基于烟台市社会服务承诺制的成功经验，国家把宣传和推广社会服务承诺制作为加强行业作风和职业道德建设、推进社会主义精神文明建设的一项重要举措。随后，建设部等部委相继实行了社会服务承诺制。随着社会服务承诺制在全国范围普遍推开，我国的政府绩效管理水平迈上了一个新台阶。

20 世纪 90 年代末期，伴随着公民参与观念的日益成熟，我国政府更加重视服务意识与服务质量，“公民评议政府”作为一种新的政府绩效管理形式广泛应用于我国各级政府组织。1998 年沈阳市的“市民评议政府”，1999 年珠海市的“万人评议政府”，2000 年邯郸市的“市民评议政府及政府部门问卷调查活动”、广州市的“市民评议政府形象”，2001 年南京市的“万人评议政府”，2003 年北京市的“市民评议政府”、锦州市的“市民评议政府机关”和“评选人民满意公务员”等都是“公民评议政府”的生动实践。

20 世纪 90 年代以服务质量为核心的政府绩效管理模式，不仅有助于政府改善与公民的关系，树立良好的形象，还能增加政府行为的透明度，强化行政监督，对于政府提高工作绩效、建立责任意识以及改善服务水平等都具有重要意义。但是，这种方式存在评价内容片面、评价主体单一、定量评价缺失等不足，需要不断加以改进和完善。

（三）以科学方法为核心的政府绩效管理实践

进入21世纪，我国政府的施政理念出现了新的变化，科学发展观、正确政绩观等全新理念成为政府绩效管理研究与实践的指导思想，构建科学的政府绩效评价体系成为新时期政府绩效管理的迫切要求。这一时期政府绩效管理的最大特征是理论研究与实际应用相结合，一些先进的绩效管理理念、工具和方法的引进使我国政府的绩效管理工作逐渐进入科学化、规范化的轨道。

为了增强绩效管理的客观性和公正性，一些地方政府尝试使用第三方评价政府绩效的形式。2004年，甘肃省将全省14个市、州级政府及省政府39个职能部门的绩效评价工作，委托给兰州大学中国地方政府绩效评价中心组织实施；2006年4月，武汉市政府宣布邀请管理咨询机构麦肯锡公司为第三方机构对政府绩效进行评价；2006年11月，厦门市思明区政府引入专业的第三方机构——福州博智市场研究有限公司进行群众满意度评价。由此，第三方作为一种新的评价主体走入了人们的视野。第三方利用其客观地位和独特视角参与政府绩效管理，对丰富和完善我国政府绩效管理实践具有积极意义。这一时期，我国一些学者开始借鉴国外先进的模式和方法，探索适用于中国政府的绩效评价通用指标体系。例如，国家行政学院以欧盟成员国使用的通用绩效评价模型为基础，结合我国国情，创造性地构建了通用绩效评价框架；2004年，中华人民共和国人事部“中国政府绩效评估研究”课题组在总结了国内外指标体系的设计思想和方法技术的基础上，经过深入的调查和广泛的论证，提出了一套由3个一级指标、11个二级指标及33个三级指标构成的“地方政府绩效评价指标体系”。对通用绩效评价指标体系的探索表明我国政府绩效评价体系正逐步走向成熟。

此外，随着国外先进绩效管理理念的引入，平衡计分卡、全面质量管理、关键绩效指标等绩效管理工具不断为我国政府的绩效管理注入新鲜血液，使我国政府的绩效管理研究呈现出百花齐放的局面。值得一提的是，从2006年年初开始，由中共中央组织部领导干部考试与测评中心牵头，以黑龙江省海林市、广西壮族自治区贵港市平南县平山镇、四川省乐山市五通桥区等地区为试点，开始了平衡计分卡在中国政府绩效管理中的本土化实践与探索。

随着新时期各级政府对绩效管理的高度重视和迫切需要以及理论研究的不断深入，我国政府绩效管理水平进入了一个新的阶段，在评价模式、实施机制、关注重点和覆盖范围等诸多方面较以往都取得了重大进步，形成了各具特色的绩效管理模式。尽管这些模式与方法还存在不少问题，但在很大程度上为我国政府今后绩效管理工作的科学化和规范化奠定了更为坚实的基础。

二、我国政府绩效管理的主要应用类型和方法

中国行政管理学会联合课题组通过调研，对我国当前政府绩效管理的现状进行了分析，认为我国政府绩效管理的应用主要分为三种类型。

第一种是普遍适用性的政府机关绩效评估。该类型的特征是绩效评估作为特定管理机制中的一个环节，随着这种管理机制的普及而普遍应用于多种公共组织。例如，目标管理责任制、社会服务承诺制、效能监察、效能建设、行风评议等，河北省干部实绩考核制度即属于此类。

第二种是具体行业的组织绩效评估。该类型主要将绩效管理和评估应用于某个行业，一般具有自上而下的单向性特征，即由政府主管部门设立评价指标体系，组织对所属企事业单位进行组织绩效的定期评估。例如，卫生部门为医院设立的绩效评估体系，教育部门为各级各类学校设立的绩效评估体系（例如，普通中小学教育质量综合评价体系、成人中等专业学校评估体系、大学本科教育合格评价体系等），财政部门等多部门联合推出的企业绩效评价系统等。

第三种是专项绩效评估。该类型针对某一专项活动或政府工作的某一方面开展绩效评估。例如，北京市的国家机关网站政务公开检查评议，南京市、珠海市等开展的“万人评政府”活动，深圳市开展的“企业评政府”活动，运城市开展的“办公室机关工作效率标准”活动等。

此外，上述各种类型的绩效管理和评估活动所采用的具体技术方法也各不相同。一是绩效管理与目标管理责任制相结合。依靠目标管理方法，将政府总目标进行层层分解，最终形成尽可能定量化的指标体系。这一方法的主要目的是希望把绩效管理方法作为考核各级政府及其主要领导干部的手段，并作为干部奖惩、职务升降的主要依据，从而明确领导干部的责任机制。二是绩效管理与社会服务承诺制相结合。这种方法多应用于向

公众直接提供服务的公共部门，将绩效管理方法作为一种公共服务的质量改进机制。三是绩效管理与效能监察相结合。将政府效能纳入行政监察体系，使传统以廉政监察为主的行政监察的范围得到进一步拓展，主要用于政府机关内部的各项管理制度和专项工作。四是绩效管理与效能建设相结合。效能建设是在效能监察基础上形成的新的思路和新的运作机制，在评价主体和评价对象上都比效能监察更加宽泛，从而避免了效能监察的局限性。

总的来看，我国的政府绩效管理实践已在各级政府和部门中逐渐开展起来，并引起社会各界的广泛关注。在政府和公共部门开展绩效管理活动，对于提高政府绩效和政府形象具有重要意义。

第二节　我国政府绩效管理探索过程中的问题

绩效管理作为一种新的理念和新的管理工具，并不能一蹴而就，它是以一定的制度基础和必要的政府改革为前提的。由于当前我国政府机构改革仍处于过渡时期，适应社会主义市场经济的行政体制虽然已初步建立，但绩效管理仍然面临很多障碍。我国绩效管理无论在理论上还是实践上都有待进一步完善。

一、我国政府绩效管理探索过程中遇到的障碍

（一）企业和政府两种组织的性质差异造成的障碍

政府行政行为的非营利性、垄断性以及公益性等特点决定了政府的绩效管理与企业的绩效管理从内容到形式都有不同。

1. 公共部门的产品形态特殊

企业生产的产品在形态上有两个特征：其一是可见性，大部分的企业产品是看得见、摸得着的实体；其二是终端性，企业产品哪怕是一个配件，也具有独立价值。企业产品在形态上的可见性和终端性，为企业绩效评估提供了基础，提供了进行比较的平台。公共部门提供的产品主要是服务性质的，相当部分的产品是无形的，而且单个部门提供的产品在整个公共服务过程中往往只是一种中间状态。例如，很难说精心策划开一场行政会议

或是深入基层做一个调查研究，能在绩效上有什么直接体现。经常用来作为评估的指标，诸如公路建设的挖土方量、治安管理的破案率等，实际上只是公路质量、社会秩序管理目标的中间产品，但后者的评估往往要困难得多。

2. 公共部门的产品标准多维

与管理目标一样，企业生产的产品通常采用单维的、客观的、容易形成共识的技术标准进行衡量。公共部门的产品不单是一个技术问题，不同的产品有不同的标准，即使同一个产品，还涉及政治、文化和社会等诸多因素。来自不同领域的评估主体，有不同的评估视角，有特定的主观感受，这些都是评估困难的原因所在。地方政府内部的个人和组织利用绩效测评监控和评价绩效，地方政府外部也是如此。地方政府对于绩效的定义、所关注的绩效特征和标准是完全不同的，有时甚至是相反的。一旦没有融合不同观点的机制，就会产生延长争论却无实效的形势。[①]

3. 公共部门的价格机制缺乏

市场价格反映了市场的供求关系，企业根据市场信号，调整生产结构，改进生产程序，提高生产质量。实际上，市场价格是企业绩效评估机制的一种反映，凡是能在市场上卖出好价格的，企业是有绩效的，企业产品成本低于社会劳动平均成本，企业就能够盈利。公共部门所需的服务成本，已通过税收的形式预先向社会做强制性扣除，公共部门的服务严格，相当部分具有责任追偿机制，即使一些收费性的项目，通常也是在没有精确计算成本的情况下运作的。总体来看，公共服务缺乏市场交易机制，公共产品缺乏价格检验机制，公共部门提供产品的数量、品质，消费者对于公共服务的偏好、估价缺乏信息反馈机制。在生产者和消费者之间不存在日常交易，因而也无法给生产者在生产力或者对该产品的需求方面提供确定的反馈信息，政府工作人员和公民与消费者之间的任何交易都是不存在记录的，或者不存在连续的方式来解释这些交易的意义。[②] 公共服务特殊的交易机制使公共部门的工作状况、工作质量难以进行评估管理。

---

① 于军. 英国地方行政改革研究[M]. 北京：国家行政学院出版社，1999.

② 麦金尼斯. 多中心体制与地方公共经济[M]. 毛寿龙，译. 上海：上海三联书店，2000.

4. 公共部门的生产要素独特

任何一个生产过程，都需要人、财、物等要素的结合，企业生产也不例外。公共服务需要物的要素，电子政府对物的要求带有时代特征，但相比之下，人的要素在公共服务中更为重要。尽管说，公职人员大都经过统一考试，具有比较相近的素质水平，但是，对人的评估显然要比对物的评估困难得多，人的主观性、动态性不易标准化。

在评估的价值取向上，企业可以毫无疑问地将利润和效率放在第一位，政府则不然。作为非营利组织，政府没有利润可言，而一味追求效率也可能引发诸如过度集权、行政命令、工作方法简单、"一刀切"、弄虚作假等各种"负效应"。另外，在确定政府绩效评估的价值取向问题上，将无法回避"效率"与"公平"这一对固有的矛盾。对政府而言，显然最好是二者兼顾，但"效率"与"公平"的性质是不同的，前者可量化评估，后者却不可量化评估。

（二）行政组织所固有的弊端造成的障碍

行政组织所固有的弊端也会增加政府绩效管理的难度。行政组织自我约束动力的缺乏、追求自身效用最大化等弊端在很大程度上阻碍了政府机构绩效管理。

绩效管理要取得显著的成效，其中一个主要因素在于绩效指标的制定是否全面、是否合理、是否客观、是否能涵盖该组织的主要绩效。而这又取决于组织是否拥有从事绩效管理能力的专家，这是绩效衡量的先决条件。许多组织推行绩效管理失败，是因为缺乏熟悉这方面的专家。公共部门历来缺少绩效管理，因而也就缺乏从事绩效管理的专家或人才，由此导致政府机构中缺乏项目评估能力，进而导致政府机构通常不能很好地找出他们提供的产品和服务、现有的资源水平和预算的资源水平与他们所希望取得的结果之间的关系。① 如果一个组织不知道自己的所作所为导致了当前的绩效水平，那么就不能提高自己的绩效水平。另外，由于管理改革过程中没有提前做好严格的规划和安排——哪些人员该减，哪些人员不该减，导致许多优秀的公务员离开了政府，从而进一步削弱了政府的能力。

---

① 纽科默，詹宁斯，布鲁姆，等. 迎接业绩导向型政府的挑战[M]. 张梦中，李文星，等译. 广州：中山大学出版社，2003.

政府机构及其工作人员的抵制。在推行绩效管理的过程中，政府机构面临着被合并或被撤销以及被缩减预算等压力，因而具有追求自身利益最大化倾向的政府机构会对改革进行抵制。1996年戈尔曾信心十足地要建立一大批基于绩效的机构，但国会并不持同样的积极态度，主管部委也不情愿下放权力。[①] 管理的改革取消了终身任职等政府工作人员经过艰难努力才得到的许多利益，并需要承担更大的诸如被降职、被裁员等惩罚的风险，有可能使他们的处境变得更糟，而不是更好，因此会引起政府工作人员的本能抗拒，由此导致公共部门存在士气问题。

官僚制组织文化的障碍。文化是组织的深层结构，对组织的行为影响极大。官僚制创造了一种公共雇员胆小怕事、相互推诿以及自我保护的文化。[②] 在这种文化中，政府工作人员或相互指责，或指责外人，而不是对自己的行为承担责任；固守本分，而不是尽力创新；接受平庸，而不是追求卓越；拒绝变革，而不是主动适应变革。尽管改革对官僚制组织文化产生了较大的冲击，但由于文化的变迁十分缓慢，官僚制组织文化仍然会或多或少对绩效管理的实施构成了阻碍。

（三）观念的障碍

首先是极个别政府工作人员"官本位"思想的存在。"官本位"思想，即以做官和升迁作为衡量人生价值的基本标准，难以用平常心态面对待下属或百姓的评价、监督。其次是"理性经济人"意识淡漠形成的障碍。绩效管理归根结底是商品经济、市场经济的产物，受传统经济历史和小生产思想的影响，人们对真正意义上的市场的了解时间还较短，对行政领域的成本计算、效益等尚不熟悉。

二、我国政府绩效管理探索过程中的问题

政府绩效管理既是一种管理工具，也是一种新的理念。作为一种系统的理论和方法，政府绩效管理源自西方行政生态和经济、社会文化环境，在中国推行需要有一个本土化的过程。

---

① 张梦中，斯特劳思曼.美国联邦政府改革剖析[J].中国行政管理，1999(6)：42-45.

② 奥斯本，普拉斯特里克.摒弃官僚制：政府再造的五项战略[M].谭功荣，刘霞，译.北京：中国人民大学出版社.2002.

（一）政府绩效管理的理念、制度和法律有待完善

虽然绩效管理思想已经逐步为人们所认识，但对政府绩效管理理念的认识仍然有待提高，主要体现在对于政府的职能、角色定位需要进一步明确，政府的功能、作用需要进一步发挥，目前仍然是效率为先的原则，必须改革现有的绩效评估制度。在绩效管理的制度基础方面，政府的职能配置、组织结构和运行机制等尚未完全转变，绩效管理的效用难以有效发挥。责任机制、顾客导向等理念及方法不仅为公共部门绩效管理和评估提供了有效应用的制度基础，而且绩效管理也反过来为这些新的管理理念的落实提供了有效的技术支持。从当前我国政府机构改革的进程看，先进的管理理念仍有待于行政改革的进一步深化而逐步建立和完善。当前各地各部门采用的绩效管理和评估活动，多数处于自发状态。虽然历次政府机构改革都强调提高行政效率，缺乏较具体、可操作的政策性指导，相应的法律法规和相关政策等制度保障有待完善。

（二）绩效评估的理论研究与绩效评估的实践有待进一步结合

有关政府绩效评估的研究在学术界是一个热门话题，以学者和某些专业机构的理论研究为主，政府部门的主动参与较少。受到绩效研究思想影响的学者对绩效和绩效评估提出了许多看法，开辟出一些独到且行之有效的研究方法，但是政府部门作为行为主体和研究对象，对政府绩效评估的研究参与甚少；还有的政府工作人员将政府绩效评估简单地当作涉及公务员薪酬福利和职位晋升的业务考核等，造成公务员对绩效评估的抵触情绪，这种状况严重妨碍了政府绩效评估的有效性。

（三）缺乏科学的评估标准、规范的评估程序

政府部门的绩效评估大致可以分为三种：普遍适用的政府机关绩效评估、具体行业的组织绩效评估、专项绩效评估。目前，大部分政府部门尚未建立科学、完备的评估指标体系。缺乏标准，自然谈不上评估结果的客观性、有效性。另外，政府部门评估多处于自发状态，评估过程与结果存在很大的随意性，甚至流于形式，使政府绩效评估失去应有的意义。例如，政府绩效评估往往只重视能、绩，对政府成本、效率和责任缺乏客观的评价标准。缺乏科学评估标准和规范则影响了政府绩效评估结果的科学性。

（四）评估主体单一，缺乏全面有效监督

一个组织的绩效应该是由组织外部来评估的，我国政府部门的评估主要是以上级政府部门对下级政府部门的评估为主，政府自评为辅。这种绩效管理方式促使其将上级政府部门的评估指标摆在第一位，易忽视公民的利益与需求。同时，我国的绩效评估制度缺乏相应的监督制度和民间监督力量。公民社会要求政府行为合法和合理，绩效评估为公民提供了反映自身利益诉求的途径。一方面改革开放后公民的参政意愿随着经济社会的发展而逐渐加强，另一方面我国的政治社会化还未达到“全民参政”的程度。所以，绩效评估在很大程度上变成了上级评价下级，极大地影响了政府绩效评估的效率和意义。要突破传统的评估习惯和行事作风，政府绩效评估的主体应是多元的，公民的广泛参与和对政府的满意度应是政府绩效评估中不可或缺的组成部分。

（五）评估缺乏定量指标和科学的技术

我国的绩效评估方法一般重视定性指标，忽视定量指标。目前对政府部门实行的绩效测评大多只有原则和笼统的规定，没有具体明确应该做些什么、怎么样做、做到什么程度。在实际考核时，往往简单笼统地从定性指标入手，缺乏具体、量化的规定。这种简单笼统、不定性的指标设计，既不能区分不同层次、不同类型、不同岗位绩效的要求，也不能真正反映政府部门及其管理人员不同的工作业绩、工作状况和工作作风等，以致考核时易脱离岗位责任和实际效果，存在凭主观印象、感觉、人际关系的亲疏等来实施的情况，缺乏数据支持和科学分析，测评不可避免地带有不同程度的主观性和片面性，以至于考核的结果难以令人信服，不能很好地发挥考核的激励作用。考核结果具有不明确性，导致其实际作用的虚化，使被考核者失去对考核工作的热情，失去考核的意义。

绩效评估的技术落后是当前我国政府绩效评估普遍存在的问题之一。绩效评估必须依赖一定的技术做支撑。经济效益审计有一定的技术难度，必须依赖高科技。我国的绩效评估主要还是大量采用传统的方法，财会软件、审计软件、管理软件运用应进一步加强。

（六）缺乏合理的制度激励

制度的缺乏会使政府机构绩效管理的成本大于绩效管理的收益。政

府绩效管理将使政府机构承担更大的成本，因为旨在降低成本、提高产出的政府绩效管理使政府管理人员面临着被降职被裁员等风险。若政府管理人员没有因为有效实施政府绩效管理受到奖励反而被惩罚，那么政府管理人员将选择对绩效管理进行抵制或是不配合。也就是说，政府绩效管理尚缺乏对政府管理人员的激励机制。

第三节　我国政府绩效管理改革的策略与方法

当前我国政府绩效管理仍处于起步和探索阶段，在实施绩效管理的策略上，各级政府和部门在绩效管理的应用领域、主要目的、实施方法上各不相同，效果也各有优劣。

一、我国实施政府绩效管理改革的策略

第一，局部行业系统试点策略。该策略主要挑选直接面向公众的公共服务部门，例如市政公用事业单位，工商、税务、检察院等执法部门。① 这些部门提供的“服务产品”容易切割，可以通过承包、合同的形式实施分权化管理；② “服务产品”的质量一般较容易通过定量化的方式进行衡量和评价，符合“结果导向”的原则；③ 评价的主体主要由外部“顾客”及公众、新闻媒体等构成，能够强化政府部门的责任机制。一般来讲，从这些部门入手实施绩效管理方法相对较容易一些。但是，要保证这些部门可持续性地进行绩效管理和评估活动，就必须对这些部门的传统“机关化”“行政化”的运行机制进行改革。通过引入市场竞争机制，消除政府垄断，实施公共服务市场化策略，从而建立起有效运用绩效管理的制度基础。此外，在绩效评估指标体系的确立上，要坚持“结果为本”的原则，防止出现搞形式主义、走过场现象，例如用“效率”替代“效益”，用“产出”替代“效果”，用“过程”代替“结果”，等等。

第二，人事考核策略，主要将绩效管理用于干部考核领域。严格来讲，这种绩效评估方法主要针对个人而不是组织，应属于人力资源管理的范畴。但由于领导干部作为一个部门的负责人或法人代表，其绩效往往可以通过组织绩效来体现，因而对于领导干部的考核也可以视为政府绩效管理和评估的主要内容。例如，干部实绩考核制度就属于此类绩效评估活动。

这种做法对于消除传统干部考核标准过于抽象、笼统、模糊的弊端，进一步提高干部考核制度的科学化水平，具有非常重要的推动作用。但是，这种做法需要深化干部人事制度改革来配套进行。例如，如何真正贯彻落实行政首长负责制，如何消除“管人不管事”“管事不管人”的干部管理权限中的陋习，如何剔除“对上不对下”“对内不对外”的责任缺位现象，等等。这些问题不解决，绩效管理和绩效评估的制度基础将不复存在，难以形成有效的激励和约束机制。

第三，公民满意度评价策略。该策略主要通过运用社会调查、民意测验等方法，定期征求公众对政府工作的满意程度，最终以此作为对政府绩效评价的依据。这可以使政府机关不仅对上级机关负责，更重要的是对人民负责，形成人民监督和上级监督相结合的绩效推动机制，从而建立让老百姓高兴和满意的服务型政府。例如，南京市开展的“万人评议机关”活动，在全国各地形成相当大的示范效应。从评估主体上讲，这种做法面向外部“顾客”（公众），更符合现代民主社会和市场经济的要求。但是，这种做法仍有待于进一步改进和完善。例如，在“顾客资源”的识别上，是否所有党政机关的直接服务对象都是公众？一般性的满意度评价是否适用于所有党政机关？这种方法是否能够完全表征所有评估对象的绩效？目前，个别地方开展名目繁多的民间评估政府绩效活动，存在着“三多三少”的弊端：一是形式主义多，实实在在少；二是虎头蛇尾多，善始善终少；三是空头支票多，真正兑现少。这样不仅未能起到变压力为动力，推动政府职能作风转换的作用，反而冷却了公众对民主评估的热情及对政府承诺的信心。因此，公民满意度评价应该更多从行政管理科学化角度，减少形式主义做法，真正促进政府绩效的提高和改善。

随着我国行政体制改革的不断深入和对外开放的进一步扩大，改善政府管理机制，提高行政效率，建立廉洁、高效的政府管理模式已成为各级政府的重要任务。因此，政府绩效管理需要引起中央的高度重视，合理借鉴国外实践经验，探索和总结出一套适合我国的政府绩效管理体系，并通过法律、政策等途径将政府绩效管理纳入我国行政改革进程，使之规范化和制度化。

二、我国政府绩效管理改革的方法

在政府绩效管理改革过程中，地方政府绩效评估模式也在随之改革，例如目标管理责任制的实施、绩效监察体系的构建等。

（一）目标管理责任制：控制取向的政府绩效考核

改革开放初期，为克服计划经济遗留的官僚主义弊端，建立办事高效、运转协调、行为规范的行政管理体系成为我国行政体制改革的价值取向。在进行机构和人员精简的同时，中央政府层面开始从岗位责任制的角度探索干部绩效考核管理方式，并逐步发展为各级政府和职能部门的目标管理责任制的绩效考核方式。① 目标管理责任制立足于内部控制和监督，表现出自上而下的单向性特征，具有“控制性取向”。② 但不同于改革开放前上级政府通过行政命令和审批计划对下级政府进行的“总体性控制”，目标管理责任制主要通过目标任务考核和政治激励相结合的方式对地方官员进行“选择性控制”，将“责任-利益”的制度性联结机制嵌入“国家-社会”，层层分解和细化上级党政组织所重视的总目标，并构建系统的指标评价体系。③ 需要指出的是，作为一种一般性的政府绩效考核模式，目标管理责任制在实践中表现为多种形态，既有组织部门负责的党政领导干部政绩考核，还有上下级政府间的年度目标考核等。

1. 目标制定：任务的层层分解

在目标管理责任制的考核实践中，目标制定是首要环节，涉及从部门到岗位再到具体人员的目标细分，这些目标通过行政链条环环相扣、相互配合，形成协调统一、方向一致的目标体系，以主动对接上级政府的目标考核。此外，我国现行的“条块”行政结构决定了目标管理责任制的目标制定主要来源于两个方面：一是由各级地方政府的“块状”系统制定的综合性目标；二是各级业务部门的“条状”系统设置的职能性目标，有的学者分别称之为“政府责任制”和“部门责任制”。当上级政府在一定时限内的综合

---

① 尚虎平.我国地方政府绩效评估悖论：高绩效下的政治安全隐患[J].管理世界，2008(4)：69-79.

② 杨宏山.政府绩效评估的适用领域与目标模式[J].中国人民大学学报，2012，26(4)：100-106

③ 王汉生，王一鸽.目标管理责任制：农村基层政权的实践逻辑[J].社会学研究，2009(2)：61-92.

性目标和职能性目标确定之后，与之配套的是下级政府和部门按照行政隶属关系对整体目标进行逐级分解，并且会放大上级单位布置的各项数字化任务，以指标命令的方式分派给所属单位，构建一个金字塔式的目标执行结构，并转换为单位目标最终落实到个人目标。① 与目标分解、细化同步进行的是上级政府与下级政府、主管部门与下属部门等相关行动主体之间责任书的签订，按照目标制定的指标任务，事先确定好奖励与惩罚手段，在制度安排上将每一级的党政"一把手"作为责任主体纳入目标责任体系，以保证上级政府优先目标的落实以及重要工作的开展。

2. 目标考核：任务执行的控制监督

当各级行政部门签订好目标管理责任状后，目标管理责任制进入任务执行和监督阶段。各级政府部门通过设置类似于考评办、督查组之类的机构监督下级政府或部门的执行情况。这种控制监督主要来自党政体制内部的上级党政领导，通常采取口头汇报、书面验收和实地考察三种方式。首先，被考核部门的党政主要领导进行定期工作汇报，对目标完成的进度、成效、遇到的问题以及克服困难的对策等情况进行详细汇报。其次，上级考核机构汇总查看各个阶段目标完成情况的详细资料，核对部门工作台账，进行成果验收。最后，上级督查部门还要进行实地考察，组织各类考察组分赴目标考核部门，对数据的真实性以及任务完成的实际效果进行专门的复查，在任务执行过程中实行自上而下、层层把关的监督检查机制②，以保证政府上级与下级、部门与部门之间工作方向的一致性。

3. 结果应用：目标考核的责任与奖惩

当目标管理责任制的一个周期性工作任务结束后，上级政府会充分运用目标考核的结果，根据签订责任书的考评内容，对纳入目标管理责任制的下级政府和部门进行打分排名，形成相对规范的考核结果运用体系。该体系主要包括奖励与惩罚两个方面。奖励手段一般分为对党政领导班子的物质奖励、政府间的财政收入分成、各种政策优惠以及政治提拔等四种主要方式。在分税制改革后，上级政府在大多数情况下会采取目标考核成

① 荣敬本，高新军，杨雪冬，等．再论从压力型体制向民主合作型体制的转变：县乡两级政治体制改革的比较研究[M]．北京：中央编译局出版社，2001.

② 卓萍，卓越．政府创新的前沿路向：从目标考核走向绩效评估[J]．中国行政管理，2013(1)：44-49.

绩与物质奖励、政策优惠、政治激励相结合的方式，对各级政府或下属部门的领导班子进行激励。惩罚手段除了扣除未完成常规性任务的相关项目分数外，还会对一些重大任务采取"一票否决制"，如果责任单位没有充分完成这类重大任务，不仅会扣除相关项目分数，还会取消本级政府或本部门所有项目的评优资格，甚至党政领导班子成员在一定期限内失去政治提拔的资格，并根据目标管理责任书考核工作的相关规定对主要负责人进行惩处。目标管理责任制通过这种强激励性和高惩罚性的考核结果运用体系，将多个不同行政等级的责任主体相互连接形成一种"责任—利益"连带机制，以进行自上而下的控制。

（二）构建绩效监察体系

党的十八大以来，我国新一轮地方党政机构改革稳步推进，对全面推进地方政府绩效管理提出新要求。党的十八届三中全会通过的《中共中央关于全面深化改革若干重大问题的决定》提出严格绩效管理，突出责任落实，确保权责一致。全会同时提出推进国家治理体系和治理能力现代化的总目标。中央的重大决策部署标志着政府绩效管理进入一个重视科学化和应用性相结合的全新发展阶段。地方政府绩效管理改革虽然在全国范围内已经全面铺开，但是整体上仍然处于过渡阶段，尚存在管理理念滞后、顶层设计缺乏、评估体系不完善和社会参与不足等问题。在加快推进国家治理体系和治理能力现代化的背景下，构建具有鲜明地方特色的、高效的绩效管理模式成为亟待解决的现实问题。有效衔接新一轮地方政府机构改革，顺应我国经济由高速增长阶段向高质量发展阶段转变的现实要求，密切结合地方经济社会发展实际，改进地方政府绩效管理，提升政府治理效能应着重把握建立以监察部门为核心的政府绩效评估主体体系的着力点。

合理的绩效评估主体是实现绩效评估客观公正的保证，为此应纠正多年来地方政府在自主探索绩效评估实践中，主要采取以地方政府为主体的评估模式。这种评估模式缺失公众外部评价，很难对政府部门履职情况和行政行为作出客观公正的评判①。考虑到绩效评估的政治性、权威性和公正性以及现阶段公众参与社会政治生活意识的日渐增强，地方政府应构建

① 负杰.中国政府绩效管理40年：路径、模式与趋势[J].重庆社会科学，2018(6)：5-13，2.

以监察部门为主的评估主体，地方政府、公众和第三方专业机构为辅的政府绩效评估主体体系。

1. 重构由监察部门作为组织主体、有独立编制的高规格专业机构

从保证政府绩效管理的权威性和稳定性以及执行绩效管理的组织和评价职责的角度来审视，国家应设立独立的管理机构。基于保证绩效评估不偏离行政体制改革的正确方向（坚持评估的政治性）和保证评估结果具有一定的约束力（力量性）的双重考量，将各级监察部门作为政府绩效评估的核心主体是绝佳选择。事实证明，由政府或人大做绩效评估主体，其评估结果难免有失公允，由第三方和公众做核心主体往往存在“政治性或力量性”不足的缺陷。将监察部门作为政府绩效评估主体可以很好地弥补上述不足。依据全国人民代表大会是国家最高权力机关的法律精神，由各级人大授权相应的监察部门负责实施地方政府绩效评估是可行的。一方面，监察部门设置有独立编制的高规格专业机构；另一方面，监察部门需要配备专门的编制人员，同时对专职人员进行履职前的专业培训。

2. 建立政府领导下政府机构、公众和第三方专业机构构成的地方政府绩效评价主体结构

政府领导包括地方党委书记和行政首长以及人大、政协等领导成员，政府机构包括绩效办公室、多部门组成的考评组等，公众包括人大代表、政协委员、服务对象、专家学者、城乡居民等。应科学设置不同主体在评估指标中所占的权重，特别是提高公众的权重，以逐步改变目前以各地政府评价为主体、评价权重多在60%以上的状况。当前政府决策不重视公众参与的情况还不同程度地存在着，真正实现人民评判这一目标，还有很长的路要走。有效办法是通过制度设计强化公众参与、引入外部评价监督，赋予公众在综合评价中的更高权重，可考虑将其提高到30%以上，以推进政府绩效改进，这是一条符合实际又可行的绩效管理之路。① 此外，还可以引入第三方专业机构评价政府绩效，增强评价的专业性和公正性，提高透明度。

① 冉敏. 中国地方政府绩效管理的五种典型模式比较研究[J]. 三峡大学学报（人文社会科学版），2018，40(4)：45-50.

延伸阅读

数据多跑路 群众少跑腿
——金平区发布政务服务“不见面审批”395 项

“自助办”“网上办”“掌上办”，企业和群众办事不用来回跑，更便捷了。今年来，金平区已发布政务服务“不见面审批”事项共 395 项，居各区县前列。

一、“自助办”，更便捷更高效

“原本以为要等很久才能办好的营业执照，现在在自助机上操作，十分钟就办好了。”近日，在金平区政务服务中心办理内资有限责任公司设立登记的陈女士表示切实感受到了政务服务的办事速度。汕头市市场监督管理部门创新运用全流程网办的先进工作理念，将该事项的现场办理环节由“线下”搬到“线上”，实现内资有限责任公司设立登记全程“不见面审批”，最大化方便办事企业，激发市场活力。

金平区政务服务数据管理局（政数局）会同税务、市场监督管理、社保、公安等 23 个高频办事部门，持续推进金平区政务服务“不见面审批”改革，推动更多政务服务事项“自助办”“网上办”“掌上办”，梳理编制政务服务“不见面审批”事项清单，提升金平区政务服务“不见面审批”水平，推动行政审批更高效，企业和群众办事更便捷。

目前，金平区发布的政务服务“不见面审批”事项可通过汕头市统一申办受理平台、“粤省事”“粤医保”、电子税务局、广东省市场主体全程电子化登记管理系统、广东省人社厅网上服务平台或自助终端等渠道办理。

金平区政数局负责人表示，树立“服务走在审批前”的理念，通过多种线上办事渠道在线向企业和群众办事提供权威、精准的办事指南，让企业和群众提前了解事项办理流程、受理条件、申请材料等审批服务要素，避免因材料缺失、条件不符等问题导致企业和群众“来回跑、反复跑”，有效提高审批事项办理的效率。

二、“网上办”，提升审批服务效率

不见面审批事项能做到申办环节全程网上办理，实现真正的不见面审批，打造“零跑腿”特色化服务，提升审批服务效率，有效提升企业和群众办事便利度，增强政务服务跨时空性。

以“失业保险金申领”为例，失业人员自领取失业保险金次月起，应按月办理领取失业保险金资格核对手续。据金平区政务服务大厅工作人员介绍，“失业保险金申领作为失业人员的重要保障，可以通过线上进行办理，无须本人到现场即可领取，让社保服务24小时在身边。”失业人员可通过广东省人社厅网上服务平台或“粤省事”小程序办理领取资格核对手续。“不见面”的办理形式打破了时间和空间的限制，切实解决办事需要“折返跑”的问题，提升群众的办事体验，让社会保障惠民政策高效落地。

金平区税务局通过提供“非接触式服务”，提高办理税费业务效率。以前企业在实体厅办理新办信息确认后，需要等待窗口核定税费种类，还需要重新取号到服务单位领用发行税控设备，在多个窗口来回报送重复的纸质资料。现在新办企业的法人或财务负责人只需要在单位的电脑上登录广东省电子税务局并选择新办纳税人套餐，当天基本就能办完企业经营前所需要完成的涉税费事宜。

三、“掌上办”，提升审批“速”与“效”

如今，老年人再也不用为了领取高龄老人补(津)贴跑来跑去。不论是在家还是外地，老年人只需要拿出手机，登录“粤省事”小程序“刷脸”，足不出户，指尖办理，即可完成认证，实现“在家即可办，不用来回跑”。对此，不少老年人表示：“现在办事越来越方便了，之前领高龄津贴要去社区办理领取，对我们腿脚不利索的老人来说很麻烦，现在手机上就可以操作，方便很多。”

据悉，“不见面审批”改革的推进让审批服务有温度，把贴心周到服务做到群众心坎上。金平区积极推进政务服务指尖办理，通过“粤省事”小程序不断增加全流程网上办事项数，优化申请人办事体验，提供多种渠道丰富服务。

金平区政数局将积极推动各部门简化优化审批流程，强化系统对接，依托统一身份认证、数据共享、电子证照等基础支撑，减少纸质材料提交，以“数据多跑路”换来“群众少跑腿”，推动更多政务服务事项实现申请、受理、审查、决定、结果送达等环节“全流程网办”，深入推进“互联网＋政务服务”工作走深走实，让企业和群众获得更便捷、高效的服务体验，进一步营造规范高效的政务服务环境。

（资料来源《数据多跑路 群众少跑腿：金平区发布政务服务"不见面审批"395 项》，载国家税务总局广东省税务局网 2023 年 10 月 13 日，https://guangdong.chinatax.gov.cn/gdsw/stsw_jcdt/2023-10/13/content_873e713eb6914518870ffbcb75716523.shtml。收入本书时有改动）

思考题：

1. 汕头市金平区是如何通过"不见面审批"提升政府公共服务绩效的？

2. 如何理解治理技术的改进对于政府绩效提升的价值？

参考文献

REFERENCES

[1] 包国宪，摩根. 政府绩效管理学：以公共价值为基础的政府绩效治理理论与方法[M]. 北京：高等教育出版社，2015.

[2] 包国宪，摩根. 政府绩效管理学：以公共价值为基础的政府绩效治理理论与方法[M]. 北京：高等教育出版社，2015.

[3] 鲍静. 政府绩效管理理论与实践[M]. 北京：社会科学文献出版社，2012.

[4] 彼得斯. 政府未来的治理模式[M]. 吴爱明，夏宏图，译. 北京：中国人民大学出版社，2014.

[5] 波波维奇. 创建高绩效政府组织：公共管理实用指南[M]. 孔宪遂，耿洪敏，译. 北京：中国人民大学出版社，2002.

[6] 波伊斯特. 公共部门绩效评估[M]. 肖鸣政，等译. 北京：中国人民大学出版社，2016.

[7] 陈芳. 绩效管理[M]. 深圳：海天出版社，2002.

[8] 陈新. 中国政府绩效评估方法理论与实践：基于政府职能转变视角开展绩效评估[M]. 天津：天津人民出版社，2016.

[9] 陈振明. 政府再造：西方"新公共管理运动"述评[M]. 北京：中国人民大学出版社，2003.

[10] 戴伊. 自上而下的政策制定[M]. 鞠方安，吴忧，译. 北京：中国人民大学出版社，2002.

[11] 登哈特. 公共组织理论[M]. 扶松茂，丁力，译. 5版. 北京：中国人民大

学出版社，2011.
[12] 范柏乃.政府绩效管理[M].上海：复旦大学出版社，2022.
[13] 范柏乃.政府绩效管理[M].上海：复旦大学出版社，2012.
[14] 方振邦，葛蕾蕾.政府绩效管理[M].北京：中国人民大学出版社，2012.
[15] 方振邦，唐健.政府绩效管理[M].2版.北京：中国人民大学出版社，2024.
[16] 菲什金，拉斯莱特.协商民主论争[M].张晓敏，译.北京：中央编译出版社，2009.
[17] 弗林.公共部门管理[M].曾锡环，钟杏云，刘淳，译.北京：中国青年出版社，2004.
[18] 国家行政学院国际部.国外政府绩效研究[M].北京：国家行政学院出版社，2014.
[19] 哈拉契米.政府业绩与质量测评：问题与经验[M].张梦中，丁煌，等译.广州：中山大学出版社，2003.
[20] 胡税根.公共部门绩效管理：迎接效能革命的挑战[M].杭州：浙江大学出版社，2005.
[21] 基利，梅德林，麦克布赖德，等.公共部门标杆管理：突破政府绩效的瓶颈[M].张定淮，译.北京：中国人民大学出版社，2002.
[22] 姜秀敏，张禹林.政府绩效管理：理论与实践[M].北京：清华大学出版社，2023.
[23] 杰克逊，舒勒.人力资源管理：从战略合作的角度[M].范海滨，译.8版.北京：清华大学出版社，2005.
[24] 卡罗尔，巴克霍尔茨.企业与社会：伦理与利益相关者管理[M].黄煜平，朱中彬，徐小娟，等译.5版.北京：机械工业出版社，2004.
[25] 科恩，布兰德.政府全面质量管理：实践指南[M].孔宪遂，孔辛，董静，译.北京：中国人民大学出版社，2002.
[26] 克林纳，纳尔班迪，洛伦斯.公共部门人力资源管理：系统与战略[M].孙柏瑛，于扬铭，等译.6版.北京：中国人民大学出版社，2013.
[27] 林登.无缝隙政府：公共部门再造指南[M].汪大海，吴群芳，等译.北京：中国人民大学出版社，2014.

[28] 刘韬.绩效考评操作实务[M].郑州:河南人民出版社,2002.
[29] 刘旭涛.政府绩效管理:制度、战略与方法[M].北京:机械工业出版社,2003.
[30] 马国贤.政府绩效管理[M].上海:复旦大学出版社,2005.
[31] 摩根.驾御变革的浪潮:开发动荡时代的管理潜能[M].孙晓莉,译.北京:中国人民大学出版社,2002.
[32] 莫伊尼汗.政府绩效管理:创建政府改革的持续动力机制[M].尚虎平,杨娟,孟陶,译.北京:中国人民大学出版社,2020.
[33] 尼文.政府及非营利组织平衡计分卡[M].胡玉明,等译.北京:中国财政经济出版社,2004.
[34] 纽科默,詹宁斯,布鲁姆,等.迎接业绩导向型政府的挑战[M].张梦中,李文星,等译.广州:中山大学出版社,2003.
[35] 祁凡骅,张璋.政府绩效管理:国际的潮流与中国的探索[M].北京:中国方正出版社,2013.
[36] 冉敏.中国政府绩效管理法制化研究[M].兰州:兰州大学出版社,2020.
[37] 瑞尼.理解和管理公共组织[M].王孙禺,达飞,译.北京:清华大学出版社,2002.
[38] 萨瓦斯.民营化与公私部门的伙伴关系[M].周志忍,等译.北京:中国人民大学出版社,2002.
[39] 上海社会科学院政府绩效评估中心.公共政策绩效评估理论与实践[M].上海:上海社会科学院出版社,2017.
[40] 施青军.政府绩效评价:概念、方法与结果运用[M].北京:北京大学出版社,2016.
[41] 世界500强企业管理标准研究中心.绩效测评与管理[M].北京:中国社会科学出版社,2004.
[42] 孙耀君.西方管理学名著提要[M].南昌:江西人民出版社,2002.
[43] 王丽平.政府绩效管理研究[M].北京:人民日报出版社,2014.
[44] 王璞,詹正茂,阎同柱,等.人力资源管理咨询实务[M].北京:机械工业出版社,2003.
[45] 威廉姆斯.组织绩效管理[M].蓝天星翻译公司,译.北京:清华大学

出版社,2002.
[46] 吴量福.运作、决策、信息与应急管理:美国地方政府管理实例研究[M].天津:天津人民出版社,2004.
[47] 伍彬.政府绩效管理:理论与实践的双重变奏[M].北京:北京大学出版社,2017.
[48] 伍彬.政府绩效管理:理论与实践的双重变奏[M].北京:北京大学出版社,2017.
[49] 夏大慰,史东辉,等.政府规制:理论、经验与中国的改革[M].北京:经济科学出版社,2003.
[50] 休斯.公共管理导论[M].张成福,马子博,等译.4版.北京:中国人民大学出版社,2015.
[51] 姚先国,柴效武.公共部门人力资源管理[M].北京:科学出版社,2004.
[52] 尹艳红.治理现代化战略导向下的地方政府绩效管理体系创新[M].北京:国家行政学院出版社,2022.
[53] 张泰峰,READER E.公共部门绩效管理[M].郑州:郑州大学出版社,2004.
[54] 郑楚宣,刘绍春.当代中西政治制度比较[M].广州:广东人民出版社,2002.
[55] 郑方辉,张文方,李文彬.中国地方政府整体绩效评价:理论方法与“广东试验”[M].北京:中国经济出版社,2008.
[56] 卓越.公共部门绩效评估[M].修订版.北京:中国人民大学出版社,2011.
[57] 卓越.政府绩效管理导论[M].北京:清华大学出版社,2006.